基本判例に学ぶ
刑法総論

山口　厚

成文堂

はしがき

　法律学の学修における判例の重要性は申すまでもないことである。実定法規の公権的解釈を示した判例を学ぶことは、法規の法文自体を学ぶことに準じる意味を有するから、それは当然のことであるといえよう。もちろん、そのような判例の意義について確かな理解を得た上で、それを無批判的に受容するだけではなく、さらにそれに対する批判的な検討が要請されることも多言を要しない。

　およそ判例について検討するに当たっては、その一般論の部分だけを読むのではなく、判例が一定の事実関係に対する判断である以上、当該事件の具体的な事案との関係でその内容を理解することが大切であるが、それにとどまらず、さらに、判例における判断の内容を理論的に適切に位置づけながら学修することも大切であり、このような視点を欠いた学修では、事案ごとの判断を表面的に理解するにとどまることになりかねない。すなわち、判例の学修に当たっても、理論との関連性を意識しながら学修することが重要なのである。理論・学説及びその学修は、それが実定法規の解釈論である限り、その公権的解釈を示した判例に対する批判的な検討を含むべきことは当然であるが、そもそも、上述した意味で、判例を学ぶ上でも理論・学説の理解は重要であるいうことができる。理論との関連性という視点を欠いた判例の学修は皮相的なものとなりかねない。

　本書は、刑法総論の基本判例を素材にし、それを理論的に位置づけながら、それを通じて刑法総論を学ぼうとするものである。そのことの意義は上述した通りである。こうした筆者の意図がどの程度本書の叙述において実現可能となっているかは読者の方々のご判断に委ねるほかはないが、筆者としては、読者の方々が本書を利用することによって、刑法についての理解を少しでも深めていただくことができれば幸いである。

　本書の出版に当たっては、成文堂の阿部耕一社長に温かなご配慮をいただいた。さらに、土子三男取締役にはさまざまな機会に本書の執筆を励まして

いただき，編集部の篠崎雄彦氏にもお世話になった。これらの方々にお礼を申し上げたい。

　　2010（平成22）年5月

　　　　　　　　　　　　　　　　　　　　　　　　　　山　口　　厚

目　次

はしがき
凡　例

第1章―因果関係 …………………………………………… 1
- Ⅰ―はじめに ……………………………………………… 1
- Ⅱ―実行行為の意義 ……………………………………… 1
- Ⅲ―法的因果関係 ………………………………………… 5
  1. 因果関係とは　5
  2. 被害者の特殊な素因の影響　6
  3. 被害者の行為の介入　7
  4. 第三者の行為の介入　11
  5. 犯人自身の行為の介入　17
- Ⅳ―まとめ ………………………………………………… 19

第2章―不作為犯 …………………………………………… 21
- Ⅰ―はじめに ……………………………………………… 21
- Ⅱ―因果関係 ……………………………………………… 22
- Ⅲ―作為義務 ……………………………………………… 24
- Ⅳ―まとめ ………………………………………………… 34

第3章―実質的違法性阻却・被害者の同意・緊急避難 …… 37
- Ⅰ―はじめに ……………………………………………… 37
- Ⅱ―実質的違法性阻却 …………………………………… 38
- Ⅲ―被害者の同意 ………………………………………… 43
  1. 同意と違法性阻却　43
  2. 瑕疵ある同意　45

Ⅳ─緊急避難 ·· 52
　　Ⅴ─まとめ ·· 55

第4章─正当防衛 ·· 57
　　Ⅰ─はじめに ·· 57
　　Ⅱ─急迫不正の侵害 ·· 58
　　Ⅲ─防衛の意思 ·· 66
　　Ⅳ─自招侵害 ·· 70
　　Ⅴ─防衛行為の相当性 ·· 74
　　Ⅵ─過剰防衛 ·· 78
　　Ⅶ─まとめ ·· 83

第5章─故意・錯誤 ·· 85
　　Ⅰ─はじめに ·· 85
　　Ⅱ─故意の要件 ·· 86
　　Ⅲ─未必の故意 ·· 96
　　Ⅳ─具体的事実の錯誤 ·· 100
　　Ⅴ─抽象的事実の錯誤 ·· 109
　　Ⅵ─違法性阻却事由該当事実の錯誤 ·································· 114
　　Ⅶ─まとめ ·· 115

第6章─過失犯 ·· 117
　　Ⅰ─はじめに ·· 117
　　Ⅱ─結果予見義務の諸問題 ·· 118
　　Ⅲ─結果回避義務の諸問題 ·· 129
　　Ⅳ─管理・監督過失 ·· 139
　　Ⅴ─まとめ ·· 163

第7章─責任論の諸問題 ·· 165
　　Ⅰ─はじめに ·· 165

Ⅱ——違法性の意識⋯⋯⋯⋯⋯⋯⋯⋯⋯⋯⋯⋯⋯⋯⋯⋯⋯⋯⋯⋯⋯⋯⋯⋯⋯⋯*166*
　　Ⅲ——責任能力⋯⋯⋯⋯⋯⋯⋯⋯⋯⋯⋯⋯⋯⋯⋯⋯⋯⋯⋯⋯⋯⋯⋯⋯⋯⋯⋯⋯*177*
　　Ⅳ——原因において自由な行為⋯⋯⋯⋯⋯⋯⋯⋯⋯⋯⋯⋯⋯⋯⋯⋯⋯⋯⋯⋯*194*
　　Ⅴ——まとめ⋯⋯⋯⋯⋯⋯⋯⋯⋯⋯⋯⋯⋯⋯⋯⋯⋯⋯⋯⋯⋯⋯⋯⋯⋯⋯⋯⋯⋯*201*

第8章——未遂犯 ⋯⋯⋯⋯⋯⋯⋯⋯⋯⋯⋯⋯⋯⋯⋯⋯⋯⋯⋯⋯⋯⋯⋯⋯⋯*203*

　　Ⅰ——はじめに⋯⋯⋯⋯⋯⋯⋯⋯⋯⋯⋯⋯⋯⋯⋯⋯⋯⋯⋯⋯⋯⋯⋯⋯⋯⋯⋯*203*
　　Ⅱ——実行の着手⋯⋯⋯⋯⋯⋯⋯⋯⋯⋯⋯⋯⋯⋯⋯⋯⋯⋯⋯⋯⋯⋯⋯⋯⋯⋯*204*
　　Ⅲ——不能犯⋯⋯⋯⋯⋯⋯⋯⋯⋯⋯⋯⋯⋯⋯⋯⋯⋯⋯⋯⋯⋯⋯⋯⋯⋯⋯⋯⋯*211*
　　Ⅳ——中止犯⋯⋯⋯⋯⋯⋯⋯⋯⋯⋯⋯⋯⋯⋯⋯⋯⋯⋯⋯⋯⋯⋯⋯⋯⋯⋯⋯⋯*216*
　　Ⅴ——まとめ⋯⋯⋯⋯⋯⋯⋯⋯⋯⋯⋯⋯⋯⋯⋯⋯⋯⋯⋯⋯⋯⋯⋯⋯⋯⋯⋯⋯⋯*222*

第9章——共　犯 ⋯⋯⋯⋯⋯⋯⋯⋯⋯⋯⋯⋯⋯⋯⋯⋯⋯⋯⋯⋯⋯⋯⋯⋯*225*

　　Ⅰ——はじめに⋯⋯⋯⋯⋯⋯⋯⋯⋯⋯⋯⋯⋯⋯⋯⋯⋯⋯⋯⋯⋯⋯⋯⋯⋯⋯⋯*225*
　　Ⅱ——共犯の因果性⋯⋯⋯⋯⋯⋯⋯⋯⋯⋯⋯⋯⋯⋯⋯⋯⋯⋯⋯⋯⋯⋯⋯⋯⋯*226*
　　Ⅲ——間接正犯と共犯の従属性⋯⋯⋯⋯⋯⋯⋯⋯⋯⋯⋯⋯⋯⋯⋯⋯⋯⋯⋯*233*
　　Ⅳ——共同正犯の成立⋯⋯⋯⋯⋯⋯⋯⋯⋯⋯⋯⋯⋯⋯⋯⋯⋯⋯⋯⋯⋯⋯⋯⋯*237*
　　Ⅴ——共犯と身分⋯⋯⋯⋯⋯⋯⋯⋯⋯⋯⋯⋯⋯⋯⋯⋯⋯⋯⋯⋯⋯⋯⋯⋯⋯⋯*255*
　　Ⅵ——承継的共犯⋯⋯⋯⋯⋯⋯⋯⋯⋯⋯⋯⋯⋯⋯⋯⋯⋯⋯⋯⋯⋯⋯⋯⋯⋯⋯*258*
　　Ⅶ——共犯関係の解消⋯⋯⋯⋯⋯⋯⋯⋯⋯⋯⋯⋯⋯⋯⋯⋯⋯⋯⋯⋯⋯⋯⋯⋯*264*
　　Ⅷ——過失犯の共同正犯⋯⋯⋯⋯⋯⋯⋯⋯⋯⋯⋯⋯⋯⋯⋯⋯⋯⋯⋯⋯⋯⋯⋯*274*
　　Ⅸ——不作為による共犯⋯⋯⋯⋯⋯⋯⋯⋯⋯⋯⋯⋯⋯⋯⋯⋯⋯⋯⋯⋯⋯⋯⋯*277*
　　Ⅹ——必要的共犯⋯⋯⋯⋯⋯⋯⋯⋯⋯⋯⋯⋯⋯⋯⋯⋯⋯⋯⋯⋯⋯⋯⋯⋯⋯⋯*283*
　　Ⅺ——まとめ⋯⋯⋯⋯⋯⋯⋯⋯⋯⋯⋯⋯⋯⋯⋯⋯⋯⋯⋯⋯⋯⋯⋯⋯⋯⋯⋯⋯⋯*285*

第10章——罪　数 ⋯⋯⋯⋯⋯⋯⋯⋯⋯⋯⋯⋯⋯⋯⋯⋯⋯⋯⋯⋯⋯⋯⋯*287*

　　Ⅰ——はじめに⋯⋯⋯⋯⋯⋯⋯⋯⋯⋯⋯⋯⋯⋯⋯⋯⋯⋯⋯⋯⋯⋯⋯⋯⋯⋯⋯*287*
　　Ⅱ——包括一罪⋯⋯⋯⋯⋯⋯⋯⋯⋯⋯⋯⋯⋯⋯⋯⋯⋯⋯⋯⋯⋯⋯⋯⋯⋯⋯⋯*288*
　　Ⅲ——科刑上一罪⋯⋯⋯⋯⋯⋯⋯⋯⋯⋯⋯⋯⋯⋯⋯⋯⋯⋯⋯⋯⋯⋯⋯⋯⋯⋯*293*
　　Ⅳ——まとめ⋯⋯⋯⋯⋯⋯⋯⋯⋯⋯⋯⋯⋯⋯⋯⋯⋯⋯⋯⋯⋯⋯⋯⋯⋯⋯⋯⋯⋯*300*

事項索引 …………………………………………………………… *302*
判例索引 …………………………………………………………… *304*

凡　例

1　法令名略語

法令名の略語は原則として，有斐閣『六法全書（平成22年版）』巻末の「法令名略語」によった。

2　判例集・雑誌等の略記

刑　録	大審院刑事判決録
刑　集	大審院・最高裁判所刑事判例集
高刑集	高等裁判所刑事判例集
下刑集	下級裁判所刑事裁判例集
裁集刑	最高裁判所裁判集刑事
刑　月	刑事裁判月報
新　聞	法律新聞
判　特	高等裁判所刑事判決特報
裁　特	高等裁判所刑事裁判特報
東高刑時報	東京高等裁判所刑事判決時報
刑　法	刑法雑誌
現　刑	現代刑事法
警　研	警察研究
法　協	法学協会雑誌
曹　時	法曹時報
判　時	判例時報
判　タ	判例タイムズ
法　セ	法学セミナー
裁判解刑事篇平成（昭和）○○年度	最高裁判所判例解説刑事篇平成（昭和）○○年度
平成（昭和）○○年度重判解	平成（昭和）○○年度重要判例解説
セレクト'○○	判例セレクト○○○○
法　教	法学教室
ジュリ	ジュリスト

第1章 ― 因果関係

[実行行為の意義]
　1　最決平成 16・1・20 刑集 58 巻 1 号 1 頁
[被害者の特殊な素因の影響]
　2　最判昭和 46・6・17 刑集 25 巻 4 号 567 頁
[被害者の行為の介入]
　3　最決平成 15・7・16 刑集 57 巻 7 号 950 頁
[第三者の行為の介入]
　4　最決平成 2・11・20 刑集 44 巻 8 号 837 頁
　5　最決平成 18・3・27 刑集 60 巻 3 号 382 頁
[犯人自身の行為の介入]
　6　最決昭和 53・3・22 刑集 32 巻 2 号 381 頁

I ― はじめに

　犯罪の第1の成立要件は構成要件該当性である。これを認めるために必要となる中核的な要件が「犯人の実行行為によって構成要件的結果が惹起されたこと」である。殺人罪でいえば，殺人の実行行為により人の死がもたらされたことが，同罪の構成要件該当性を認めるためにまずもって必要となる。この「実行行為による構成要件的結果の惹起」とは，実行行為と構成要件的結果との間に（法的な）因果関係が認められることにほかならない。そこで，本章では，実行行為とはどのようなものか，因果関係とはどのような場合に認められるのかということについて解説することにする。

II ― 実行行為の意義

1　最決平成 16・1・20 刑集 58 巻 1 号 1 頁

[事　案]

　被告人は，自己と偽装結婚させた女性（以下「被害者」という）を被保険者

とする多額の保険金を入手するために、かねてから被告人のことを極度に畏怖していた被害者に対し、事故死に見せ掛けた方法で自殺することを暴行、脅迫を交えて執ように迫っていたが、平成12年1月11日午前2時過ぎごろ、愛知県知多半島の漁港において、被害者に対し、乗車した車ごと海に飛び込んで自殺することを命じ、被害者をして、自殺を決意するには至らせなかったものの、被告人の命令に従って車ごと海に飛び込んだ後に車から脱出して被告人の前から姿を隠す以外に助かる方法はないとの心境に至らせて、車ごと海に飛び込む決意をさせ、そのころ、普通乗用自動車を運転して岸壁上から下方の海中に車ごと転落させたが、被害者は水没する車から脱出して死亡を免れた。本件現場の海は、当時、岸壁の上端から海面まで約1.9m、水深約3.7m、水温約11度という状況にあり、このような海に車ごと飛び込めば、脱出する意図が運転者にあった場合でも、飛び込んだ際の衝撃で負傷するなどして、車からの脱出に失敗する危険性は高く、また脱出に成功したとしても、冷水に触れて心臓まひを起こし、あるいは心臓や脳の機能障害、運動機能の低下を来して死亡する危険性は極めて高いものであった。

[**決定理由**]

「認定事実によれば、被告人は、事故を装い被害者を自殺させて多額の保険金を取得する目的で、自殺させる方法を考案し、それに使用する車等を準備した上、被告人を極度に畏怖して服従していた被害者に対し、犯行前日に、漁港の現場で、暴行、脅迫を交えつつ、直ちに車ごと海中に転落して自殺することを執ように要求し、猶予を哀願する被害者に翌日に実行することを確約させるなどし、本件犯行当時、被害者をして、被告人の命令に応じて車ごと海中に飛び込む以外の行為を選択することができない精神状態に陥らせていたものということができる。

　被告人は、以上のような精神状態に陥っていた被害者に対して、本件当日、漁港の岸壁上から車ごと海中に転落するように命じ、被害者をして、自らを死亡させる現実的危険性の高い行為に及ばせたものであるから、被害者に命令して車ごと海に転落させた被告人の行為は、殺人罪の実行行為に当たるというべきである。

また，前記……のとおり，被害者には被告人の命令に応じて自殺する気持ちはなかったものであって，この点は被告人の予期したところに反していたが，被害者に対し死亡の現実的危険性の高い行為を強いたこと自体については，被告人において何ら認識に欠けるところはなかったのであるから，上記の点は，被告人につき殺人罪の故意を否定すべき事情にはならないというべきである。」

解　説

1　構成要件的結果との間で因果関係が認められることが必要となるのは犯人の行為であるが，犯人の行為であればいかなるものでもよいというわけではない。それは「実行行為」という特別の行為でなければならない。そうでなければ，その行為と構成要件的結果との間に因果関係が認められても，構成要件該当性を認めることはできないことになる。このことは，AがBを唆して窃盗を行わせたとしても，Aについて窃盗罪の構成要件該当性を認めることはできず，窃盗教唆罪という別の犯罪（共犯）の成立を肯定することができるにすぎないことからも明らかであるといえよう。

　本決定では，被告人の行為が殺人罪の実行行為であるといえるかがまさに問題とされている。被告人は被害者を自殺させるつもりであったが，被害者には自殺するつもりはなかった。海中に飛び込んだ上で，生き残ることを考えていたのである。そうだとすると，被害者は自分の意思で海中に飛び込んだのではないかが問題となる。その場合には，仮に被害者がその結果死亡したとしても，被告人は被害者を「殺した」のではなく，被害者が自分の意思で危険な行為をなし，その結果誤って死亡したにすぎないのではないかという問題が生じるのである。

2　本決定は，結論として，被告人の行為は殺人罪の実行行為に当たると判断した。その理由は，次の2点である。それは，まず，被害者は「被告人の命令に応じて車ごと海中に飛び込む以外の行為を選択することができない精神状態」にあったこと，次に，被告人の命令によってなした行為が「自らを死亡させる現実的危険性の高い行為」であったことである。

　犯罪は保護法益を侵害し又は危険にする行為であるから，犯罪の実行行為

であるためには，そのような構成要件的結果を生じさせる危険な行為であることが必要であり，また，それだけでなく，本決定がいうように「現実的危険性の高い行為」であることが求められる。それ以前の行為は，犯罪の実行行為とはいえず，犯罪の準備行為に過ぎないのである[1]。このように，実行行為の内容として構成要件的結果をもたらす現実的危険性が要求されることから，後述するように，それと構成要件的結果との間の因果関係は，そのような危険性の現実化として理解されることになるといえよう。本件では，飛び込みの態様，当時の水温などから，死の危険はかなり高かったものと考えられ，それが，自動車ごと海中に転落する行為の現実的危険性を基礎づけているのである。

このように，本件で被害者のなした行為が「自らを死亡させる現実的危険性の高い行為」であったとしても，それが被害者の自由な意思に基づくものであれば，被告人の行為は殺人罪の実行行為とはいえない。仮に被害者に死ぬ意思があれば，被告人は被害者の自殺行為を唆したにすぎないことになる[2]。本決定は，被害者は被告人に命じられた行為「以外の行為を選択することができない精神状態」にあったとして，被告人の命令行為を殺人罪の実行行為としているのである。これは，被害者による行為の遂行を，その意思を通じて，他行為可能性（他の行為をなす可能性）がない程度に支配していたとするものである。このように被害者の意思に対する高度な支配が認められる場合には，実際の行為は被害者によってなされたとしても，被害者を利用しただけであり，被告人自らなしたと同等の評価に値すると解されるのである。本決定以前の裁判例においても，被害者の意思を抑圧することによって，被害者に自殺・自傷行為を行わせた事案において，犯人に殺人罪・傷害罪の成立を認めることができるかが問題とされていたが[3]，本決定は，犯人

---

[1] 犯罪の準備行為は「予備」として，殺人や強盗などの重大犯罪においてだけ，例外的に処罰の対象となっている。
[2] 被害者に死ぬ意思がなければ，被告人は被害者が危険な行為を行うよう唆したにすぎないことになる。
[3] 広島高判昭和29・6・30高刑集7巻6号944頁，浦和地熊谷支判昭和46・1・26刑月3巻1号39頁，鹿児島地判昭和59・5・31判時1139号157頁，福岡高宮崎支判平成元・3・24高刑集42巻2号103頁など。

の行為に実行行為性を認めるために必要となる，被害者の意思の抑圧の程度を明らかにした点において，極めて重要な意義を有するものといえる。

3 本件のような意思抑圧型だけでなく，被害者を騙して自殺行為などをさせる場合についても，判例はそのような欺罔行為に殺人罪などの実行行為性を認めている。すなわち，被害者の女性が自分を熱愛し追死してくれるものと信じていることを利用し，追死する意思がないのに追死するものと装って同女を誤信させ，自殺させた事例（偽装心中事件）において，最高裁は，自殺の決意は「真意に添わない重大な瑕疵ある意思」であり，追死を誤信させて自殺させた行為について殺人罪が成立するとしているのである[4]。この場合には，欺罔によって被害者の意思を支配したと説明することもできよう。

III—法的因果関係

1 因果関係とは

犯人による実行行為と構成要件的結果との間に因果関係が必要となる。その意義については，学説において多様な見解が主張されているところであるが，近年の判例は，その内容を「実行行為の危険性が結果へと現実化したこと」と理解しているものと解することができる。つまり，実行行為の危険性が結果へと現実化したときに，実行行為と結果との間に因果関係を肯定することができるのである。

このような実行行為の危険性の現実化を認めるためには，実行行為と結果との間に事実的な結びつきが必要となるのは当然のことであるが，判例で実際に解決を迫られる問題は，実行行為と結果との間にさまざまな行為や事情が介在したとき，果たして実行行為と結果との間に因果関係を肯定することができるかである。以下では，問題となる介在事情の違いによって事例を類型化し，それぞれにおける因果関係判断について解説することにする。

---

[4] 最判昭和33・11・21刑集12巻15号3519頁。

2　被害者の特殊な素因の影響

2　最判昭和46・6・17刑集25巻4号567頁

［事　案］
　被告人は，生活費等に窮し，前家主の妻A（明治35年生まれ）に支払い済みの部屋代等の返還を要求したが拒絶されて，同女に暴行を加えて金員を強取しようと決意し，同女の胸倉を掴んで仰向けに倒し，左手で頸部を絞めつけ，右手で口部を押え，さらにその顔面を夏布団でおおい，鼻口部を圧迫するなどして，同女の反抗を抑圧したうえ，現金等を強取し，その際前記暴行により同女を急性心臓死のため死亡させた。

［判決理由］
　「原判決の認定した事実によれば，被害者Aの死因は，被告人の同判決判示の暴行によつて誘発された急性心臓死であるというのであり，右の認定は……正当と認められるところ，致死の原因たる暴行は，必ずしもそれが死亡の唯一の原因または直接の原因であることを要するものではなく，たまたま被害者の身体に高度の病変があつたため，これとあいまつて死亡の結果を生じた場合であつても，右暴行による致死の罪の成立を妨げないと解すべきことは所論引用の当裁判所判例（……）の示すところであるから，たとい，原判示のように，被告人の本件暴行が，被害者の重篤な心臓疾患という特殊の事情さえなかつたならば致死の結果を生じなかつたであろうと認められ，しかも，被告人が行為当時その特殊事情のあることを知らず，また，致死の結果を予見することもできなかつたものとしても，その暴行がその特殊事情とあいまつて致死の結果を生ぜしめたものと認められる以上，その暴行と致死の結果との間に因果関係を認める余地があるといわなければならない。」

解　説
　1　本件では，被害者の隠れた特殊な素因（被害者自身，その近親者，さらにはかかりつけの医師も知らなかった心臓疾患）のために，被告人の暴行によって被害

者が死亡している。原判決は，相当因果関係・折衷説の立場から，そのような特殊な素因を考慮しないことで因果関係を否定していたのであるが，最高裁は，特殊な素因とはいえ，それを原因として結果が発生した場合には因果関係を肯定することが許されるという立場から，本件について因果関係を肯定したのである。この意味で，相当因果関係・折衷説は最高裁の採らないところである。このような立場は，本判決以前にも[5]，また本判決以後においても[6]示されている。

  2　行為の客体である被害者の素因は，実行行為の危険性が現実化する過程に影響するというよりも，そもそも実行行為の危険性自体の評価に直接関わる事実であるといえる。最高裁は，それを事後的な見地から客観的に判断する立場に立つことを示しているのである。つまり，結果惹起に影響する素因であれば，それが認められる限り，誰かに認識できたか否かを問わず考慮されるということである。そして，本件のような場合，被告人の実行行為に認められる危険は，被害者の死へと現実化しているといえるのである。

3　被害者の行為の介入

3　**最決平成15・7・16刑集57巻7号950頁**

[事　案]
  (1) 被告人4名は，他の2名と共謀の上，被害者に対し，公園において，深夜約2時間10分にわたり，間断なく極めて激しい暴行を繰り返し，引き続き，マンション居室において，約45分間，断続的に同様の暴行を加えた。
  (2) 被害者は，すきをみて，上記マンション居室から靴下履きのまま逃走したが，被告人らに対し極度の恐怖感を抱き，逃走を開始してから約10分後，被告人らによる追跡から逃れるため，上記マンションから約763mないし約810m離れた高速道路に進入し，疾走してきた自動車に衝突され，後続の自動車にれき過されて，死亡した。

---

[5] 最判昭和25・3・31刑集4巻3号469頁。
[6] 最決昭和49・7・5刑集28巻5号194頁。

[決定理由]

「以上の事実関係の下においては，被害者が逃走しようとして高速道路に進入したことは，それ自体極めて危険な行為であるというほかないが，被害者は，被告人らから長時間激しくかつ執ような暴行を受け，被告人らに対し極度の恐怖感を抱き，必死に逃走を図る過程で，とっさにそのような行動を選択したものと認められ，その行動が，被告人らの暴行から逃れる方法として，著しく不自然，不相当であったとはいえない。そうすると，被害者が高速道路に進入して死亡したのは，被告人らの暴行に起因するものと評価することができるから，被告人らの暴行と被害者の死亡との間の因果関係を肯定した原判決は，正当として是認することができる。」

解説

1 本件では，被告人らの暴行から逃避するために，被害者が高速道路に進入するという「極めて危険な行為」を行い，その結果，高速道路上を疾走する自動車に衝突・れき過されて被害者は死亡している。被害者が死亡した原因となっているのは被害者による高速道路への進入という「極めて危険な行為」である。このように犯人の行為後に被害者の行為が介入して結果発生に至った場合であっても，犯人の暴行から逃れるために必死で逃走中の被害者が転倒して傷害を負い，その結果死亡した事例[7]などでは，被害者が自分の意思で転倒したのではなく，やむなく必死で逃走する過程で，思わず転倒したのであり，そのようなことは十分ありうることであるから，犯人による暴行と被害者の死との間に因果関係を認めることが容易である。しかし，本件のように，被害者が自分の意思で「極めて危険な行為」に出た場合に，因果関係をどのように判断するかが問題となる。

2 本件以前に，犯人の行為と結果との間に被害者の行為が介入し，因果関係の有無が問題とされた事案に関する重要判例としては，次の2判例がある。まず，①柔道整復師である被告人が，風邪気味の被害者に不適切な治療法についての指示を繰り返し行い，それに従った被害者の病状が悪化し，死

---

[7] 最決昭和59・7・6刑集38巻8号2793頁。

亡するに至った事案（柔道整復師事件）において，最高裁は，「被告人の行為は，それ自体が被害者の病状を悪化させ，ひいては死亡の結果をも引き起こしかねない危険性を有していたものであるから，医師の診察治療を受けることなく被告人だけに依存した被害者側にも落度があったことは否定できないとしても，被告人の行為と被害者の死亡との間には因果関係がある」としている[8]。次に，②潜水指導者である被告人が，指導補助者3名を指揮しながら，被害者を含む受講生6名に夜間潜水の講習指導を行った際，不用意に移動して受講生らのそばから離れ，同人らを見失うに至ったところ，指導補助者及び被害者の不適切な行動が介入して，被害者が溺死した事案（夜間潜水事件）において，最高裁は，「被告人が，夜間潜水の講習指導中，受講生らの動向に注意することなく不用意に移動して受講生らのそばから離れ，同人らを見失うに至った行為は，それ自体が，指導者らの適切な指示，誘導がなければ事態に適応した措置を講ずることができないおそれがあった被害者をして，海中で空気を使い果たし，ひいては適切な措置を講ずることもできないままに，でき死させる結果を引き起こしかねない危険性を持つものであり，被告人を見失った後の指導補助者及び被害者に適切を欠く行動があったことは否定できないが，それは被告人の右行為から誘発されたものであって，被告人の行為と被害者の死亡との間の因果関係を肯定するに妨げないというべきである。」としたのである[9]。これらにおいては，不適切な指示に被害者が従ったこと（柔道整復師事件），又は被害者が不適切な行動をしたこと（夜間潜水事件）が被害者の死の結果をもたらす直接的な原因となっているが，被告人の行為は，とくにそれに向けられたもの（柔道整復師事件），又はそれを誘発したもの（夜間潜水事件）として，これらの被害者の行為を介して死の結果を生じさせる危険性をもつものであり，そうした行為の危険性が正しく結果へと現実化しているということができよう。この意味で，これらの事案においては，被告人の行為と死の結果との間に因果関係を肯定することができるのである。

---

[8] 最決昭和63・5・11刑集42巻5号807頁。
[9] 最決平成4・12・17刑集46巻9号683頁。

3 本件の特色は，高速道路への進入という被害者の行為が極めて危険な行為であり，通常なすようなことでないことを被害者があえて行っているところにある。しかし，それは，被告人らの暴行によって極度の恐怖感が生じ，それから必死に逃れる過程でのとっさの行為であって，本件の事情のもとでは，「著しく不自然，不相当」とはいえないものである。この意味で，被告人らの暴行の危険性は，被害者の高速道路への進入を介して，死の結果へと現実化したとみることが許されることになるといえよう。そうした事情もなく，より安全な逃走ルートがあり，それを知りながらあえて危険な行動に出，そのために被害者が死亡したといった場合であれば，因果関係についての判断は異なったものとなると思われる。

　以上のように，被害者の行為が死の結果の直接的な原因である場合には，犯人の実行行為によって，そうした行為が誘発され，同行為を介して，最終的な結果と実行行為との間に因果関係が認められることになるのである。つまり，犯人の実行行為の危険性は，被害者の行為を生じさせるものとして，そして，それを媒介として，最終的な結果へと現実化することになるということができよう。

　4 本件の後，犯人の行為の後に被害者の行為が介入した事例についての判例として注目されるのが，次の最高裁決定である。被告人は，数名の者と共謀して，被害者に対し，ビール瓶で頭部を殴打し，底の割れたビール瓶で後頸部を突き刺すなどして，重い傷害を負わせた。被害者は受傷後，病院で緊急手術を受け，いったんは容体が安定したが，その日のうちに容体が急変して，他の病院に転院したが，事件から5日後後頸部刺創に基づく頭部循環障害による脳機能障害によって死亡した。本件では，被害者の容体急変の直前，被害者が無断退院しようとして暴れ，それが原因で容体が悪化したのではないかが問題となり，いずれにしても，被害者が医師の指示に従わず安静に努めなかったことが治療の効果を減殺した可能性があることは否定できないとされている。最高裁は，「被告人らの行為により被害者の受けた前記の傷害は，それ自体死亡の結果をもたらし得る身体の損傷であって，仮に被害者の死亡の結果発生までの間に，上記のように被害者が医師の指示に従わず安静に努めなかったために治療の効果が上がらなかったという事情が介在し

ていたとしても，被告人らの暴行による傷害と被害者の死亡との間には因果関係がある」とした[10]。

このケースにおいては，被害者の行為によって新たな傷害が発生し，それが原因となって被害者が死亡したのではなく，被告人らによってもたらされた当初の重大な傷害が癒されることなく，死の結果がもたらされたとみることができよう。この意味で，被告人らの暴行・傷害の重大な危険性が，減少することなく，死の結果へと現実化したということができる。この意味で，上記3までにみた3判例とは事案の類型を異にしているのである。

4　第三者の行為の介入

4　**最決平成2・11・20刑集44巻8号837頁**

[事　案]
決定理由参照

[決定理由]
「なお，原判決及びその是認する第1審判決の認定によると，本件の事実関係は，以下のとおりである。すなわち，被告人は，昭和56年1月15日午後8時ころから午後9時ころまでの間，自己の営む三重県阿山郡伊賀町大字柘植町所在の飯場において，洗面器の底や皮バンドで本件被害者の頭部等を多数回殴打するなどの暴行を加えた結果，恐怖心による心理的圧迫等によって，被害者の血圧を上昇させ，内因性高血圧性橋脳出血を発生させて意識消失状態に陥らせた後，同人を大阪市住之江区南港所在の建材会社の資材置場まで自動車で運搬し，右同日午後10時40分ころ，同所に放置して立ち去ったところ，被害者は，翌16日未明，内因性高血圧性橋脳出血により死亡するに至った。ところで，右の資材置場においてうつ伏せの状態で倒れていた被害者は，その生存中，何者かによって角材でその頭頂部を数回殴打されているが，その暴行は，既に発生していた内因性高血圧性橋脳出血を拡大さ

---

[10] 最決平成16・2・17刑集58巻2号169頁。

せ，幾分か死期を早める影響を与えるものであった，というのである。

このように，犯人の暴行により被害者の死因となった傷害が形成された場合には，仮にその後第三者により加えられた暴行によって死期が早められたとしても，犯人の暴行と被害者の死亡との間の因果関係を肯定することができ，本件において傷害致死罪の成立を認めた原判断は，正当である。」

解説

1 本件(大阪南港事件)では，犯人による実行行為(暴行)の後，第三者の角材による殴打という故意行為が介入し，被害者が死亡するに至っているが，因果関係を判断するに当たり，次の事実が重要であると考えられる。すなわち，本件では，犯人の暴行によってすでに被害者の死因となった傷害が形成されたこと，そして，第三者による暴行は被害者の死期を幾分か早める影響を与えるものにすぎなかったことである。

本件で，犯人の実行行為後に第三者の故意行為が介入したことは，通常考えられない，その意味で異常なことである。したがって，犯人の実行行為から結果発生に至る因果経過が通常のものであること，あるいは，それが異常とはいえないことが因果関係を認めるために必要だとする見解，つまり，因果経過の通常性を要件とする相当因果関係説からは，本件のような場合には，因果関係は否定されることになろう。しかし，最高裁が本件において因果関係を肯定していることは，そのような因果関係についての理解は最高裁の採るところではないことを示しているといえる。すでに示したように，最高裁は，犯人の実行行為の危険性が結果へと現実化したときに，実行行為と結果との間に因果関係を肯定するものと解されるが，犯人の実行行為によって死因となる傷害がすでに形成された場合には，その後，死期を若干早める程度の影響を有するにすぎない第三者の故意行為が介入しても，それが異常なこととはいえ，実行行為の危険性が結果へ現実化したとの判断・評価がなされることになるのである。本件の最高裁決定は，このことを示しているといえる。

2 本件以前に，第三者による故意行為の介入があった事案を扱った重要判例が米兵ひき逃げ事件に関する最高裁決定である[11]。同事件は，被告人

が，自動車を運転中，過失により，自車を自転車に衝突させて被害者をはね飛ばし，被告人が運転する自動車の屋根に乗った被害者を，同乗者が走行中にそこから引きずり落とし，路上に被害者を転落させて，死亡させたというものであるが，被害者の死因となった傷害が，最初の自動車との衝突によって生じたのか，同乗者により自動車の屋根から引きずり落とされて路上に衝突したことによって生じたのか不明だというものである。最高裁は，同乗者の行為は「経験上，普通，予想しえられるところではなく」，「このような場合に被告人の前記過失行為から被害者の前記死の結果の発生することが，われわれの経験則上当然予想しえられるところとは到底いえない」として，被告人の過失行為と被害者の死との間の因果関係を否定した。本決定は，被告人の行為と結果との間に事実的な因果関係を認めることができる事案において，因果経過の異常性を理由として因果関係を否定する相当因果関係説を思わせる理由により因果関係を否定したという点において，注目されたのであった。

　このケースで重要なのは，被害者の死因となった傷害がどの段階で生じたのか不明だということである。したがって，「疑わしきは被告人の利益に」との刑事裁判の鉄則に従い，被告人の行為によって死因となった傷害が生じたのではない，つまり，同乗者の行為によってそれが生じたとの前提で判断がなされることになる[12]。つまり，同乗者の行為は，異常であったばかりではなく，それが被害者の死因となった傷害を生じさせたものとして，評価の対象となっていることが重要である。この点において，大阪南港事件とは事案を異にするのであり，大阪南港事件決定と米兵ひき逃げ事件決定とが因果関係判断において矛盾するわけではない。米兵ひき逃げ事件でも，運転者である被告人の過失行為によって被害者の死因となった傷害が生じたのであれば，異なった判断，すなわち因果関係を肯定する判断をなすことは可能であったともいえるのである。

---

[11] 最決昭和42・10・24刑集21巻8号1116頁。
[12] もちろん，同乗者の刑事責任を問題とする場合には，同人にも「疑わしきは被告人の利益に」の原則が適用されるから，死因となった傷害は同人の行為によって生じたのではなく，運転者の行為によって生じたとの前提で判断されることになる。

3 なお，さらに，被告人の行為の後に第三者の故意行為が介入した興味深い事例としては，次のようなものがある。被告人は，被害者を棒で殴打して傷害を負わせた上で川に押し入れたところ，川からようやく岸に上がった被害者が，その後，被告人の配下により再度川に投げ入れられて溺死したのであるが，被害者は，被告人の行為により，後に重症脳震盪症となって反射機能を喪失し，投げ入れられた川から首を上げる力がなく泥水を飲んで死亡したとされている。この事案において，大審院は，被告人の傷害行為は死亡の単独原因ではないが，「致死なる結果の共同原因の一」にほかならないとして，被告人の行為と被害者の死との間の因果関係を認めたのである[13]。

このケースでは，被告人の行為，又は被告人の配下の行為のいずれかが，単独で被害者の死亡原因を生じさせたのではなく，両者が共同で原因となったものである。つまり，被害者は，脳震盪だけで死んだわけでもなく，川に投げ入れられただけで死んだわけでもない。まさしく，両者が「共同原因」となって被害者の死をもたらしたのである。大審院は，死因となった傷害をもたらした場合だけでなく，その「共同原因」となった場合でも因果関係を肯定したといえる。このような場合であっても，被告人の行為の危険性が，第三者の行為の危険性と相まって，結果へと現実化したとして，因果関係を認めることは考えられよう。

5　最決平成18・3・27刑集60巻3号382頁

[事　案]

決定理由参照

[決定理由]

「1　原判決及びその是認する第1審判決の認定によれば，本件の事実関係は，次のとおりである。

（1）被告人は，2名と共謀の上，平成16年3月6日午前3時40分ころ，普通乗用自動車後部のトランク内に被害者を押し込み，トランクカバーを閉

---

[13] 大判昭和5・10・25刑集9巻761頁。

めて脱出不能にし同車を発進走行させた後，呼び出した知人らと合流するため，大阪府岸和田市内の路上で停車した。その停車した地点は，車道の幅員が約7.5mの片側1車線のほぼ直線の見通しのよい道路上であった。

(2) 上記車両が停車して数分後の同日午前3時50分ころ，後方から普通乗用自動車が走行してきたが，その運転者は前方不注意のために，停車中の上記車両に至近距離に至るまで気付かず，同車のほぼ真後ろから時速約60kmでその後部に追突した。これによって同車後部のトランクは，その中央部がへこみ，トランク内に押し込まれていた被害者は，第2・第3頸髄挫傷の傷害を負って，間もなく同傷害により死亡した。

2 以上の事実関係の下においては，被害者の死亡原因が直接的には追突事故を起こした第三者の甚だしい過失行為にあるとしても，道路上で停車中の普通乗用自動車後部のトランク内に被害者を監禁した本件監禁行為と被害者の死亡との間の因果関係を肯定することができる。したがって，本件において逮捕監禁致死罪の成立を認めた原判断は，正当である。」

解説

1 本件では，被告人による実行行為（監禁行為）の後に，第三者の過失行為が介入して，その結果，被害者が死亡した場合について，実行行為と結果との間の因果関係の存否が問題となっている。従来，因果経過の通常性を要件とする相当因果関係説からは，過失行為の介入は一般にありうることであり，因果関係は否定されないと考えられてきた。たとえば，被告人による傷害行為の後に治療に当たった医師の医療ミスが介在し，そのために被害者が死亡したという場合，被告人の傷害行為と被害者の死との間の因果関係は否定されないと理解されてきたのである[14]。前記の夜間潜水事件においても，被告人の実行行為後に潜水補助者という第三者の過失行為が介在しているが，それにも拘らず，被告人の実行行為と被害者の死との間の因果関係は肯定されている[15]。

---

[14] たとえば，大判大正12・5・26刑集2巻458頁。
[15] 前出注（9）・最決平成4・12・17。

2 本件の少し前に出された重要な判例として次の最高裁決定がある。これは，被告人が高速道路上で大型トレーラーを運転していたAの運転態度に立腹し，同人に文句を言い謝罪させるため，高速道路の第3通行帯上に自車及びA車を停止させたところ，その後，後続車がA車に追突して後続車に乗っていた者が死傷したという事案である。被告人の上記過失行為の後に，Aは，エンジンキーを見つけられず，被告人車が走り去ってから7，8分後まで本件現場に自車を停止させ続けたというものである。最高裁は，このような事案において，被告人の行為は「それ自体において後続車の追突等による人身事故につながる重大な危険性を有していた」こと，過失行為後に他人の行動等が介在しているが「それらは被告人の上記過失行為及びこれと密接に関連してされた一連の暴行等に誘発されたものであった」ことから，被告人の過失行為と被害者らの死傷との間に因果関係を肯定したのである[16]。これは，夜間潜水事件最高裁決定[17]で，被告人の行為に危険性が認められること，介入した行為は被告人の行為によって誘発されたことから，被告人の行為と結果との間の因果関係が肯定されたことと同様の判断であるといえよう。

3 本件の特殊性は，介入したのが「第三者の甚だしい過失行為」だということである。因果経過の通常性を要求する相当因果関係説からは，既に述べたように，過失行為の介入によって因果関係は否定されないと解されているが，しかしながら，著しい過失による行為の介入の場合については判断が留保されていると考えることができる。それにもかかわらず，本件で最高裁が因果関係を肯定したことは注目に値するといえるであろう。それは，自動車の追突事故はありがちなことであり，後続車の運転者の過失の度合いが著しいことはこのことと矛盾しないこと，トランク内に監禁された者にとっては追突に対して身構えることもできず，動きのとれない狭いトランク内においては死の危険が極めて高いことを考えると，支持しうる判断であるということができよう。

---

[16] 最決平成16・10・19刑集58巻7号645頁。
[17] 前出注（9）・最決平成4・12・17。

5　犯人自身の行為の介入

6　最決昭和53・3・22刑集32巻2号381頁

[事　案]

　被告人はAを熊と誤認して2発銃弾を発射し，①同人の下腹部及び②右下肢鼠蹊部に命中させ，下腹部から腸及び腸間膜を穿孔し仙骨上端に達する射創と右下肢鼠蹊部から右腎，胃，心臓等を損傷する射創とを負わせた後，Aに対し発射したことを知り銃創の状況とAの苦悶する状態を見て間もなく同人が死亡すると考え，目撃者がいないところから，同人を殺害して逃走しようと決意し，③同人の右胸部に銃弾1発を発射して右胸部から腹腔に達し，肝臓等を損傷する銃創を負わせ即時死亡させるに至った。①下腹部に射入口を有する銃創は放置すると2，3日で死亡する程度，②右下肢鼠蹊部に射入口を有する銃創は手当不能で数分ないし十数分内外で死亡する程度，③右胸部に射入口を有する銃創は放置すると1日以内で死亡する程度のものであって，被告人が3発目の銃弾によりAの右胸部に銃創を負わせなくとも，間もなく同人は死亡したものと認められるが，3発目の銃弾による銃創の部位にも微量の失血があり，死期を早からしめたものと認められる。

[決定理由]

　「本件業務上過失傷害罪と殺人罪とは責任条件を異にする関係上併合罪の関係にあるものと解すべきである，とした原審の罪数判断は，その理由に首肯しえないところがあるが，結論においては正当である。」

[解　説]

　1　本件では，被告人による過失行為の後に，被告人自身による故意行為が介入し，その後被害者が死亡している。第1審判決以来，被告人による過失行為については，業務上過失致死罪ではなく業務上過失致傷罪の成立が肯定されており，つまり，被告人自身による故意行為が介入した本件で，被告人による過失行為と被害者の死との間の因果関係は否定されていることにな

るのである。

　2　犯人による実行行為の後に，犯人自身による故意行為が介入した事例で，犯人の実行行為と結果との間に因果関係を認めたものとしては，次の判例が著名である。それは，被告人がAを殺害しようとして細麻縄で熟睡中のAの頸部を絞扼したところ，身動きしなくなったので，Aは既に死亡したものと思い，犯行の発覚を防ぐ目的で海岸砂上に運び放置したところ，死亡していなかったAは砂末を吸引し，頸部絞扼と砂末吸引によって死亡したという事案である。大審院は被告人による頸部絞扼と被害者の死亡との間に因果関係を認め，殺人罪の成立を肯定したのである[18]。本判決には学説上反対もあるが，殺人後に犯行の発覚を防ぐため，犯人が死体遺棄を行うことはありうることであり，また，このケースでは，頸部絞扼が被害者の死に寄与していたとされるのであるから，犯人の頸部絞扼と被害者の死との間に因果関係を肯定することは可能であると解される。

　3　本件で被害者を熊と誤認して猟銃を発射して負傷させた後に，殺意をもって猟銃を発射することは通常あることではなく，いわば異常なことである。この意味では，因果経過の通常性を要求する相当因果関係説からは，犯人の過失行為と被害者の死との間の因果関係は否定されることになろう。しかし，実行行為の危険性が結果へと現実化したかを問う判例の基本的な立場によれば，異なった判断となりうると思われる。なぜなら，被害者の直接の死因となったのは，過失によって発射された2発目の銃弾によって生じた傷害であり，すでにこの段階で死因となる傷害が形成されていたからである。そのような場合には，前記大阪南港事件決定[19]で示されていたように，その後死亡時期を若干早める程度の影響を有するにすぎない故意行為が介入しても，因果関係は否定されないことになるのである。そうだとすると，被告人による過失行為と被害者の死の間には因果関係があることになり，業務上過失致死罪が成立することになるはずである。

　ところが，問題はその先にある。故意による猟銃発射により被害者の死期

---

[18] 大判大正12・4・30刑集2巻378頁。本件は，犯人の予見した因果関係と実際の因果関係が異なる因果関係の錯誤の事例でもあり，「ウエーバーの概括的故意」事例と呼ばれるものに当たる。
[19] 最決平成2・11・20刑集44巻8号837頁。

を早めたと認められる以上は[20]，故意による猟銃発射について殺人罪が成立することになる。もしも，上記のように，過失による猟銃発射について業務上過失致死罪が成立することになると，業務上過失致死罪と殺人罪の両方が成立することになり，被害者の死という1個の法益侵害を両罪で二重評価することになってしまうという問題が生じることになるのである[21]。過失行為後の故意行為は，新たな別個の意思決定に基づくものだから，最高裁も認めるように，両罪を包括一罪として評価することはできず，両罪の罪数関係は併合罪と見るほかはない。そうすると，重い殺人罪を優先させて，被害者の死の結果は同罪で評価し，被告人の過失による猟銃発射については業務上過失致傷罪の限度で評価するということが考えられることになる。この意味で，最高裁の判断は妥当であったと考えることができると思われる。

IV——まとめ

これまでに述べたことをまとめると，次のようになろう。

犯罪の構成要件該当性を認めるために必要で，その中核となることは，犯人の実行行為によって結果が生じたことである。そのためには，まず，犯人の行為が犯罪の実行行為といえることが必要で，結果を生じさせる現実的危険性が認められなければならない。この危険性は，現実に存在した事実を基礎として客観的に判断されるのである。

次に，実行行為と結果との間に因果関係が必要となるが，それは実行行為の危険性が結果へ現実化したときに認められる。この判断に当たっては，次の2類型を区別することが肝要である。まず，犯人の実行行為によって結果が発生する直接的な原因が作り出された場合には，その後に結果発生を若干促進する程度の影響を有するにとどまる行為が介入しても，そして，それが

---

[20] これが認められなければ殺人未遂罪となり，業務上過失致死罪の成立を肯定することに問題はない。
[21] 念のために付言すれば，過失行為をなした者と故意行為をなした者とが異なれば，被害者の死の結果はそれぞれに帰属させることができる。この場合には，死の二重評価の問題は生じないのである。同一の結果について複数の者が刑事責任を負うことは過失犯の領域ではよくあることであり，不思議なことではない。結果の二重評価は同一人において問題となるのである。

通常ありえないようなものであっても，実行行為と結果との間の因果関係は否定されない。次に，結果が発生する直接的な原因となったのが犯人の実行行為後に介入した行為であった場合には，そのような行為が介入することがありうるのかが，それが犯人の行為によって誘発されたものかなどの考慮によって判断され，それが肯定されるとき，犯人の実行行為と結果との間に因果関係が認められることになるのである。このような因果関係判断は，因果経過の通常性を要求する相当因果関係説とはかなり異なるものといえる。実行行為の危険性が結果へと現実化したかを問題とする場合にも，介入行為の通常性・異常性は問題となりうるが，それは上記第2類型の事案に限られる。第1類型については，介入行為の通常性・異常性は問題とならないということができるのである。

第2章―不作為犯

［因果関係］
- **1** 最決平成元・12・15刑集43巻13号879頁

［作為義務］
- **2** 大判大正7・12・18刑録24輯1558頁
- **3** 最判昭和33・9・9刑集12巻13号2882頁
- **4** 最決平成17・7・4刑集59巻6号403頁

I―はじめに

　犯人の実行行為は，通常は，積極的に法益侵害の結果を生じさせる作為であるが，「法的に期待された作為」を怠り，何らかの原因によって生じようとしている法益侵害を回避しないという不作為の場合も存在する。前者を作為犯，後者を不作為犯という。後者の不作為犯は，さらに，法文上不作為であることが実行行為として予定されている真正不作為犯（刑法130条の不退去罪や，刑法218条の保護責任者不保護罪など）と，それ以外の犯罪を不作為によって実行する不真正不作為犯とに分かれる。

　これらの不作為犯については作為犯とは異なった考慮が必要となる。まず，因果関係の判断をどのように行うのかが問題となる。さらに，結果回避に向けた「法的に期待された作為」をなす義務がどのような場合に生じるのか，そうした作為義務の根拠・要件が問題となるのである。このことは，とくに，不真正不作為犯において妥当することになる。ただし，真正不作為犯の場合にも，そうした作為義務は法文上すでに要件として決められているものの，その要件の意義は何か，それはどのような場合に充足されるのかという解釈において，類似の考慮が必要となるのである。

　以下では，まず，不作為犯における因果関係について解説し，その後で，作為義務の根拠・要件について解説することにする。

II―因果関係

1　最決平成元・12・15刑集43巻13号879頁

[事　案]
決定理由参照

[決定理由]
「なお，保護者遺棄致死の点につき職権により検討する。原判決の認定によれば，被害者の女性が被告人らによって注射された覚せい剤により錯乱状態に陥った午前零時半ころの時点において，直ちに被告人が救急医療を要請していれば，同女が年若く（当時13年），生命力が旺盛で，特段の疾病がなかったことなどから，十中八九同女の救命が可能であったというのである。そうすると，同女の救命は合理的な疑いを超える程度に確実であったと認められるから，被告人がこのような措置をとることなく漫然同女をホテル客室に放置した行為と午前2時15分ころから午前4時ころまでの間に同女が同室で覚せい剤による急性心不全のため死亡した結果との間には，刑法上の因果関係があると認めるのが相当である。したがって，原判決がこれと同旨の判断に立ち，保護者遺棄致死罪の成立を認めたのは，正当である。」

[解　説]
　1　本件では，保護責任者遺棄罪の結果的加重犯である保護責任者遺棄致死罪の成否が問題となり，救急医療を要請するという措置を執ることなく，被害者を漫然とホテル客室に放置したという，被告人による遺棄（又は，不保護）と被害者の死との間の因果関係の存否が問われているのである。なお，本件ではたとえ「遺棄」とはいっても，その内実は，救急医療を要請しないという不作為であり，そのため，不作為と結果との間の因果関係が問題となっているわけである。
　重要な点は，本件での因果関係は，午前零時半ころの時点で救急医療を要

請していたら，被害者の救命は「合理的な疑いを超える程度に確実」であったとして，それが肯定されていることである。つまり，法的に期待され，要請される作為をなしていたら，結果発生を回避できたかという仮定的な判断によって，不作為と結果との間の因果関係が判断されているということである。第1章でみたように，犯人の実行行為が作為である作為犯においては，因果関係を判断するに当たり，実行行為の危険性が結果へと現実化したかが問われていたが，本件では，それとは問われている内容が異なっている。それは，結果を惹起したとして構成要件該当性を認めるためには，①実行行為の危険性が結果へと現実化したこと，さらに，②実行行為の時点で行為者に課された義務を尽くしていたら結果の回避が可能であったことが必要であると解されるところ，作為犯では，②は通常肯定しうる（すなわち，作為を差し控えれば，通常結果は発生しない）ため，①だけが問題となり，不作為犯では，それとは異なって，②自体が問題となるからである（①については，放置すると結果が発生する状況が認められる不作為犯においては肯定しうると考えられる）。理論的見地から厳密に考えれば，因果関係といえるのは①であり，②はそれとは異なった別の要件であると考えることが可能だが，判例及び学説は一般に，不作為犯の場合，作為犯の場合とは異なって，②を因果関係と理解しているわけである。

　なお，本決定では，救急医療を要請していたら被害者は「十中八九」救命が可能であったとされているが，それは一種の比喩的表現であると理解すべきであろう。文字通り，救命率が80から90パーセントであったというのでは必ずしもない。救護の不作為により被害者の死を惹起したとして構成要件該当性を認めるために必要となる救命可能性の判断基準は，あくまでも，救命が「合理的な疑いを超える程度に確実」であったということに尽きると思われる。被害者が「十中八九」救命可能であった本件では，そうした証明が果たされたというにすぎないと解されるのである。

　2　なお，本件における保護責任者遺棄罪固有の問題点にも，若干触れておくことにしたい。まず，本件の被告人が保護責任者とされた根拠が問題となる。この点は，とくに第1審判決の判示するところが重要であるが，被害者の健康状態の悪化について被告人が直接・間接に原因となっていること

(先行行為)，さらに，ラブホテルの一室という密室性の高い空間に，健康状態を害し錯乱状態にあった，年若い被害者といたこと（被害者に対する支配）がその根拠となると考えられる。これらは，後述するように，不真正不作為犯の作為義務を肯定する際の重要な視点・根拠となっており，本件においても，そうした考慮が被告人を保護責任者と認める判断を支えているのである。

　本件でやや気になるのが，被告人の実行行為の把握の仕方である。第 1 審判決から最高裁決定まで，救急医療を要請することなく，被害者をホテルに放置した行為が実行行為とされており，その意味で実行行為を「遺棄」と捉えているのではないかと思われる。しかし，被害者の死と因果関係をもつのは，午前零時半ころの救急医療要請の不作為であり，それ以降の不作為や放置ではないのである。そもそも，「遺棄」といっても，すでに述べたように，その内実は救急医療要請の不作為であり，保護の不作為であるといえる。したがって，「遺棄」ではなく，むしろ，「生存に必要な保護をしなかった」ことを実行行為と捉え，不保護罪として構成すべきではないかが問題となりうるように思われるのである。

Ⅲ ― 作為義務

2 大判大正 7・12・18 刑録 24 輯 1558 頁

[事　案]
　判決理由参照

[判決理由]
　「按スルニ放火罪ハ故意ニ積極的手段ヲ用ヒテ刑法第百八條以下ニ記載スル物件ニ火ヲ放チ之ヲ燒燬スルニ因リ成立スルコト普通ノ事例ナリト雖モ自己ノ故意行爲ニ歸スヘカラサル原因ニ由リ既ニ叙上物件ニ發火シタル場合ニ於テ之ヲ消止ムヘキ法律上ノ義務ヲ有シ且容易ニ之ヲ消止メ得ル地位ニ在ル者カ其既發ノ火力ヲ利用スル意思ヲ以テ鎭火ニ必要ナル手段ヲ執ラサルトキ

ハ此不作爲モ亦法律ニ所謂火ヲ放ツノ行爲ニ該當スルモノト解スルヲ至當ナリトス然リ而シテ叙上物件ノ占有者又ハ所有者カ自己ノ故意行爲ニ歸スヘカラサル原因ニ由リ其ノ物件ニ發火シ爲メニ公共ニ對シ危害ノ發生スル虞アルニ際リ之ヲ防止シ得ルニ拘ハラス故意ニ之ヲ放任シテ顧ミサルカ如キハ實ニ公ノ秩序ヲ無視スルモノニシテ秩序ノ維持ヲ以テ任務トスル法律ノ精神ニ牴觸スルヤ明ナルカ故ニ斯ノ如キ場合ニ於テ此等ノ者カ其發火ヲ消止メ以テ公共ノ危險ノ發生ヲ防止スルハ其法律上ノ義務ニ屬スルモノト認ムルヲ正當ナリトス蓋シ此法理ハ民法第七百十七條等ノ規定ノ精神ヨリ推究スルモ其一端ヲ窺フニ難カラサルナリ之ヲ原判決ニ徵スルニ其確定シタル事實ハ被告ハ其養父ノ隠居ニ因リ戸主ト爲リ住宅其他ノ財産ヲ相續シタル處養父トノ間ニ不和ヲ生シ終ニ爭鬪ヲ爲シタル末寧ロ之ヲ殺害シテ煩累ヲ除クニ如カスト決意シ被告所有ノ押切庖丁ヲ以テ養父ノ頸部等ニ斬付ケ之ヲ殺害シ其屍體ノ始末ニ付キ考案中偶養父カ爭鬪ノ際投付ケタル燃木尻ノ火カ住宅内庭ニ積ミアリタル藁ニ飛散シ其場所ヨリ燃上リタルヲ認メタルモ寧ロ住宅ト共ニ屍體及證據物件ト爲ルヘキ物ヲ燒燬シ以テ罪跡ヲ掩ハント欲シ當時容易ニ消止メ得ヘカリシニ拘ハラス故ラニ之ヲ放置シ因テ被告以外ニ人ノ現在セサル右住宅ヲ燒燬シ且隣家ノ物置一棟ヲ類燒スルニ至ラシメタリト云フニ在ルヲ以テ上文説示セル理論ニ照シ被告ノ所爲ハ法律上ノ義務ニ違背セル故意ノ不作爲ニ依リ火ヲ放テ刑法第百九條第一項ニ記載スル自己所有ノ建造物ヲ燒燬シ因テ公共ノ危險ヲ生セシメタルモノニ該當シ同條第二項ノ罪ヲ構成スルモノト斷定セサルヘカラス」

解説

1 本件は，被告人が自分の養父を殺害した後，死体の始末に困っていたところ，養父が投げつけた燃木尻の火が積んであった藁に燃え移り，燃え上がったにも拘らず，罪跡を隠滅するため，それを放置して住宅等を焼損したという事案である。つまり，本件では，自分の故意行為に帰することのできない原因によって発火した場合に，被告人が鎮火に必要な手段を執らなかったという不作為が問題となっており，そのような不作為について放火罪が成立するかが問題となっているのである。

本判決は，①消火する法律上の義務があること，②容易に消火できる地位にあること，③既発の火力を利用する意思があることが認められる場合，鎮火に必要な手段を執らないという不作為も放火行為に当たると判示している。つまり，消火の不作為であっても，消火すべき法的作為義務，消火の容易性，さらに，火力の利用意思がある場合に，作為による放火の場合と同じく，放火罪が成立するというのである。そして，消火すべき法的作為義務は，発火した物件の占有者又は所有者であることによって認められるとされている。

同様の判断は，自分の家の神棚に点火して立てたロウソクが御札の方に傾いていることを認識しながら，危険防止の措置を執らず，火災になれば保険金がもらえると思いながら外出したため，ロウソクの火が御札に点火し更に家屋に延焼したという事案において，放火罪の成立を肯定した判決でも行われているところである[1]。

2 つまり，上記2件の大審院判例では，不作為犯（不作為による放火罪）の成立を認めるために必要となる要件として，①建造物の焼損という結果を回避すべき法的作為義務，②結果回避の容易性，③結果をもたらす危険を利用する意思が挙げられていることになる。そして，最も問題となる①法的作為義務は，被告人が当該建造物の占有者・所有者であることから基礎づけられているが，さらにその根拠を問題とするならば，それは，発火したのが，建造物という閉鎖的空間の内部という被告人が支配する領域内であったことであると解される。すなわち，被告人が支配する領域内で発生した火を消火しないことは（しかも，それが容易であるにもかかわらず，その火を利用する意思である場合には）自分で積極的に火を付けたことと同じだと理解されているといえよう。この意味で，このような場合には消火すべき作為義務があるということになるのである。

さらに，上記2件の大審院判例の事案をみると，判例 2 では，火のついた燃木尻を投げたのは被告人の養父であるが，それは被告人との間での争闘の過程でなされたものであり，被告人にも間接的な原因がないとはいえない

---

[1] 大判昭和13・3・11刑集17巻237頁。

（先行行為性）ということも指摘しうるであろう．もっとも，本件では，この考慮は作為義務の存在を支える強い根拠となるとはいえないと思われる．これに対し，よりはっきりしているのは，昭和13年の前記大審院判例の事案であり，そこでは，被告人のロウソクの立て方に問題があったといえるのである．この意味では，発火の危険をもたらすことについて，被告人に直接的な原因があったといえる事案であり，すなわち，被告人の危険な先行行為の存在も不作為犯（不作為による放火罪）の成立を認める上で重要な事実となっていると考えることができよう．

3 最判昭和33・9・9刑集12巻13号2882頁

[事　案]
判決理由参照

[判決理由]
「原判決が是認した第1審判決の認定事実のうち，被告人が判示日時判示営業所事務室内自席の判示木机1個の下に，右机と判示原符3万7000枚位をつめたボール箱3個との距離が判示のとおり接近している位置に，大量の炭火がよくおこつている判示木製火鉢をおき，そのまま放任すれば右炭火の過熱により周囲の可燃物に引火する危険が多分にある状態であることを容易に予見しえたにかかわらず，何等これを顧慮せず，右炭火を机の外の安全場所に移すとか，炭火を減弱させる等その他容易に採りうる引火防止処置を採らず，そのまま他に誰も居合わさない同所を離れ同営業所内工務室において休憩仮睡した結果，右炭火の過熱から前記ボール箱入原符に引火し更に右木机に延焼発燃したという事実は，被告人の重大な過失によつて右原符と木机との延焼という結果が発生したものというべきである．この場合，被告人は自己の過失行為により右物件を燃焼させた者（また，残業職員）として，これを消火するのは勿論，右物件の燃焼をそのまま放置すればその火勢が右物件の存する右建物にも燃え移りこれを焼燬するに至るべきことを認めた場合には建物に燃え移らないようこれを消火すべき義務あるものといわなければならない．

第1審判決認定事実によれば，被告人はふと右仮睡から醒め右事務室へ入り来つて右炭火からボール箱入原符に引火し木机に延焼しているのを発見したところ，その際被告人が自ら消火に当りあるいは判示宿直員3名を呼び起こしその協力をえるなら火勢，消火設備の関係から容易に消火しうる状態であつたのに，そのまま放置すれば火勢は拡大して判示営業所建物に延焼しこれを焼燬するに至るべきことを認識しながら自己の失策の発覚のおそれなどのため，あるいは右建物が焼燬すべきことを認容しつつそのまま同営業所玄関より表に出で何等建物への延焼防止処置をなさず同所を立ち去つた結果，右発燃火は燃え拡がつて右宿直員らの現在する営業所建物1棟ほか現住家屋6棟等を焼燬した，というのである。すなわち，被告人は自己の過失により右原符，木机等の物件が焼燬されつつあるのを現場において目撃しながら，その既発の火力により右建物が焼燬せられるべきことを認容する意思をもつてあえて被告人の義務である必要かつ容易な消火措置をとらない不作為により建物についての放火行為をなし，よつてこれを焼燬したものであるということができる。されば結局これと同趣旨により右所為を刑法108条の放火罪に当るとした原判示は相当であり，引用の大審院判例の趣旨も本判決の趣旨と相容れないものではなく，原判決には右判例に違反するところはない。論旨は理由がない。」

解説

1 本件でも不作為による放火罪の成否が問題となっている。本件で，最高裁は，「被告人は自己の過失により右原符，木机等の物件が焼燬されつつあるのを現場において目撃しながら，その既発の火力により右建物が焼燬せられるべきことを認容する意思をもつてあえて被告人の義務である必要かつ容易な消火措置をとらない不作為により建物についての放火行為をなし，よつてこれを焼燬した」として不作為による放火罪の成立を肯定した。ここでは，①消火措置を執る義務と②消火の容易性が，消火の不作為について放火罪の成立を認める理由となっている。なお，本判決では，既発の火力によって建物が焼損することを認容する意思にも言及されているが，これは放火罪の故意以外のものではなく，大審院判例で挙げられていた利用意思は要件と

されていないことに注目する必要がある。

　本件で消火措置を執る作為義務は，被告人が「自己の過失行為により右物件を燃焼させた者（また，残業職員）」であることによって基礎づけられている。つまり，火気の不適切な扱いという危険な先行行為が第1次的に作為義務の根拠として挙げられていることが重要である。もっとも，被告人が残業職員であったことにも補足的に言及があり，また，発火した部屋でひとり残業をしていたという発火場所についての支配が認められる事案であるから，作為義務を認めるに当たりこの点も重要な事実であると解することができよう。この意味で，危険な先行行為の存在と当該領域の支配が作為義務肯定の重要な根拠とされていると考えることができるのである。

　2　本判決では，すでに述べたように，大審院判例で問題とされていた利用意思は不作為犯成立のために必要となる要件とはされていない。これについては，どのように考えるべきなのであろうか。まず指摘しうるのは，大審院判例が利用意思を要件として挙げたことにそもそも理由があったのかということである。もちろんそのような意思があったという事実は，不作為犯成立の妨げになるようなものではないが，それが不作為犯成立にとって必須のものかには疑問があるように思われる。なぜなら，不作為であっても放火罪となるのは，それが作為による放火の場合と同視しうるからであり，不作為を作為と同視しうるために，特別の利用意思の存在が必須であり，不可欠だとする根拠を見出すことは困難だと思われるからである。とくに，大審院判例で問題とされていた利用意思の内容は，自己の犯罪の罪証を隠滅する意思であり，あるいは保険金を取得する意思であって[2]，それ自体は処罰の対象とはならない行為をなす意思であるにすぎない。不作為犯の成否の判断に当たり被告人の利用意思を重視することは，これらの不可罰の行為を放火罪で代わりに処罰することになりかねず，その意味でも疑問があったといえよう。さらに，そもそも，利用意思といった被告人の悪しき意思を根拠に不作為犯の成立を認めることは，それが客観的要件の軽視と結びつくとき，不作為犯の処罰範囲を極めて曖昧にして，歯止めなく拡張する危険を生じさせる

---

[2] もしも，それが保険金詐欺になりうるのであれば，詐欺罪として処罰されるべきことであり，詐欺罪を犯す意思に放火罪の成立を基礎づける意義があるのか疑問である。

という問題があることも指摘することができる。

　3　以上でみた放火罪に関する判例では、焼損という結果を回避することの容易性が不作為犯の成立を認めるに当たり指摘されていた。結果回避が不可能である場合には、判例 **1** で明らかなように、不作為と結果との間の（判例によれば）因果関係が否定されるから、不作為で結果を生じさせたといえず、未遂犯の成否は別として、不作為犯の成立を認めることはできないことになる。これに対し、結果回避がたとえ容易とはいえなくても、それが「合理的な疑いを超える程度に確実」である場合には、不作為と結果との間の因果関係は否定されないことになる。問題となるのは、結果回避が容易であることが、いかなる意味で不作為犯の成否に関係するのかということである。もちろん結果回避が容易である場合には、作為義務を負う被告人について不作為犯の成立を肯定することに疑問は生じないが、問題となるのは、結果回避が容易であることが、そのことによって作為義務を基礎づけ、その範囲を拡張することになるのかということである。もしも、簡単に結果回避可能である場合には、誰でも結果回避に向けた作為をすべきだと解するのであれば、結果回避の容易性があることだけで作為義務が基礎づけられてしまう。前記の大審院・最高裁判例では、結果回避の容易性に言及はされているものの、それは作為義務違反としての不作為について犯罪の成立を肯定するに当たっての補強的根拠であるにすぎず、作為義務の存在自体は他の事実から判断され認められているのである。この意味で、結果回避の容易性が作為義務を認めうるか微妙な限界事例においては、作為義務を肯定する方向で働くことがありうるとしても、結果回避の容易性は作為義務を積極的に基礎づける要素として重視することには問題がありうることを指摘しておきたい。あくまでも大切なのは、客観的事情による作為義務の基礎づけなのである。結果回避の容易性は、実際上重要な判断要素とはいえ、それ自体としては、不作為犯の成立を認める補強的な根拠となるにとどまると解されるべきである。

4　**最決平成17・7・4刑集59巻6号403頁**

［事　案］
　決定理由参照

［決定理由］
「1　原判決の認定によれば，本件の事実関係は，以下のとおりである。
（1）被告人は，手の平で患者の患部をたたいてエネルギーを患者に通すことにより自己治癒力を高めるという「シャクティパット」と称する独自の治療（以下「シャクティ治療」という。）を施す特別の能力を持つなどとして信奉者を集めていた。
（2）Aは，被告人の信奉者であったが，脳内出血で倒れて兵庫県内の病院に入院し，意識障害のため痰の除去や水分の点滴等を要する状態にあり，生命に危険はないものの，数週間の治療を要し，回復後も後遺症が見込まれた。Aの息子Bは，やはり被告人の信奉者であったが，後遺症を残さずに回復できることを期待して，Aに対するシャクティ治療を被告人に依頼した。
（3）被告人は，脳内出血等の重篤な患者につきシャクティ治療を施したことはなかったが，Bの依頼を受け，滞在中の千葉県内のホテルで同治療を行うとして，Aを退院させることはしばらく無理であるとする主治医の警告や，その許可を得てからAを被告人の下に運ぼうとするBら家族の意図を知りながら，「点滴治療は危険である。今日，明日が山場である。明日中にAを連れてくるように。」などとBらに指示して，なお点滴等の医療措置が必要な状態にあるAを入院中の病院から運び出させ，その生命に具体的な危険を生じさせた。
（4）被告人は，前記ホテルまで運び込まれたAに対するシャクティ治療をBらからゆだねられ，Aの容態を見て，そのままでは死亡する危険があることを認識したが，上記（3）の指示の誤りが露呈することを避ける必要などから，シャクティ治療をAに施すにとどまり，未必的な殺意をもって，痰の除去や水分の点滴等Aの生命維持のために必要な医療措置を受けさせないままAを約1日の間放置し，痰による気道閉塞に基づく窒息によりAを死亡させた。
2　以上の事実関係によれば，被告人は，自己の責めに帰すべき事由により患者の生命に具体的な危険を生じさせた上，患者が運び込まれたホテルにおいて，被告人を信奉する患者の親族から，重篤な患者に対する手当てを全面的にゆだねられた立場にあったものと認められる。その際，被告人は，患

者の重篤な状態を認識し，これを自らが救命できるとする根拠はなかったのであるから，直ちに患者の生命を維持するために必要な医療措置を受けさせる義務を負っていたものというべきである。それにもかかわらず，未必的な殺意をもって，上記医療措置を受けさせないまま放置して患者を死亡させた被告人には，不作為による殺人罪が成立し，殺意のない患者の親族との間では保護責任者遺棄致死罪の限度で共同正犯となると解するのが相当である。」

解説

1 本件では，重篤な状態にあるAに対して，生命を維持するために必要な医療措置を受けさせず放置するという不作為について，殺人罪が成立するかが問題となり，最高裁はそれを肯定している。本件で生命に必要な医療措置を受けさせる作為義務が被告人に認められるとされた根拠は，「自己の責めに帰すべき事由により患者の生命に具体的な危険を生じさせた」という点（先行行為）と，「重篤な患者に対する手当てを全面的にゆだねられた立場にあった」という点（患者に対する全面的な支配，その反面としての，患者の全面的な依存）である。

判例 1 では，被害者の健康状態の悪化について被告人が直接・間接に原因となっていること（先行行為），さらに，ラブホテルの一室という密室性の高い空間に，錯乱状態となった年若い被害者といたこと（被害者に対する支配）が被告人を保護責任者と認める根拠とされていたが，本件でも同様の考慮から作為義務が肯定されていることになるといえよう。

2 すでにみた放火罪における判例でも，被告人による危険な先行行為，さらには，発火した領域に対する支配が作為義務を認める重要な根拠とされていたと考えることができるから，判例では，先行行為，さらには，被害者や結果発生となった原因に対する支配が，作為義務の根拠として重視されているといえよう。被害者に対する支配とは，被害者に結果が発生する原因となった状態（脆弱性）の支配をいうとも解されるから，後者は「結果原因に対する支配」としてまとめて理解することも許されよう。

被害者に対する支配は，自己の過失による自動車事故により重傷を負わせた被害者を，自車に収容し，遺棄するために走行中死亡させた事案において

不作為による殺人罪を認める根拠とされていると考えられる[3]。もっとも，これらの事案においても，被害者に傷害を負わせたという先行行為が認められることに留意する必要があるところではあるが，しかしながら，交通事故で被害者を受傷させたという単なる危険な先行行為だけで，不作為による殺人罪の成立が認められているわけではないということは極めて重要である。また，最高裁は，産婦人科医師である被告人が，妊婦の依頼を受けて自ら開業する医院で胎児の違法な堕胎を行い，出生した未熟児を医院内に放置して死亡させた事案において，被告人を保護責任者と認め，保護責任者遺棄致死罪の成立を認めているが[4]，その根拠となったのも，自己の違法な堕胎という先行行為に加え，自己の医院内で出生した未熟児を支配していたという事実であると考えられるのである。

3　すでにみたように，判例における作為義務の判断に当たっては，被告人の先行行為が重要な意味をもたされてきたといえる。もっとも，先行行為だけで作為義務を肯定するという態度が採られているわけではないことについても，すでに触れたところである。このことは，自己の過失による交通事故によって被害者を受傷させ，そのまま放置した事案について，被告人を保護責任者とし，保護責任者遺棄罪の成立を認めた判例において[5]，被告人の先行行為だけでなく，交通事故の被害者を救護することが道交法等によって義務づけられていることが指摘されているところにも現れているということができよう。

自ら危険を生じさせた者には，その危険を解消することが求められる，すなわち，危険を解消する作為義務が生じるというのは一見理解しやすい考え方ではあるが，それが直接作為義務を認める根拠となるわけではないことは，判例が先行行為だけで作為義務を肯定するという態度を採っていないことからも理解しうると思われる。危険を生じさせた者が危険を解消せずに，それによって結果が発生すれば，先行行為に基づく犯罪（過失犯）が成立す

---

[3] 東京地判昭和40・9・30下刑集7巻9号1828頁。さらに，被害者を実際に遺棄した事案について，東京地判昭和46・3・4判タ265号220頁参照。
[4] 最決昭和63・1・19刑集42巻1号1頁。
[5] 最判昭和34・7・24刑集13巻8号1163頁。

るというだけのことであり，そのため，同罪で処罰されないためには結果発生を回避する必要があるというにすぎない。先行行為をなした者に結果発生の未必的な予見があれば，結果惹起について故意犯の成立を肯定しうるというわけではないのである。先行行為の意義については学説上議論のあるところであるが[6]，判例においても，先行行為については，作為義務を認めるに当たり補強的な意義が与えられているにとどまると理解するのが適当であろうと思われる。

　4　なお，不作為犯の問題ではなく，共同正犯の成立範囲の問題であるが，本件では，殺意のある被告人について殺人罪が成立し，殺意を欠く被害者の親族との間では，保護責任者遺棄致死罪の限度で共同正犯となるとされている点も重要である。つまり，故意を異にする者についてどのような共同正犯が成立するかが問題となるが，殺人罪と保護責任者遺棄致死罪とが重なり合う範囲，すなわち，保護責任者遺棄致死罪の限度で共同正犯となるとの判断が示されており，これは，講学上部分的犯罪共同説と呼ばれる見解に相当するものと理解することができると思われる[7]。

Ⅳ—まとめ

　不作為犯における実行行為としての不作為とは，法的に期待され，義務づけられた作為を怠ることであるが，判例によれば，そうした不作為と結果との間に因果関係があるというためには，義務づけられた作為をなしていたら結果を回避することができたことが必要である。すなわち，判例によれば，不作為犯における因果関係を認めるためには，このような結果回避可能性が要求されることになるのである（もっとも，理論的に見れば，因果関係は実行行為の危険性の結果への現実化であり，作為義務履行により結果回避が可能であったことは，因果関係とならぶ結果帰属のいま一つの要件だと理解することができると思われる）。

　不作為犯における中心的な問題は，作為義務がいかなる場合に認められる

---

[6] たとえば，先行行為が作為義務を基礎づけることを否定するものとして，西田典之『刑法総論[第2版]』123頁（2010年），山口厚『刑法総論[第2版]』91頁以下（2007年）参照。
[7] 山口・前出注（6）301頁以下参照。

かということである。この点について，判例で重視されているのが，危険な先行行為と結果原因に対する支配である[8]。このうち，結果原因に対する支配は，それ自体，作為義務を基礎づけうるものと思われるが[9]，これに対し，先行行為は作為義務を直接基礎づけるものというよりは，それは作為義務を認めるに当たり補強的な根拠とされているとみるのが適当ではないかと思われるのである。

---

[8] この点に着目する学説としては，佐伯仁志「保障人的地位の発生根拠について」『香川達夫博士古稀祝賀・刑事法学の過大と展望』110頁以下（1996年）がある。
[9] 山口・前出注（6）88頁以下参照。

第3章——実質的違法性阻却・被害者の同意・緊急避難

[実質的違法性阻却]
  1 最決昭和 53・5・31 刑集 32 巻 3 号 457 頁
[同意と違法性阻却]
  2 最決昭和 55・11・13 刑集 34 巻 6 号 396 頁
[瑕疵ある同意]
  3 最決平成 16・1・20 刑集 58 巻 1 号 1 頁
  4 最判昭和 33・11・21 刑集 12 巻 15 号 3519 頁
[緊急避難]
  5 最判昭和 35・2・4 刑集 14 巻 1 号 61 頁

I——はじめに

　犯罪は，法的な禁止に違反（違法）し，それを行ったことについて行為者を非難できる（責任）行為であるが，問題となる行為がこのような犯罪行為の類型である構成要件に該当しても，特別の事情があるため，法的禁止が解除されて当該行為の違法性が失われることがある。これを違法性阻却といい，そのような特別の事情を違法性阻却事由という。このようなものとしては，正当行為（刑法35条），正当防衛（同36条），緊急避難（同37条）[1]が刑法に明文で規定されており，他の法律にも違法性阻却事由を定めた規定がある（たとえば，母体保護法14条には，業務上堕胎罪についての違法性阻却事由である「医師の認定による人工妊娠中絶」が規定されている）。これらにとどまらず，判例・学説は明文にない違法性阻却事由（超法規的違法性阻却事由）の存在をも認めているのである。

　本章では，これらの違法性阻却事由をめぐるいくつかの問題について順次解説を加えることにする。

---

[1] 緊急避難の法的性格についてはかつて議論があったが，現在では，それを違法性阻却事由と解するのが通説的な理解である。

II―実質的違法性阻却

1　最決昭和53・5・31 刑集32巻3号457頁

[事　案]

決定理由参照

[決定理由]

「国家公務員法一一一条にいう同法一〇九条一二号，一〇〇条一項所定の行為の「そそのかし」とは，右一〇九条一二号，一〇〇条一項所定の秘密漏示行為を実行させる目的をもって，公務員に対し，その行為を実行する決意を新に生じさせるに足りる慫慂行為をすることを意味するものと解するのが相当であるところ（最高裁昭和二七年（あ）第五七七九号同二九年四月二七日第三小法廷判決・刑集八巻四号五五五頁，同四一年（あ）第一一二九号同四四年四月二日大法廷判決・刑集二三巻五号六八五頁，同四三年（あ）第二七八〇号同四八年四月二五日大法廷判決・刑集二七巻四号五四七頁参照），原判決が認定したところによると，被告人はA新聞社東京本社編集局政治部に勤務し，外務省担当記者であつた者であるが，当時外務事務官として原判示職務を担当していたBと原判示「ホテルC」で肉体関係をもつた直後，「取材に困つている，助けると思つてD審議官のところに来る書類を見せてくれ。君や外務省には絶対に迷惑をかけない。特に沖縄関係の秘密文書を頼む。」という趣旨の依頼をして懇願し，一応同女の受諾を得たうえ，さらに，原判示E政策研究所事務所において，同女に対し「五月二八日愛知外務大臣とマイヤー大使とが請求権問題で会談するので，その関係書類を持ち出してもらいたい。」旨申し向けたというのであるから，被告人の右行為は，国家公務員法一一一条，一〇九条一二号，一〇〇条一項の「そそのかし」にあたるとものいうべきである。

ところで，報道機関の国政に関する報道は，民主主義社会において，国民が国政に関与するにつき，重要な判断の資料を提供し，いわゆる国民の知る権利に奉仕するものであるから，報道の自由は，憲法二一条が保障する表現

の自由のうちでも特に重要なものであり，また，このような報道が正しい内容をもつためには，報道のための取材の自由もまた，憲法二一条の精神に照らし，十分尊重に値するものといわなければならない（最高裁昭和四四年（し）第六八号同年一一月二六日大法廷決定・刑集二三巻一一号一四九〇頁）。そして，報道機関の国政に関する取材行為は，国家秘密の探知という点で公務員の守秘義務と対立拮抗するものであり，時としては誘導・唆誘的性質を伴うものであるから，報道機関が取材の目的で公務員に対し秘密を漏示するようにそそのかしたからといつて，そのことだけで，直ちに当該行為の違法性が推定されるものと解するのは相当ではなく，報道機関が公務員に対し根気強く執拗に説得ないし要請を続けることは，それが真に報道の目的からでたものであり，その手段・方法が法秩序全体の精神に照らし相当なものとして社会観念上是認されるものである限りは，実質的に違法性を欠き正当な業務行為というべきである。しかしながら，報道機関といえども，取材に関し他人の権利・自由を不当に侵害することのできる特権を有するものでないことはいうまでもなく，取材の手段・方法が贈賄，脅迫，強要等の一般の刑罰法令に触れる行為を伴う場合は勿論，その手段・方法が一般の刑罰法令に触れないものであつても，取材対象者の個人としての人格の尊厳を著しく蹂躙する等法秩序全体の精神に照らし社会観念上是認することのできない態様のものである場合にも，正当な取材活動の範囲を逸脱し違法性を帯びるものといわなければならない。これを本件についてみると原判決及び記録によれば，被告人は，昭和四六年五月一八日頃，従前それほど親交のあつたわけでもなく，また愛情を寄せていたものでない前記Bをはじめて誘つて一夕の酒食を共にしたうえ，かなり強引に同女と肉体関係をもち，さらに，同月二二日原判示「ホテルC」に誘つて再び肉体関係をもつた直後に，前記のように秘密文書の持出しを依頼して懇願し，同女の一応の受諾を得，さらに，電話でその決断を促し，その後も同女との関係を継続して，同女が被告人との右関係のため，その依頼を拒み難い心理状態になつたのに乗じ，以後十数回にわたり秘密文書の持出しをさせていたもので，本件そそのかし行為もその一環としてなされたものであるところ，同年六月一七日いわゆる沖縄返還協定が締結され，もはや取材の必要がなくなり，同月二八日被告人が渡米して八月上旬帰

国した後は，同女に対する態度を急変して他人行儀となり，同女との関係も立消えとなり，加えて，被告人は，本件第一〇三四号電信文案については，その情報源が外務省内部の特定の者にあることが容易に判明するようなその写を国会議員に交付していることなどが認められる。そのような被告人の一連の行為を通じてみるに，被告人は，当初から秘密文書を入手するための手段として利用する意図で右Bと肉体関係を持ち，同女が右関係のため被告人の依頼を拒み難い心理状態に陥つたことに乗じて秘密文書を持ち出させたが，同女を利用する必要がなくなるや，同女との右関係を消滅させてその後は同女を顧みなくなつたものであつて，取材対象者であるBの個人としての人格の尊厳を著しく蹂躙したものといわざるをえず，このような被告人の取材行為は，その手段・方法において法秩序全体の精神に照らし社会観念上，到底是認することのできない不相当なものであるから，正当な取材活動の範囲を逸脱しているものというべきである。

　三　以上の次第であるから，被告人の行為は，国家公務員法一一一条（一〇九条一二号，一〇〇条一項）の罪を構成するものというべきであり，原判決はその結論において正当である。」

解説

　1　本件では，新聞記者によって取材目的で行われた，国家公務員に対する秘密漏示のそそのかしという国家公務員法違反の行為について，「正当な業務行為」として違法性が阻却されるかが問題となった。正当な業務行為は刑法35条（「正当な業務による行為」）に違法性阻却事由として規定されているが，それに当たるかの判断は形式的には不可能であり，違法性についての実質的な考察によらざるを得ない。なぜなら，職業的犯罪者が行う賭博などの犯罪行為について，それが「業務」であることによって違法性阻却されるいわれはないから，業務行為であることだけでは違法性阻却の理由・根拠にはならない。また，タクシーの運転など，それが「正当な業務」による行為だからといって，それだけで業務上発生した自動車事故による自動車運転過失致死傷罪（刑法211条2項）の違法性が阻却されることがないことも至極当然である。したがって，「正当な業務行為」が違法性阻却事由となるといって

も、それは、正当な業務としてなされる行為のうちで、しかも正当なものに限られる。それゆえ、違法性阻却が認められるかは、当該の業務行為が果たして「正当」なものといえるかという極めて実質的な判断によらざるをえないのである。その意味で、「正当な業務行為」といえるかといっても、本件で問題となっていることは実質的な違法性阻却判断そのものであり、この意味で超法規的違法性阻却事由と全く同じことが問題となっているのである。

2　実質的違法性判断の枠組みにはいくつかのものがあるが[2]、本決定による違法性阻却判断の枠組みは、問題となる構成要件該当行為が「正当な目的のための相当な手段」といえるか（目的説）というものである。それは、「報道機関が公務員に対し根気強く執拗に説得ないし要請を続けることは、それが真に報道の**目的**からでたものであり、その**手段・方法**が法秩序全体の精神に照らし**相当**なものとして社会観念上是認されるものである限りは、実質的に違法性を欠き正当な業務行為というべきである。」というところに現れている（強調筆者）。この判断枠組みは、判断の対象となる「正当な目的」と「相当な手段」とをどのように違法性阻却判断において位置づけるかによってその内実が異なってくる。「正当な目的」と「相当な手段」と比較衡量するのであれば、追求する目的が実現する価値と、そのために当該手段が侵害する価値、そして目的実現のために当該手段を用いることの相当性を比較衡量することになる。これに対し、手段を目的から独立したものとして判断の対象とする場合には、結局のところ、目的の評価というよりは、手段の積極的な又は消極的な評価が違法性阻却判断において決定的な意味を有することになるのである。この意味で、前者は結果無価値論に近い立場によるものであり、後者は行為無価値論に近い立場によるものといえる。

本決定の重要な特色は、上記の二つの立場のうちの前者のように、報道の目的と用いた手段・方法である構成要件該当行為（秘密漏示のそそのかし）とを端的に比較較量し、報道の目的の追求という積極的価値が、構成要件該当行為がもたらす法益侵害・危険を凌駕するか、そのような構成要件該当行為が目的追求のために必要であるかを考えることによって違法性阻却を判断す

---

[2] たとえば、山口厚『刑法総論［第2版］』172頁以下（2007年）参照。

るのではなく，用いられた手段・方法が「法秩序全体の精神に照らし相当なものとして社会観念上是認されるものである」かを，それ自体として問題とするところにあり，それが違法性阻却の成立を限定することを認めるところにある。この意味で，本決定は，上記二つの立場のうち，結局のところ，後者に近いということである。つまり，本決定は，手段・方法[3]を独立に問題としており，「取材の手段・方法が贈賄，脅迫，強要等の一般の刑罰法令に触れる行為を伴う場合は勿論，その手段・方法が一般の刑罰法令に触れないものであつても，取材対象者の個人としての人格の尊厳を著しく蹂躙する等法秩序全体の精神に照らし社会観念上是認することのできない態様のものである場合」には，いかに正当な目的を追求する行為であっても，違法性阻却は認められないとしているのである。この意味で，本決定は，構成要件該当行為の違法性阻却を判断するに当たり，構成要件該当行為が追求する正当な目的のみではなく，その行為に付随する消極的評価（犯罪に該当する行為がなされたことだけでなく，そうでなくとも，社会通念上是認することができない態様の行為がなされたことも含む）をも考慮し，前者の考慮をいわば棚上げしたままで，とくに後者のみの考慮によって違法性阻却を否定することを認めているといえる。そのため，本件事案では，「取材対象者の個人としての人格の尊厳を著しく蹂躙」したと判断された構成要件非該当行為の存在を理由として，報道の目的という正当な目的の追求の内実理解とは別に，違法性阻却が端的に否定され，その結果，国家公務員法違反の成立が肯定されることになっているのである。

　3　このように，問題となる構成要件の外にある消極的評価要素（他の犯罪の成立，さらには，社会通念上是認できない行為の存在）を理由として，構成要件該当行為の違法性阻却を否定するという手法は，後述する判例 2 においても最高裁が採用するものである。こうした判断手法は，違法性阻却の否定という形をとってはいるが，結局，立法者が設定した構成要件の外にあり，当該犯罪の処罰を基礎づけ得ないはずの消極的評価要素（法益侵害，あるいは倫理規範違反）を処罰の基礎づけに用いるものではないか，したがって，それは罪

---

[3] しかも，これは構成要件該当行為に限定されていないことに留意が必要である。

刑法定主義の観点からしても問題があるのではないかなどの疑問を生じさせるものである。

Ⅲ—被害者の同意

1 同意と違法性阻却

2 最決昭和55・11・13刑集34巻6号396頁

[事　案]
　XはYらと共謀の上，保険金の詐取を企て，自動車の玉突き追突事故（Xは，交差点で信号待ちのため停車中のA運転の自動車に，過失を装って故意に自車を追突させ，それによってAの車をその前に停車中のY運転の自動車に追突させた）を生じさせて，A，Y及びYの車に同乗していた者に傷害を負わせ，Yらの傷害が軽微であって長期間の加療が必要でないのに必要であるかのように装って長期間の入院加療を受け，保険金を詐取した。Xは業務上過失傷害罪による有罪判決が確定した後，詐欺事実が発覚し，X及びYらは詐欺罪で有罪となった。そこで，Xは，Yらに対する業務上過失傷害罪は成立せず，Yらの傷害は軽微であり同意があるから傷害罪も成立しないとして再審請求を申し立てた。原決定及び原原決定は，XにはAに対する傷害罪が成立するから刑訴法435条6号にいう再審事由に当たらないとして請求を棄却した。

[決定理由]
　「なお，被害者が身体傷害を承諾したばあいに傷害罪が成立するか否かは，単に承諾が存在するという事実だけでなく，右承諾を得た動機，目的，身体傷害の手段，方法，損傷の部位，程度など諸般の事情を照らし合せて決すべきものであるが，本件のように，過失による自動車衝突事故であるかのように装い保険金を騙取する目的をもつて，被害者の承諾を得てその者に故意に自己の運転する自動車を衝突させて傷害を負わせたばあいには，右承諾は，保険金を騙取するという違法な目的に利用するために得られた違法なもので

あつて，これによつて当該傷害行為の違法性を阻却するものではないと解するのが相当である。したがつて本件は，原判決の認めた業務上過失傷害罪にかえて重い傷害罪が成立することになるから，同法四三五条六号の「有罪の言渡を受けた者に対して無罪を言い渡し，又は原判決において認めた罪より軽い罪を認める」べきばあいにあたらないことが明らかである。」

解説

1　本決定は再審請求という特殊な事案に係るものであるが，被害者の同意・承諾が傷害罪の違法性阻却においていかなる意義を有するのかについて最高裁として判断を示したものであり，その意味で重要なものであるといえる。

学説では，被害者の同意・承諾がある場合，生命・身体以外の個人的法益については[4]，可罰性が否定されることに異論はない。その場合に可罰性が否定される理由としては，被害者の同意・承諾は違法性阻却事由となり，構成要件該当行為の違法性が阻却されるとする理解の他に，構成要件該当行為の違法性が阻却される以前に，被害者の同意・承諾により法益侵害自体が認められないことになり，その結果，そもそも構成要件該当性が否定されるとの理解も示されているところである。本件で問題となっている同意傷害の事案については，そもそも可罰性の有無・範囲について問題があるところであるが[5]，本決定は，それを違法性阻却の問題として扱っていることにまず注目しておきたい。

2　本決定で問題となるのは，同意傷害についての違法性阻却判断において，被害者の同意・承諾がどのような形で考慮されるかということである。本件事案の傷害は重大なものではないと解されるが，それについての同意の存在だけで違法性阻却を肯定するのではなく，被害者の同意・承諾は「右承諾を得た動機，目的，身体傷害の手段，方法，損傷の部位，程度など諸般の

---

[4] 生命侵害については，被害者の同意があっても，同意殺人罪（刑法202条）が成立し，可罰性が否定されるものでないことは法文上からも明らかである。
[5] 同意傷害を不可罰とする少数説もあるが，学説では，公序良俗に反する同意傷害又は生命に危険のある重大な同意傷害について可罰性を肯定するのが多数説である。

事情」とともに違法性阻却の判断に当たり考慮されるべき事情の一つとして位置づけられていることが重要である。つまり、たとえ被害者の瑕疵のない同意が存在したとしても、他の事情如何によっては、違法性阻却は肯定されないことになるとされているのであり、現に本件事案ではそのような判断が示されている。すなわち、本件事案における同意は、「保険金を騙取するという違法な目的に利用するために得られた違法なもの」だとされて、違法性阻却が否定されているのである。

このような本決定の判断の特徴は、要するに、「保険金を騙取するという違法な目的」の存在によって、傷害罪の違法性阻却を否定して犯罪の成立を認めたところにある。これは、判例 1 と同様に、構成要件（傷害罪）の外にある消極的評価要素（詐欺の目的があること、本件事故が詐欺罪の予備行為としてなされたこと）によって違法性阻却を否定するものであり、判例 1 に対すると同様の疑問が生じうるものといえよう。すなわち、処罰されていない詐欺罪の予備という法益侵害の危険性・違法性を理由として傷害罪の違法性阻却を否定し、結局、傷害罪の違法性を基礎づけているのではないかという疑問である。ことに、本決定の事案では、Ｘらは詐欺罪で現に処罰されているのであり、このことは本決定に対してより一層強い疑問を生じさせるものといえよう。この意味で本決定の射程は、特殊な事案に関するものとして、慎重かつ限定的に理解されるべきものだともいえる。すなわち、何らかの違法目的があれば、被害者の同意による違法性阻却が否定されるという一般的命題を認めたものとして理解されるべきではないと思われる。なぜなら、それでは、可罰性が否定されることが当然だと思われているような事例までも処罰の対象に含まれることになってしまいかねないからである。

2 瑕疵ある同意

3 最決平成16・1・20刑集58巻1号1頁

[事　案]
決定理由参照

[決定理由]

「1 第1審判決が被告人の所為につき殺人未遂罪に当たるとし，原判決がそれを是認したところの事実関係の概要は，次のとおりである。

被告人は，自己と偽装結婚させた女性（以下「被害者」という。）を被保険者とする5億9800万円の保険金を入手するために，かねてから被告人のことを極度に畏怖していた被害者に対し，事故死に見せ掛けた方法で自殺することを暴行，脅迫を交えて執ように迫っていたが，平成12年1月11日午前2時過ぎころ，愛知県知多半島の漁港において，被害者に対し，乗車した車ごと海に飛び込んで自殺することを命じ，被害者をして，自殺を決意するには至らせなかったものの，被告人の命令に従って車ごと海に飛び込んだ後に車から脱出して被告人の前から姿を隠す以外に助かる方法はないとの心境に至らせて，車ごと海に飛び込む決意をさせ，そのころ，普通乗用自動車を運転して岸壁上から下方の海中に車ごと転落させたが，被害者は水没する車から脱出して死亡を免れた。

これに対し，弁護人の所論は，仮に被害者が車ごと海に飛び込んだとしても，それは被害者が自らの自由な意思に基づいてしたものであるから，そうするように指示した被告人の行為は，殺人罪の実行行為とはいえず，また，被告人は，被害者に対し，その自由な意思に基づいて自殺させようとの意思を有していたにすぎないから，殺人罪の故意があるとはいえないというものである。

2 そこで検討すると，原判決及びその是認する第1審判決の認定並びに記録によれば，本件犯行に至る経緯及び犯行の状況は，以下のとおりであると認められる。

（1）被告人は，いわゆるホストクラブにおいてホストをしていたが，客であった被害者が数箇月間にたまった遊興費を支払うことができなかったことから，被害者に対し，激しい暴行，脅迫を加えて強い恐怖心を抱かせ，平成10年1月ころから，風俗店などで働くことを強いて，分割でこれを支払わせるようになった。

（2）しかし，被告人は，被害者の少ない収入から上記のようにしてわずかずつ支払を受けることに飽き足りなくなり，被害者に多額の生命保険を掛

けた上で自殺させ，保険金を取得しようと企て，平成10年6月から平成11年8月までの間に，被害者を合計13件の生命保険に加入させた上，同月2日，婚姻意思がないのに被害者と偽装結婚して，保険金の受取人を自己に変更させるなどした。

（3）被告人は，自らの借金の返済のため平成12年1月末ころまでにまとまった資金を用意する必要に迫られたことから，生命保険契約の締結から1年を経過した後に被害者を自殺させることにより保険金を取得するという当初の計画を変更し，被害者に対し直ちに自殺を強いる一方，被害者の死亡が自動車の海中転落事故に起因するものであるように見せ掛けて，災害死亡時の金額が合計で5億9800万円となる保険金を早期に取得しようと企てるに至った。そこで被告人は，自己の言いなりになっていた被害者に対し，平成12年1月9日午前零時過ぎころ，まとまった金が用意できなければ，死んで保険金で払えと迫った上，被害者に車を運転させ，それを他の車を運転して追尾する形で，同日午前3時ころ，本件犯行現場の漁港まで行かせたが，付近に人気があったため，当日は被害者を海に飛び込ませることを断念した。

（4）被告人は，翌10日午前1時過ぎころ，被害者に対し，事故を装って車ごと海に飛び込むという自殺の方法を具体的に指示し，同日午前1時30分ころ，本件漁港において，被害者を運転席に乗車させて，車ごと海に飛び込むように命じた。被害者は，死の恐怖のため飛び込むことができず，金を用意してもらえるかもしれないので父親の所に連れて行ってほしいなどと話した。被告人は，父親には頼めないとしていた被害者が従前と異なる話を持ち出したことに激怒して，被害者の顔面を平手で殴り，その腕を手拳で殴打するなどの暴行を加え，海に飛び込むように更に迫った。被害者が「明日やるから。」などと言って哀願したところ，被告人は，被害者を助手席に座らせ，自ら運転席に乗車し，車を発進させて岸壁上から転落する直前で停止して見せ，自分の運転で海に飛び込む気勢を示した上，やはり1人で飛び込むようにと命じた。しかし，被害者がなお哀願を繰り返し，夜も明けてきたことから，被告人は，「絶対やれよ。やらなかったらおれがやってやる。」などと申し向けた上，翌日に実行を持ち越した。

(5) 被害者は，被告人の命令に応じて自殺する気持ちはなく，被告人を殺害して死を免れることも考えたが，それでは家族らに迷惑が掛かる，逃げてもまた探し出されるなどと思い悩み，車ごと海に飛び込んで生き残る可能性にかけ，死亡を装って被告人から身を隠そうと考えるに至った。

(6) 翌11日午前2時過ぎころ，被告人は，被害者を車に乗せて本件漁港に至り，運転席に乗車させた被害者に対し，「昨日言ったことを覚えているな。」などと申し向け，さらに，ドアをロックすること，窓を閉めること，シートベルトをすることなどを指示した上，車ごと海に飛び込むように命じた。被告人は，被害者の車から距離を置いて監視していたが，その場にいると，前日のように被害者から哀願される可能性があると考え，もはや実行する外ないことを被害者に示すため，現場を離れた。

(7) それから間もなく，被害者は，脱出に備えて，シートベルトをせず，運転席ドアの窓ガラスを開けるなどした上，普通乗用自動車を運転して，本件漁港の岸壁上から海中に同車もろとも転落したが，車が水没する前に，運転席ドアの窓から脱出し，港内に停泊中の漁船に泳いでたどり着き，はい上がるなどして死亡を免れた。

(8) 本件現場の海は，当時，岸壁の上端から海面まで約1.9m，水深約3.7m，水温約11度という状況にあり，このような海に車ごと飛び込めば，脱出する意図が運転者にあった場合でも，飛び込んだ際の衝撃で負傷するなどして，車からの脱出に失敗する危険性は高く，また脱出に成功したとしても，冷水に触れて心臓まひを起こし，あるいは心臓や脳の機能障害，運動機能の低下を来して死亡する危険性は極めて高いものであった。

3 上記認定事実によれば，被告人は，事故を装い被害者を自殺させて多額の保険金を取得する目的で，自殺させる方法を考案し，それに使用する車等を準備した上，被告人を極度に畏怖して服従していた被害者に対し，犯行前日に，漁港の現場で，暴行，脅迫を交えつつ，直ちに車ごと海中に転落して自殺することを執ように要求し，猶予を哀願する被害者に翌日に実行することを確約させるなどし，本件犯行当時，被害者をして，被告人の命令に応じて車ごと海中に飛び込む以外の行為を選択することができない精神状態に陥らせていたものということができる。

被告人は，以上のような精神状態に陥っていた被害者に対して，本件当日，漁港の岸壁上から車ごと海中に転落するように命じ，被害者をして，自らを死亡させる現実的危険性の高い行為に及ばせたものであるから，被害者に命令して車ごと海に転落させた被告人の行為は，殺人罪の実行行為に当たるというべきである。

　また，前記2（5）のとおり，被害者には被告人の命令に応じて自殺する気持ちはなかったものであって，この点は被告人の予期したところに反していたが，被害者に対し死亡の現実的危険性の高い行為を強いたこと自体については，被告人において何ら認識に欠けるところはなかったのであるから，上記の点は，被告人につき殺人罪の故意を否定すべき事情にはならないというべきである。

　したがって，本件が殺人未遂罪に当たるとした原判決の結論は，正当である。」

解説

1　本決定は，第1章**1**と同じものであり，そこでは実行行為の観点から検討を加えたが，本章では被害者の同意の観点から再度検討を加えることにする。

　法益侵害に対する同意・承諾は，同意能力をそなえた法益主体によって[6]与えられることが必要であるが，それは真意によるものでなければならず[7]，瑕疵ある意思に基づくものであってはならない。瑕疵ある意思に基づく同意・承諾は，強制により同意せざるを得なくなった場合や欺罔により同意させられた場合に認められるが，どのような，どの程度の瑕疵があると同意・承諾が無効になるのかが問題となるのである。本件は強制による事案であり，強制された意思の有効性がどのような場合に否定されるかについて判断したものであり，重要な判例である。

---

[6] 5歳の幼児には同意をする能力はない（大判昭和9・8・27刑集13巻1086頁）。通常の意思能力を欠く精神障害者についても同様である（最決昭和27・2・21刑集6巻2号275頁）。
[7] たとえ死の結果を望んでいなくとも，依頼した行為が死の結果に結びつくことを認識している場合には，真意に基づく殺害の嘱託が認められるとした判決として，大阪高判平成10・7・16判時1647号156頁がある。

なお，本件で被告人は被害者を強制して自殺させようとしたのであるが，被害者に自殺意思が生じるには至らなかった事案である。しかしながら，本決定の趣旨は自殺意思が生じていた場合であっても同様に妥当するものと解される。つまり，本件で，仮に自殺意思が被害者に生じていたとしても，本件事案の事情の下では，そのようにしてもたらされた自殺意思は瑕疵ある意思に基づくものであり，無効であるとの理解が採られていると解されるのである[8]。

2 本決定で重要な点は，どの程度の強制によって同意が無効になるのかということである。本決定以前の下級審判決には，欺罔を用いた心理的強制により被害者に自殺意思を生じさせた事案について，「自殺者の意思決定に重大な瑕疵を生ぜしめ，自殺者の自由な意思に基づくものと認められない場合」には自殺意思は無効であるという趣旨（したがって，自殺教唆ではなく殺人が成立する）の判断を示したものがあった[9]。これに対し，本決定は，より明確な基準を示している。すなわち，本決定によれば，被告人に命じられた行為「以外の行為を選択することができない精神状態に陥らせていた」場合，つまり，その程度の心理的抑圧状態を生じさせた場合に，そのような状態の下で与えた同意の有効性が否定されると解されるのである。要するに，強制のため，同意する他ないような精神状態で与えた同意は無効となるのである。このような基準を明確に示した点で，本決定には重要な意義が認められるといえよう。

4 最判昭和33・11・21刑集12巻15号3519頁

[事　案]

　被告人は，A子との関係を清算しようと思い苦慮していたが，同女より心中を申し出られたのを奇貨とし，これを利用して同女を死亡させることが関係断絶の方法であると考え，被告人には心中する意思がないのにこれがある

---

[8] なぜなら，本件判例は，自殺意思の有無という点で被告人に錯誤があったが，それは「被告人につき殺人罪の故意を否定すべき事情にはならない」としているからである。つまり，自殺意思はあったとしても無効だから，それがない場合と同じだと理解できる。このため，自殺意思の有無に関する錯誤は故意を阻却しない因果関係の錯誤となるのである。
[9] 福岡高宮崎支判平成元・3・24高刑集42巻2号103頁。

ように装い，その結果同女に被告人が追死してくれるものと誤信させて心中を決意させて，同女に青化ソーダを与えて嚥下させ同女を死亡させた。

[判決理由]

「同第三点は，本件被害者は自己の死そのものにつき誤認はなく，それを認識承諾していたものであるが故に刑法上有効な承諾あるものというべく，本件被告人の所為を殺人罪に問擬した原判決は法律の解釈を誤つた違法があると主張するのであるが，本件被害者は被告人の欺罔の結果被告人の追死を予期して死を決意したものであり，その決意は真意に添わない重大な瑕疵ある意思であることが明らかである。そしてこのように被告人に追死の意思がないに拘らず被害者を欺罔し被告人の追死を誤信させて自殺させた被告人の所為は通常の殺人罪に該当するものというべく，原判示は正当であつて所論は理由がない。」

解説

1 本件は，被害者の死ぬ意思が被告人の欺罔によって生じたという事案であり，欺罔によって生じた意思の有効性が問題となっている。この点について，本判決は，「本件被害者は被告人の欺罔の結果被告人の追死を予期して死を決意したものであり，その決意は真意に添わない重大な瑕疵ある意思である」として，当該意思の有効性を否定している[10]。つまり，被告人が追死することについて錯誤に陥っていなければ死ぬ意思が生じなかったという場合（言い換えれば，錯誤がなければ同意していなかったであろうという場合）に，死ぬ意思は「真意に添わない重大な瑕疵ある意思」であり，無効となるというのである。こうして，判例は欺罔行為による錯誤と条件関係に立つ意思の有効性を否定する態度を採っているといえる。

2 このような判例の態度に対しては，以前より，死ぬことになる点に錯誤があれば別であるが，死ぬことをわかっている以上，死ぬ意思は有効である（したがって，本件では，殺人罪は成立せず，自殺関与罪・同意殺人罪が成立するにす

---

[10] そのため本件判例は殺人罪の成立を肯定したのであるが，本件事案で被告人の行為に殺人罪の実行行為性を認めることができるかなどがさらに問題となるところである。

ぎない）との見解が主張されてきた。また，近時，同意の有効性（あるいは，有効な同意の存在自体）を否定するのは，同意の対象である法益侵害に関するものに限られる，すなわち，法益侵害に関する錯誤だけが重要な錯誤であり，それが認められる場合に有効な同意の存在が否定されるとする立場（いわゆる法益関係的錯誤説）から，このような結論を支持する見解も学説上存在しているところである。もっとも，本判決を支持する立場も学説上依然として有力である。そして，上記の法益関係的錯誤説からも，法益とはそれが存在することだけではなく，法益をどのように処分するかについての自由も法益自体の内容に含まれると考えられることから，欺罔によって法益を処分する意思が生じた場合には，法益処分の自由が害され，したがって法益関係的錯誤が認められるとして判例の結論を支持することも可能ではないか，ということが問題となりうるのである。つまり，法益関係的錯誤説の立場からであっても，判例の結論が直ちに否定されることにはならないのではないかがなお問題となりうるといえる[11]。

IV——緊急避難

5 最判昭和35・2・4刑集14巻1号61頁

[事　案]

　被告人両名は，A村がB川に架設した堰根橋（吊り橋）が年月の経過と共に腐朽の度を増し，村当局に対し再三架替えを要請すると共に，両三度に亘り応急的な補強工事を施して来たが，それでも尚通行の際の橋の動揺は激しく，いつ落下するかも計り知れないような極めて危険な状態を呈していたところから，雪害によって落橋したように装い災害補償金の交付を受け，早期架替えを実現することを企図して，ダイナマイトを使用して爆発落下させることを思い立ち，岩石破壊用ダイナマイト15本を数回に亘り装填爆発させて同橋を損壊し，川中に落下させ，往来の妨害をした。

---

[11] これらの議論については，山口・前出注（2）157頁以下，同「法益侵害と法益主体の意思」同編『クローズアップ刑法各論』1頁以下（2007年）などを参照。

[判決理由]

「職権をもつて調査すると，原審は，本件吊橋を利用する者は夏から秋にかけて一日平均約二，三十人，冬から春にかけても一日平均二，三人を数える有様であつたところ，右吊橋は腐朽甚しく，再三度に亘る補強にも拘らず通行の都度激しく動揺し，いつ落下するかも知れないような極めて危険な状態を呈していたとの事実を認定し，その動揺により通行者の生命，身体等に対し直接切迫した危険を及ぼしていたもの，すなわち通行者は刑法三七条一項にいわゆる「現在の危難」に直面していたと判断しているのである。しかし，記録によれば，右吊橋は二〇〇貫ないし三〇〇貫の荷馬車が通る場合には極めて危険であつたが，人の通行には差支えなく（略），しかも右の荷馬車も，村当局の重量制限を犯して時に通行する者があつた程度であつたことが窺える（略）のであつて，果してしからば，本件吊橋の動揺による危険は，少くとも本件犯行当時たる昭和二八年二月二一日頃の冬期においては原審の認定する程に切迫したものではなかつたのではないかと考えられる。更に，また原審は，被告人等の本件所為は右危険を防止するためやむことを得ざるに出でた行為であつて，ただその程度を超えたものであると判断するのであるが，仮に本件吊橋が原審認定のように切迫した危険な状態にあつたとしても，その危険を防止するためには，通行制限の強化その他適当な手段，方法を講ずる余地のないことはなく，本件におけるようにダイナマイトを使用してこれを爆破しなければ右危険を防止しえないものであつたとは到底認められない。しからば被告人等の本件所為については，緊急避難を認める余地なく，従つてまた過剰避難も成立しえないものといわなければならない。」

解 説

1 本件事案では，緊急避難のさまざまな成立要件が問題となっており，それに関する最高裁の判断が示されているという点で本判決は極めて重要である。以下では，それらの要件について順次解説を加えることにする。

2 まず，緊急避難の成立を認めるために必要となる前提的な要件として，現在の危難が認められるかが問題となる。現在の危難とは，法益侵害の危険が認められる状態をいうが，人の違法行為により生じる場合が排除され

るものではないものの[12]，自然災害（大判昭和8・11・30刑集12巻2160頁［豪雨］など）や病気（東京高判昭和46・5・24判タ267号382頁など）などによる場合も含まれる点に，正当防衛における急迫不正の侵害との比較において，注目すべき特徴があるといえる。本件事案では，吊り橋の腐朽という自然現象による，通行者に対する危難が問題となっている。本件の原判決は「吊橋は腐朽甚しく，両三度に亘る補強にも拘らず通行の都度激しく動揺し，いつ落下するかも知れないような極めて危険な状態を呈していた」として，「その動揺により通行者の生命，身体等に対し直接切迫した危険を及ぼしていた」から通行者に対する「現在の危難」が認められるとしていた。これに対し，本判決は，「吊橋は二〇〇貫ないし三〇〇貫の荷馬車が通る場合には極めて危険であつたが，人の通行には差支えなく」，「右の荷馬車も，村当局の重量制限を犯して時に通行する者があつた程度であつたことが窺える」から，「本件吊橋の動揺による危険は，少くとも本件犯行当時たる昭和二八年二月二一日頃の冬期においては原審の認定する程に切迫したものではなかつた」として，原判決の判断に危険の切迫度という観点から疑問を示しているのである。

　3　現在の危難が存在していたとしても，それを避けるための行為[13]は「やむことを得ずにした」ものでなければならない。これは構成要件該当行為以外の，より侵害性の低い方法で危難を回避することが可能な場合には否定されることになる（補充性の要件）。本判決は，「仮に本件吊橋が原審認定のように切迫した危険な状態にあつたとしても，その危険を防止するためには，通行制限の強化その他適当な手段，方法を講ずる余地のないことはなく，本件におけるようにダイナマイトを使用してこれを爆破しなければ右危険を防止しえないものであつたとは到底認められない。」として，ダイナマ

---

[12] いわゆる強要による緊急避難の場合がこれに含まれる（この場合に，過剰避難の成立を肯定した判決として，東京地判平成8・6・26判時1578号39頁）。ただし，補充性の要件により，正当防衛により危難回避が可能であれば，それが求められることになる。
[13] 日本への密入国の事案について，その目的は日本で働いて金を稼ぐことであつたとし，密入国は，妊娠中の胎児の生命及び被告人の身体の安全に対する現在の危難を避けるための行為とはいえないとして，緊急避難・過剰避難の成立を否定した判決として，広島高松江支判平成13・10・17判時1766号152頁がある。

イトによる橋の破壊という本件構成要件該当行為は補充性の要件を充たさないとし，緊急避難の成立を否定したのである。

4　最後に，本件事案におけるように，補充性の要件が充たされないため緊急避難が成立しない場合，そのことによって過剰避難も成立しないことになるかが問題となる。つまり，過剰避難は現在の危難を避けるために他に方法がない場合であって「害の衡量」の要件を充たさないときにだけ認められるのか，それとも，本件事案におけるように，補充性の要件が充たされないときにもなお肯定する余地があるのか問われているのである。この点について，本件判例は，補充性の要件が充たされないから「緊急避難を認める余地なく，従つてまた過剰避難も成立しえない」と判示して過剰避難の成立も否定している。そこで，本判決は，補充性の要件が充たされない場合には緊急避難が成立しないばかりではなく，過剰避難も成立する余地がないとの理解を示していると解釈することも可能である。現に本判決をそのように理解する下級審判決[14]もある。もっとも，本判決は，現在の危難の存在自体に疑問がある事案についてのものであるから，その理由から過剰避難の成立も否定されたと解釈する余地が全くないわけではないであろう。下級審判決の中には，補充性の要件が充たされていないのに過剰避難の成立を認めたもの存在しているのである[15]。

V─まとめ

違法性阻却の判断に当たっては違法性の実質的内容についての理解が必要となる。判例では「社会通念上是認できるか」という基準が判例**1**において用いられていたが，それだけで違法性が判断されているわけでないにせよ，それが重要な判断要素をなしていることは否定できない。判例**2**においても類似した立場がその背後に窺われるともいえよう。この意味では，判例は，結果無価値論・行為無価値論の枠組みに当てはめれば，行為無価値論

---

[14] 大阪高判平成10・6・24高刑集51巻2号116頁はその趣旨で本件判例を引用している。
[15] 東京高判昭和57・11・29刑月14巻11＝12号804頁，堺簡判昭和61・8・27判タ618号181頁など。

的だといえる。とはいえ，判例においてそうした基準・評価の内実を示す努力がなされていないわけではなく，「社会通念上是認できるか」といった端的な基準が最終的な判断基準となるのは限られた場合であるといえる。また，そうした事案の解決については，行為無価値論の立場からも異論のありうるところであり，そうした事案においては，結果無価値論・行為無価値論の対立図式では簡単に処理できない，それを超えた違法性についてのより実質な判断が問われているといえるのである。

第4章──正当防衛

[急迫不正の侵害]
　1　最判平成 9・6・16 刑集 51 巻 5 号 435 頁
　2　最決昭和 52・7・21 刑集 31 巻 4 号 747 頁
[防衛の意思]
　3　最判昭和 46・11・16 刑集 25 巻 8 号 996 頁
[自招侵害]
　4　最決平成 20・5・20 刑集 62 巻 6 号 1786 頁
[防衛行為の相当性]
　5　最判平成元・11・13 刑集 43 巻 10 号 823 頁
[過剰防衛]
　6　最決平成 20・6・25 刑集 62 巻 6 号 1859 頁

I──はじめに

　構成要件に該当する行為の違法性を阻却する違法性阻却事由の中で多様な解釈問題を含むのが，「急迫不正の侵害」に対し，「自己又は他人の権利を防衛するため」に認められている正当防衛である。刑法 36 条の法文に定められたその要件は，正当防衛にふさわしい行為を選び出すためのものであるが，これまでの判例の集積によってその意義が明らかにされてきた。
　まず，正当防衛が認められるための前提条件である「急迫不正の侵害」の意義が問題となる。その基本的な内容は違法な侵害が切迫することであるが，そこにはいくつかの重要な解釈問題が含まれているのであり，正当防衛の限界を明らかにするためにはそれについて適切な理解を得ることが必要である。次に，不正の侵害に対する反撃行為が，防衛行為としてその違法性が阻却されうるためには，それが防衛の意思によってなされなければならないとするのが，大審院以来の判例の立場である。しかしながら，その内容の理解については判例自体において変遷がある。どのような場合に防衛の意思が否定されるのかが問題となる。さらに，反撃行為者が自ら急迫不正の侵害を招いた事例（自招侵害事例）において，正当防衛が認められるか，どのような

場合にそれが否定されるかがかねて問題とされてきたが，正当防衛の制限をどのような考え方・要件で認めるのかを明らかにする必要がある。また，「急迫不正の侵害」に対する防衛行為であれば，何をやってもその違法性が阻却されるわけではなく，過剰防衛の規定があることからも明らかなように，そこには一定の限界がある。その限界をどのように画するのかが問題となる。関連して，このような防衛行為の相当性を超えた過剰防衛について，過剰防衛ともならない単なる違法行為との限界・区別も問題となるところである。これらの諸問題について，順次解説を加えることにする。

II—急迫不正の侵害

1 最判平成9・6・16刑集51巻5号435頁

[事　案]
判決理由参照

[判決理由]
「一　原判決及びその是認する第1審判決の認定並びに記録によれば，本件事案の概要は，次のとおりであることが明らかである。

すなわち，被告人は，肩書住居の文化住宅P荘2階の一室に居住していたものであり，同荘2階の別室に居住するA（当時56歳）と日ごろから折り合いが悪かったところ，平成8年5月30日午後2時13分ころ，同荘2階の北側奥にある共同便所で小用を足していた際，突然背後からAに長さ約81センチメートル，重さ約2キログラムの鉄パイプ（以下「鉄パイプ」という）で頭部を1回殴打された。続けて鉄パイプを振りかぶったAに対し，被告人は，それを取り上げようとしてつかみ掛かり，同人ともみ合いになったまま，同荘2階の通路に移動し，その間2回にわたり大声で助けを求めたが，だれも現れなかった。その直後に，被告人は，Aから鉄パイプを取り上げたが，同人が両手を前に出して向かってきたため，その頭部を鉄パイプで1回殴打した。そして，再度もみ合いになって，Aが，被告人から鉄パイプを取り戻

し，それを振り上げて被告人を殴打しようとしたため，被告人は，同通路の南側にある1階に通じる階段の方へ向かって逃げ出した。被告人は，階段上の踊り場まで至った際，背後で風を切る気配がしたので振り返ったところ，Aは，通路南端に設置されていた転落防止用の手すりの外側に勢い余って上半身を前のめりに乗り出した姿勢になっていた。しかし，Aがなおも鉄パイプを手に握っているのを見て，被告人は，同人に近づいてその左足を持ち上げ，同人を手すりの外側に追い落とし，その結果，同人は，1階のひさしに当たった後，手すり上端から約4メートル下のコンクリート道路上に転落した。Aは，被告人の右一連の暴行により，入院加療約3箇月間を要する前頭，頭頂部打撲挫創，第2及び第4腰椎圧迫骨折等の傷害を負った。

　二　原判決及びその是認する第1審判決は，被告人がAに対しその片足を持ち上げて地上に転落させる行為に及んだ当時，同人が手すりの外側に上半身を乗り出した状態になり，容易には元に戻りにくい姿勢となっていたのであって，被告人は自由にその場から逃げ出すことができる状況にあったというべきであるから，その時点でAの急迫不正の侵害は終了するとともに，被告人の防衛の意思も消失したとして，被告人の行為が正当防衛にも過剰防衛にも当たらないとの判断を示している。

　しかしながら，前記一の事実関係に即して検討するに，Aは，被告人に対し執ような攻撃に及び，その挙げ句に勢い余って手すりの外側に上半身を乗り出してしまったものであり，しかも，その姿勢でなおも鉄パイプを握り続けていたことに照らすと，同人の被告人に対する加害の意欲は，おう盛かつ強固であり，被告人がその片足を持ち上げて同人を地上に転落させる行為に及んだ当時も存続していたと認めるのが相当である。また，Aは，右の姿勢のため，直ちに手すりの内側に上半身を戻すことは困難であったものの，被告人の右行為がなければ，間もなく態勢を立て直した上，被告人に追い付き，再度の攻撃に及ぶことが可能であったものと認められる。そうすると，Aの被告人に対する急迫不正の侵害は，被告人が右行為に及んだ当時もなお継続していたといわなければならない。さらに，それまでの一連の経緯に照らすと，被告人の右行為が防衛の意思をもってされたことも明らかというべきである。したがって，被告人が右行為に及んだ当時，Aの急迫不正の侵害

は終了し，被告人の防衛の意思も消失していたとする原判決及びその是認する第1審判決の判断は，是認することができない。

　以上によれば，被告人がAに対しその片足を持ち上げて地上に転落させる行為に及んだ当時，同人の急迫不正の侵害及び被告人の防衛の意思はいずれも存していたと認めるのが相当である。また，被告人がもみ合いの最中にAの頭部を鉄パイプで1回殴打した行為についても，急迫不正の侵害及び防衛の意思の存在が認められることは明らかである。しかしながら，Aの被告人に対する不正の侵害は，鉄パイプでその頭部を1回殴打した上，引き続きそれで殴り掛かろうとしたというものであり，同人が手すりに上半身を乗り出した時点では，その攻撃力はかなり減弱していたといわなければならず，他方，被告人の同人に対する暴行のうち，その片足を持ち上げて約4メートル下のコンクリート道路上に転落させた行為は，一歩間違えば同人の死亡の結果すら発生しかねない危険なものであったことに照らすと，鉄パイプで同人の頭部を1回殴打した行為を含む被告人の一連の暴行は，全体として防衛のためにやむを得ない程度を超えたものであったといわざるを得ない。

　そうすると，被告人の暴行は，Aによる急迫不正の侵害に対し自己の生命，身体を防衛するためその防衛の程度を超えてされた過剰防衛に当たるというべきであるから，右暴行について過剰防衛の成立を否定した原判決及びその是認する第1審判決は，いずれも事実を誤認し，刑法36条の解釈適用を誤ったものといわなければならない。」

解　説

　1　本件では，被告人がAの片足を持ち上げてコンクリート道路上に転落させる行為をなした際，正当防衛の前提要件である「急迫不正の侵害」が認められるかが問題となっている。この「急迫不正の侵害」における「急迫」とは，「法益の侵害が現に存在しているか，または間近に押し迫つていること」を意味する[1]。「法益侵害の危険が緊迫したこと」をいうとする判例もある[2]。いずれにしても，侵害の急迫性とは，単に侵害が予期されるというの

---

[1] 最判昭和46・11・16刑集25巻8号996頁。
[2] 最判昭和24・8・18刑集3巻9号1465頁。

では足りず，侵害が迫っている，かなり限定された状況についての概念であると理解することができるであろう。このように理解される侵害の急迫性を，Aが上半身を手すりから乗り出した時点で果たして認めることができるのであろうか。ただし，ここで留意する必要があるのは，本件では，Aによる侵害がすでに行われていたということであり，手すりから上半身を乗り出した時点で，それが依然として継続しているといえるかが問題となっているということである。すなわち，Aによる侵害が始まろうとしているのか（侵害の始期）ではなく，Aによる侵害が依然として継続しているか（侵害の継続性）が問われているということである。

2　被告人による反撃行為の時点では，Aは手すりから上半身を乗り出した状態であり，したがって，態勢を立て直した後でなければ，被告人に再度の攻撃を加えることができなかったといえる。しかし，それにも拘らず，本判決は，Aの被告人に対する急迫不正の侵害は継続していたと判断しているのである。その理由として挙げられているのは，①Aの加害の意欲が，おう盛かつ強固で，被告人の反撃行為時においても存続していたこと，②被告人の反撃行為がなければ，Aは間もなく態勢を立て直した上で，被告人に追い付き，再度の攻撃に及ぶことが可能であったことである。これらは，Aによる被告人に対する攻撃が近くなされる可能性を示すものではあるが，態勢を立て直さなければ実際に攻撃に移ることはできないのであるから，本判決においては，侵害が開始されようとしているか（侵害の始期）という意味での急迫性の場合よりもやや緩やかな基準で急迫性が認められているように思われる。つまり，判例においては，侵害の急迫性は，「侵害の始期」におけるものと，「侵害の継続性」におけるものとで判断がやや異なっており，後者においては前者よりも緩やかに解されているのではないかと思われるのである。これは，一体どのように評価したらよいのであろうか。

3　急迫した侵害に対して正当防衛ができるのは，そうした状況においては権利を防衛するため公的機関に援助・救済を求める余裕がなく，侵害の脅威にさらされた個人に実力行使を認めなくては権利の防衛ができないからである。しかし，警察官が身近にいるといった例外的な状況でない限り，公的機関による救援を得るには時間がかかるから，もしも，公的機関による救援

を求めることができないということだけが侵害の急迫性を要求する理由だとすると，それはかなり緩やかに，侵害が予想される相当早い段階で認められることにもなりえよう。しかし，このような早い段階では侵害の急迫性を否定するのが一般の理解である。そうだとすると，侵害の急迫性が認められている趣旨は，正当防衛が認められるのは公的機関の救援を得ることができない状況であることを必要とするというだけでは説明がつかないことになる。では，侵害の急迫性が限定的に理解されているのは一体なぜなのであろうか。

そのような理由としては次のことが考えられるように思われる[3]。すなわち，侵害の急迫性が限定的に解されているのは，私人による実力行使を認めるためには公的機関による救援を求める余裕がない状態であることを要するというばかりではなく，①侵害が切迫する以前の早い段階では，本当に侵害がなされるのかどうかが侵害者の意思次第で，はっきりしないことが考えられ，そのような段階で正当防衛を認めるのでは，正当防衛の濫用を招くおそれがあり，かえって法益保護の見地から望ましくないこと，さらには，②侵害の切迫によって平穏が害された状況が存在するに至れば，私人による実力行使を認めても新たに平穏阻害をもたらすのではないから，秩序維持の観点からも問題が少ないこと，などの考慮がそこに働いているからではないかと考えることができるように思われる。

このような考慮からすると，「侵害の始期」と「侵害の継続性」とにおいて，侵害の急迫性を異なって解することは不可能ではなくなるであろう。なぜなら，一旦侵害が開始された後においては，侵害意思がすでに現実化しているから，侵害を誤認することによる正当防衛濫用のおそれはなくなると考えられるし，また，すでに侵害によって平穏が害されているので，私人による実力行使を認めやすくなるからである。このような意味から，判例が，「侵害の継続性」を判断するに当たり，「侵害の始期」における場合よりも，侵害の急迫性を緩やかに解していることには理由があると考えることができ

---

[3] 遠藤邦彦「正当防衛に関する二，三の考察」『小林充先生・佐藤文哉先生古稀祝賀・刑事裁判論集上巻』59頁以下（2006年）参照。

ることになるのである。

 4 なお，本件では，防衛行為の相当性も問題となっているが，この点については，本章Ⅴで解説することにする。

2 最決昭和52・7・21刑集31巻4号747頁

[事　案]

　被告人らはA派に属する者であるが，P会館ホールで政治集会を開催するに当たり，同派の学生ら10数名と共謀の上，同会館内でかねて対立関係にあったB派の学生らの生命，身体に対して共同して害を加える目的で，A派の学生らとともに多数の木刀等を凶器として集合し，押しかけてきたB派の者ら10数名を，そのうち1人を木刀等で滅多打ちにして撃退したところ，同派の者らが態勢を整えて再度襲撃してくることは必至と考え，ホール入り口にバリケードを築き，再び押しかけてきたB派の者らに対して，バリケード越しに鉄パイプを投げる等して応戦した。

[決定理由]

　「刑法36条が正当防衛について侵害の急迫性を要件としているのは，予期された侵害を避けるべき義務を課する趣旨ではないから，当然又はほとんど確実に侵害が予期されたとしても，そのことからただちに侵害の急迫性が失われるわけではないと解するのが相当であり，これと異なる原判断は，その限度において違法というほかはない。しかし，同条が侵害の急迫性を要件としている趣旨から考えて，単に予期された侵害を避けなかつたというにとどまらず，その機会を利用し積極的に相手に対して加害行為をする意思で侵害に臨んだときは，もはや侵害の急迫性の要件を充たさないものと解するのが相当である。そうして，原判決によると，被告人Cは，相手の攻撃を当然に予想しながら，単なる防衛の意図ではなく，積極的攻撃，闘争，加害の意図をもつて臨んだというのであるから，これを前提とする限り，侵害の急迫性の要件を充たさないものというべきであつて，その旨の原判断は，結論において正当である。」

解　説

1　本件で問題となっているのは，予期された侵害に対しては急迫性が認められずに正当防衛の成立が否定されるのか，そうではなく，予期された侵害についても急迫性を認めることができるのかということである。すでに，本決定以前に，「侵害があらかじめ予期されていたものであるとしても，そのことからただちに急迫性を失うものと解すべきではない。」と判示した判例があったが[4]，本決定は，その趣旨をさらに押し進め，「当然又はほとんど確実に侵害が予期されたとしても，そのことからただちに侵害の急迫性が失われるわけではない」としたのである。つまり，侵害の予期があったというだけで正当防衛の成立は否定されないとしたわけである。

もしも，予期された侵害については急迫性が否定されるのだとすると，そのような侵害に臨み権利防衛のため反撃行為に出た場合には，その違法性は阻却されず処罰されることになるから，結果として，予期された侵害については，それを回避することが求められることになる。しかし，正当な権利を防衛するために認められた正当防衛においては，回避・退避できる危難を他人に転嫁する行為について，補充性の原則により違法性阻却が否定される緊急避難とは異なり，侵害を回避・退避することは必要でないと一般に解されているのである。本決定も，「正当防衛について侵害の急迫性を要件としているのは，予期された侵害を避けるべき義務を課する趣旨ではない」として，このことを認めている。このような，「正は不正に譲歩する必要がない」という，不正な侵害からの回避・退避義務不存在の原則は，正当防衛が「権利」を防衛するためのものとして認められていることに由来する基本原則であるということができよう。なぜなら，権利に対する不正な侵害に対しては，それを回避・退避することが可能であればそれが権利者に求められるというのでは，そのような限度でしか保護されない利益はもはや「権利」の名に値しないといえるからである。この意味で，本決定が，侵害回避・退避義務不存在の原則を確認したことは，当然のことであるとはいえ，重要であるといえよう。

---

[4]　前出注（1）最判昭和46・11・16。

2　本決定は，侵害を予期しただけでは，侵害の急迫性は失われないとしながらも，「単に予期された侵害を避けなかったというにとどまらず，その機会を利用し積極的に相手に対して加害行為をする意思で侵害に臨んだときは，もはや侵害の急迫性の要件を充たさないものと解するのが相当である」としている。つまり，侵害の予期に加えて，「その機会を利用し積極的に相手に対して加害行為をする意思」（これは，「積極的加害意思」と呼ばれている）で侵害に臨んだ場合には，侵害の急迫性が失われて正当防衛ができず，侵害に対する反撃行為の違法性は阻却されないことになるのである。これが，本決定で最も重要な点であるといえる。

　この点については，次のように考えることが可能である。すなわち，正当防衛は侵害が急迫した緊急状態で認められるものであり，したがって，それには緊急行為としての性質が認められるべきものである。ところが，侵害を単に予期したにとどまらず，それをあえて受け入れ，その機会を利用して相手に加害行為をする意思で侵害に臨んだ場合には，そのようにしてなされる反撃行為については，公的機関の救助を得ることができない緊急状態でやむなくなされる行為とはいえないから，そのような行為にはすでに緊急行為としての性質が認められないことになると考えられるのである。つまり，この場合，反撃行為に正当防衛として備えるべき属性である緊急行為性が認められないことになり，そのため，正当防衛の成立が否定されることになるといえる。緊急行為性に関わる法文上の要件は侵害の急迫性だから，法文解釈としては，それが否定されることになるわけである。ここで，反撃行為について緊急行為性を否定するため，つまり，侵害の急迫性を否定するためには，侵害の予期がぜひとも必要となるが，しかしながら，侵害の予期があるだけで侵害の急迫性が失われるとするのでは，結果として，予期した侵害を回避する義務を課することになり，不正な侵害の脅威に屈して生活することが国民に求められることになってしまう。このようなことは明らかに適当でないであろう。したがって，単に侵害の予期があるだけでなく，それに加えて積極的加害意思がある場合にはじめて，侵害の急迫性が否定され，正当防衛の成立が認められないことになるのである。なぜなら，そのような場合であれば，被侵害者に対して侵害を回避することを求めたとしても，被侵害者の積

極的加害が実現できなくなるだけであり，それによって被侵害者の正当な利益が害されることはないと考えられるからである[5]。

III——防衛の意思

3　最判昭和46・11・16刑集25巻8号996頁

[事　案]

　被告人は，同宿人であるA（当時31年）と些細なことで口論となり，同人から「お前居直る気か，やる気か，手前出てゆけ，手前なんかぶっ殺してしまう。」などとどなられ，その言動からして旅館にいることが危険であると感じ，またそのとき「俺が気にいらないなら，出ていく。」といってしまった手前もあっていっそ旅館を出てゆき，もはや旅館には戻ってこない考えとなり，こっそり同旅館をぬけ出し，近くの居酒屋等において，酒を飲み，当面の落ち着き先などあれこれと思い迷っていたが，そのうちAにあやまってみて，もし仲直りができたら，元通り旅館に泊めてもらおうという考えを起し，酒の勢いにのって，同旅館に赴き，玄関を上ったところ，Aが，「われはまたきたのか。」などとからんだ末，同人から手拳で二回位顔面を殴打されたので，逆上し，同人を死に至らしめるかも知れないがやむをえないとの考えのもとに，障子の鴨居の上に隠してあったくり小刀を取り出し，Aの左胸部を突き刺し，よって同人を殺害した。

[判決理由]

　「刑法36条の防衛行為は，防衛の意思をもつてなされることが必要であるが，相手の加害行為に対し憤激または逆上して反撃を加えたからといつて，ただちに防衛の意思を欠くものと解すべきではない。これを本件についてみると，前記説示のとおり，被告人は旅館に戻つてくるやAから一方的に手拳で顔面を殴打され，加療10日間を要する傷害を負わされたうえ，更に本

---

[5] 権利の実質的な要保護性を否定するだけの意思が積極的加害意思として要求されるともいえよう。

件広間西側に追いつめられて殴打されようとしたのに対し，くり小刀をもつて同人の左胸部を突き刺したものである（この小刀は，以前被告人が自室の壁に穴を開けてのぞき見する目的で買い，右広間西側障子の鴨居の上にかくしておいたもので，被告人は，たまたまその下に追いつめられ，この小刀のことを思い出し，とつさに手に取つたもののようである。）ことが記録上うかがわれるから，そうであるとすれば，かねてから被告人がＡに対し憎悪の念をもち攻撃を受けたのに乗じ積極的な加害行為に出たなどの特別な事情が認められないかぎり，被告人の反撃行為は防衛の意思をもつてなされたものと認めるのが相当である。

しかるに，原判決は，本件においてこのような特別の事情のあつたことは別段判示することなく，前記のように，「ふだんおとなしい被告人，ことに被害者には昭和44年８月頃すなわち本件の約１箇月前頃パチンコ店において，黙つてパチンコをやりにきたことを理由に足げりにされたことがあり，またふだん同人の胸や腕に入れ墨があることを見ていて，同人を恐ろしく思い，何事も同人のいうままに行動して，反抗したことのなかつた被告人が，その恐ろしく思つている被害者に立ち向つていることから考えると，被告人は被害者から殴打されたことが余程腹にすえかねたものと思われ，その憤激の情が酒の酔いのため一時に高められ，相手がいつもこわがつている被害者であることなどは意に介しないで，つぎの行動に移つたものと考えられるので，被告人が被害者から殴打されて逆上したときに，反撃の意図が形成され，被害者に報復を加える意思が固まつたものと思われ，おそくとも前記広間西側障子鴨居の上からくり小刀を取り出そうとした頃には，防衛の意思などは全くなくなつていたことが認められる」として，あたかも最初は被告人に防衛の意思があつたが，逆上の結果それが次第に報復の意思にとつてかわり，最終的には防衛の意思が全く消滅していたかのような判示をしているのである。

しかし，前に説示したとおり，被告人がＡから殴打され逆上して反撃に転じたからといつて，ただちに防衛の意思を欠くものとはいえないのみならず，本件は，被告人がＡから殴られ，追われ，隣室の広間に入り，西側障子のところで同人を突き刺すまで，１分にもみたないほどの突発的なことがらであつたことが記録上うかがわれるから，原判決の判示するような経過で

被告人の防衛の意思が消滅したと認定することは，いちじるしく合理性を欠き，重大な事実誤認のあることの顕著な疑いがあるものといわなければならない。」

解 説

1 本判決が「刑法36条の防衛行為は，防衛の意思をもつてなされることが必要である」とするように，判例は，大審院以来，防衛の意思を正当防衛の成立要件としている[6]。つまり，判例によれば，急迫不正の侵害に対する反撃行為は，それが防衛の意思をもってなされることにより，それに防衛行為としての性質が認められることになるのである。判例は，当初，防衛の意思をかなり限定的に狭く解していたと思われるが，その内容を次第に緩和してきたといえる。そのような判例の流れの中で問題となるのは，防衛の意思はどのような場合にまで認められ，どのような場合であれば否定されるのかということである。このことは，防衛行為者に，防衛の意図とともに攻撃の意図が存在する場合や，侵害に憤激して反撃行為をなす場合などについて果たして防衛の意思が認められるかとして実際上問題となる。

防衛の意思があるというためには，それが侵害に対する防衛の意思である以上，急迫不正の侵害に対応する意思が最低限度必要であろうが，そのような意思があるにもかかわらず，防衛の意思が否定されることがあるのであろうか，あるとすれば，一体どのような場合に防衛の意思が否定されるのであろうか。判例は，侵害に対応した事案において防衛の意思に欠けることを理由に正当防衛の成立を否定してきたことから明らかなように，侵害に対応する意思があっても防衛の意思が否定されることを認めてきたが，本判決は，どのような場合であってもなお防衛の意思が否定されないのかについて判示するとともに，どのような場合には防衛の意思が否定されるのかについても言及している。そこから防衛の意思が認められる範囲，そして，どのような場合であれば防衛の意思が否定されるのかを明らかにすることが求められることになるといえよう。

---

[6] 大判昭和11・12・7刑集15巻1561頁など。

まず，本判決は，「相手の加害行為に対し憤激または逆上して反撃を加えたからといつて，ただちに防衛の意思を欠くものと解すべきではない」として，防衛の意思と憤激・逆上という心理状態とが両立しうることを明らかにしている点で重要である。被侵害者は感情を有する生身の人間である以上，いわれなき不正な侵害を受ければ「憤激」することは自然なこととともいえるし，さらに「逆上」して反撃したからといって直ちにそれを責めることができないとも考えられるのである。このような場合に防衛の意思を否定し，正当防衛の成立を認めないのでは，正当防衛は侵害に対して冷静に対応する場合にしか成立しないことになり，実際上その成立範囲を著しく限定する，さらにいえば，ほとんど認めないことになってしまうであろう。それは妥当でないと考えられるのである。

本判決の後，最高裁は，さらに，「急迫不正の侵害に対し自己又は他人の権利を防衛するためにした行為と認められる限り，その行為は，同時に侵害者に対する攻撃的な意思に出たものであっても，正当防衛のためにした行為にあたると判断するのが相当である」とし，「防衛の意思と攻撃の意思とが併存している場合の行為は，防衛の意思を欠くものではない」としている[7]。こうして，防衛の意思は，憤激・逆上という心理状態，さらには攻撃の意思と併存しうるものであることが明らかにされ，その内容は相当に緩和されるに至ったということができるのである。

2　本判決は，上記のように防衛の意思の内容を緩和しながらも，「かねてから被告人がAに対し憎悪の念をもち攻撃を受けたのに乗じ積極的な加害行為に出たなどの特別な事情」がある場合には防衛の意思が否定されうる旨を判示している。また，昭和50年の最高裁判例も，「防衛に名を借りて侵害者に対し積極的に攻撃を加える行為」（積極的加害行為）は防衛の意思を欠くとしているのである[8]。こうして，判例によれば，防衛の意思は，その内容が相当に緩和されながらも，積極的加害行為については，それが否定されると解されることになる。

このような，防衛の意思が認められず，したがって防衛行為性が否定され

---

[7] 最判昭和50・11・28刑集29巻10号983頁。
[8] 前出注（7）最判昭和50・11・28。

る積極的加害行為とは，どのような行為をいうのであろうか。それは，つまるところ，防衛の動機がそこにはなく，もっぱら攻撃の意思でなされる行為をいうと解されるのである。この意味で，防衛の意思は，もっぱら攻撃の意思である場合にのみ否定されることになるといえる。このような，もっぱら攻撃の意思でなされる積極的加害行為は，防衛にとって明らかに過剰といえる行為を意図的になす場合などに認められよう。このような，防衛の意思が否定される心理状態は，急迫不正の侵害に対面し，それに対応する行為をなす被侵害者について，極めて限られた範囲で認められるにすぎないと考えられるのである。

Ⅳ―自招侵害

4　最決平成20・5・20刑集62巻6号1786頁

[事　案]

決定理由参照

[決定理由]

「1　原判決及びその是認する第1審判決の認定によれば，本件の事実関係は，次のとおりである。

（1）本件の被害者であるA（当時51歳）は，本件当日午後7時30分ころ，自転車にまたがったまま，歩道上に設置されたごみ集積所にごみを捨てていたところ，帰宅途中に徒歩で通り掛かった被告人（当時41歳）が，その姿を不審と感じて声を掛けるなどしたことから，両名は言い争いとなった。

（2）被告人は，いきなりAの左ほおを手けんで1回殴打し，直後に走って立ち去った。

（3）Aは，「待て。」などと言いながら，自転車で被告人を追い掛け，上記殴打現場から約26.5m先を左折して約60m進んだ歩道上で被告人に追い付き，自転車に乗ったまま，水平に伸ばした右腕で，後方から被告人の背中の上部又は首付近を強く殴打した。

(4)　被告人は，上記Aの攻撃によって前方に倒れたが，起き上がり，護身用に携帯していた特殊警棒を衣服から取出し，Aに対し，その顔面や防御しようとした左手を数回殴打する暴行を加え，よって，同人に加療約3週間を要する顔面挫創，左手小指中節骨骨折の傷害を負わせた。

　2　本件の公訴事実は，被告人の前記1(4)の行為を傷害罪に問うものであるが，所論は，Aの前記1(3)の攻撃に侵害の急迫性がないとした原判断は誤りであり，被告人の本件傷害行為については正当防衛が成立する旨主張する。しかしながら，前記の事実関係によれば，被告人は，Aから攻撃されるに先立ち，Aに対して暴行を加えているのであって，Aの攻撃は，被告人の暴行に触発された，その直後における近接した場所での一連，一体の事態ということができ，被告人は不正の行為により自ら侵害を招いたものといえるから，Aの攻撃が被告人の前記暴行の程度を大きく超えるものでないなどの本件の事実関係の下においては，被告人の本件傷害行為は，被告人において何らかの反撃行為に出ることが正当とされる状況における行為とはいえないというべきである。そうすると，正当防衛の成立を否定した原判断は，結論において正当である。」

解　説

　1　本件では，被侵害者が招致した侵害に対する反撃行為について正当防衛が認められるかが問題となっている。相手を害する目的で，急迫不正の侵害を意図的に招致し，それに対して反撃行為をなす場合については，すでに判例 2 で扱った，侵害の予期に加えて積極的加害意思があることにより侵害の急迫性を否定して，正当防衛の成立を認めないという判例の立場・論理によって解決することが可能である。それに対し，本決定では，被侵害者における侵害の予期を問題とすることなく，しかも，「被告人において何らかの反撃行為に出ることが正当とされる状況」がないとして違法性阻却を否定していることが注目される[9]。つまり，本決定は，侵害の予期を要件とせず，したがって，侵害の急迫性を否定するのではなく，それとは別の論理によっ

---

[9] つまり，正当防衛として正当化されないばかりでなく，緊急避難の要件もみたされず正当化されないとするものと解される。

て正当防衛の成立を否定するものであることに注意する必要がある。

 2　本決定が，正当防衛の成立を否定した際に問題としたのは，まず，①被告人は不正の行為により自ら侵害を招いたものといえるということである。この侵害の自招という点は，本決定では，Aの攻撃が，被告人の暴行という不正な行為に触発された，その直後における近接した場所での一連，一体の事態であるとして，限定的に理解されているといえる。次に，②Aの攻撃が被告人の前記暴行の程度を大きく超えるものでないということが指摘されている点にも留意する必要がある。したがって，Aの攻撃の程度がそれと異なる場合には，本決定の論理は妥当しないと解されるのである。こうして，本決定は，自招侵害事例について，①②という限定された条件のもとで正当防衛の成立を否定しているのであり，したがって，①被告人による侵害招致行為が違法なものでなかった場合，②招致された侵害が先行する暴行の程度を大きく超えた場合には，正当防衛の成立が認められる可能性はなお留保されているとみることができるように思われる。

 上記の2要件によって正当防衛の成立を否定した本決定は，加害目的による侵害の意図的招致事例以外の自招侵害事例について，正当防衛が否定される基準・類型を明確化したものと評価することができる。この意味で，本決定は重要な判例である。

 3　本決定について問題となるのは，一体いかなる根拠・理由から，上記の場合に正当防衛の成立が否定されることになるのかということである。この点については，まず，判例は，従来，相互闘争行為について，正当防衛の成立を一切否定しないまでも，それに限定的な理解を示してきたことに留意する必要があると思われる[10]。そうした理解の延長線上に，本件の理解としては，次のようなことが考えられるであろう。すなわち，本件では，被告人は侵害に先行する違法な暴行によって，自ら不法な相互闘争行為を開始したと評価することができるということである。そして，その過程で，相互闘争行為の一コマとして行われたことであるから，Aに対する加害行為は，Aによる不正な侵害に対するものだとしても，正当防衛として正当化しうるよう

---

[10] 最大判昭和23・7・7刑集2巻8号793頁，最判昭和32・1・22刑集11巻1号31頁参照。

なものではないと解するのである。この場合には，招致された侵害に対する反撃行為には，正当防衛として備えるべき属性である緊急行為性が否定されることになるということもできよう[11]。招致された侵害の時点で，新たに緊急事態が生じたのではないともいえるからである。

　以上のように考える場合には，被告人の先行行為が違法なものでなければ，被告人は「不法な」相互闘争行為を開始したということはできず，そのため，先行行為によって招致された違法な侵害に対する反撃行為については，なお，正当防衛の成立を肯定する余地を認めるべきことになる。また，権利行使により招致された侵害に対して正当防衛を否定することで，権利行使を不当に制約することがないようにする必要もあるであろう。さらに，招致された侵害が先行行為の程度を大きく超えたものである場合には，なお，それに対する反撃行為に緊急行為性を付与することが可能であり，したがって正当防衛としての対抗を認める余地があると解することができるように思われる。

　こうして，本決定によれば，①違法な行為による，それと一体の事態としての侵害の招致，②侵害招致行為と侵害との緩やかな均衡という客観的要件によって，正当防衛が否定されることになる。この論理の射程には一定の限界があり，それによっては，侮辱的言辞などで侵害を招致する事例について，正当防衛を否定することはできないことになろう。そうした事例について正当防衛の成立を否定するためには，侵害の予期と積極的加害意思を要件として侵害の急迫性を否定するなどという別の論理などによる必要があることになるのである。

---

[11] ただし，侵害の予期を問題するのでないことから，侵害の急迫性が否定されると解釈するのではないということになる。

V——防衛行為の相当性

5 最判平成元・11・13刑集43巻10号823頁

[事　案]
判決理由参照

[判決理由]
「三　ところで，原判決の認定によれば，本件における事実関係は次のとおりである。すなわち，被告人は，前記日時ころ，運転してきた軽貨物自動車を前記空地前の道路に駐車して商談のため近くの薬局に赴いたが，まもなく貨物自動車（いわゆるダンプカー）を運転して同所に来たAが，車を空地に入れようとして被告人車が邪魔になり，数回警笛を吹鳴したので，商談を中断し，薬局を出て被告人車を数メートル前方に移動させたうえ，再び薬局に戻った。ところが，それでも思うように自車を空地に入れることができなかったAは，車内から薬局内の被告人に対し「邪魔になるから，どかんか。」などと怒号したので，再び薬局を出て被告人車を空地内に移動させたが，Aの粗暴な言動が腹に据えかねたため，同人に対し「言葉遣いに気をつけろ。」と言ったところ，Aは，空地内に自車を駐車して被告人と相前後して降車して来たのち，空地前の道路上において，薬局に向かおうとしていた被告人に対し，「お前，殴られたいのか。」と言って手拳を前に突き出し，足を蹴り上げる動作をしながら近づいて来た。そのため，被告人は，年齢も若く体格にも優れたAから本当に殴られるかも知れないと思って恐くなり，空地に停めていた被告人車の方へ後ずさりしたところ，Aがさらに目前まで追ってくるので，後に向きを変えて被告人車の傍らを走って逃げようとしたが，その際ふと被告人車運転席前のコンソールボックス上に平素果物の皮むきなどに用いている菜切包丁を置いていることを思い出し，とっさに，これでAを脅してその接近を防ぎ，同人からの危害を免れようと考え，被告人車のまわりをほぼ一周して運転席付近に至るや，開けていたドアの窓から手を入れて

刃体の長さ約17・7センチメートルの本件菜切包丁を取り出し，右手で腰のあたりに構えたうえ，約3メートル離れて対峙しているAに対し「殴れるのなら殴ってみい。」と言い，これに動じないで「刺すんやったら刺してみい。」と言いながら二，三歩近づいてきた同人に対し，さらに「切られたいんか。」と申し向けた。

　四　そこで，正当防衛の成否に関する原判決の法令の解釈適用について検討すると，右の事実関係のもとにおいては，被告人がAに対し本件菜切包丁を示した行為は，今にも身体に対し危害を加えようとする言動をもって被告人の目前に迫ってきたAからの急迫不正の侵害に対し，自己の身体を防衛する意思に出たものとみるのが相当であり，この点の原判断は正当である。

　しかし，原判決が，素手で殴打しあるいは足蹴りの動作を示していたにすぎないAに対し，被告人が殺傷能力のある菜切包丁を構えて脅迫したのは，防衛手段としての相当性の範囲を逸脱したものであると判断したのは，刑法36条1項の「已ムコトヲ得サルニ出テタル行為」の解釈適用を誤ったものといわざるを得ない。すなわち，右の認定事実によれば，被告人は，年齢も若く体力にも優れたAから，「お前，殴られたいのか。」と言って手拳を前に突き出し，足を蹴り上げる動作を示されながら近づかれ，さらに後ずさりするのを追いかけられて目前に迫られたため，その接近を防ぎ，同人からの危害を免れるため，やむなく本件菜切包丁を手に取ったうえ腰のあたりに構え，「切られたいんか。」などと言ったというものであって，Aからの危害を避けるための防御的な行動に終始していたものであるから，その行為をもって防衛手段としての相当性の範囲を超えたものということはできない。

　そうすると，被告人の第1の所為は刑法36条1項の正当防衛として違法性が阻却されるから，暴力行為等処罰に関する法律1条違反の罪の成立を認めた原判決には，法令の解釈適用を誤った違法があるといわざるを得ない。」

解説

　1　正当防衛の成立が認められるためには，急迫不正の侵害に対する反撃行為が防衛行為の相当性を備えたものであることが必要である。急迫不正の

侵害に対する防衛のための行為であっても，防衛行為の相当性を超えた反撃行為は過剰防衛となる。本件では，「素手で殴打しあるいは足蹴りの動作を示していたにすぎないAに対し，被告人が殺傷能力のある菜切包丁を構えて脅迫した」ことが防衛行為の相当性を超えるものかが問題となっているのである。

　2　防衛行為の相当性については，最高裁は，本判決以前である昭和44年に，「急迫不正の侵害に対する反撃行為が，自己または他人の権利を防衛する手段として必要最小限度のものであること，すなわち反撃行為が侵害に対する防衛手段として相当性を有するものであることを意味する」とし，「反撃行為が右の限度を超えず，したがつて侵害に対する防衛手段として相当性を有する以上，その反撃行為により生じた結果がたまたま侵害されようとした法益より大であつても，その反撃行為が正当防衛行為でなくなるものではない」としている[12]。そして，このような理解から，被告人が，Aから突然左手の中指及び薬指をつかんで逆にねじあげられたので，痛さのあまりこれをふりほどこうとして右手で同人の胸の辺りを1回強く突き飛ばし，同人を仰向けに倒してその後頭部をたまたま付近に駐車していた同人の自動車の車体（後部バンパー）に打ちつけさせ，よって同人に対し治療45日間を要する頭部打撲症の傷害を負わせたという事実について，これを過剰防衛とした原判決を破棄したのである。

　この判例で重要なのは，防衛行為の相当性とは，防衛手段として必要最小限度のものであることをいうとしている点である。これは，不正な侵害から退避する義務はないことを前提として，権利を防衛するために文字通り必要最小限度の防衛手段を用いることを意味すると理解することができるであろう。もっとも，このような「必要最小限度」性の判断に当たっては，防衛に失敗する過大なリスクを権利者に負わせ，その立場を不当に害することのないよう，事後的な立場からのあまりに厳格な基準を用いるべきではない。事後的にみれば，より軽微な防衛方法があったとしても，防衛に失敗するリスクもあり，侵害の脅威にさらされた権利者に，そのような方法で防衛する余

---

[12] 最判昭和44・12・4刑集23巻12号1573頁。

裕がないことが考えられるからである。このような意味で，防衛失敗のリスクを考慮して，どのような防衛手段を執ることが期待できたかということも考慮する必要があるといえよう。昭和44年判例も，より軽微な防衛手段があれば直ちに防衛行為の相当性を否定するといった厳格な立場に立つものではないと解することができる。

　また，昭和44年判例で重要なのは，防衛行為の相当性とは侵害に対する防衛手段としての相当性であり，生じた結果がたまたま侵害されようとした法益より大きくとも，それが失われるものではないとしている点である。つまり，同判例においては，「結果の均衡」は要求されていない。この意味で防衛「手段」の，やや緩やかに解された必要最小限度性が判断基準となるべきものであるといえる。

　3　昭和44年判例の後，下級審では，防衛行為の相当性を判断するに当たっては，防衛手段の相当性が基準であり，結果の大小ではないという理解から，侵害と防衛手段との侵害性を比較して防衛行為の相当性を判断するという理解が生じ，さらに，侵害に用いられた「武器」と防衛に用いられる「武器」とを比較することによって防衛行為の相当性を判断するという理解が生じるに至った（このような基準は，学説上，「武器対等の原則」とも呼ばれている）。正当防衛の成立を否定した本件の原審判決も，そのような考え方を形式的に適用したものであると考えることができよう。なぜなら，素手のAに対して被告人は菜切包丁を用いているところから，防衛行為の相当性が否定されていると解されるからである。

　4　本判決の意義は，原判決のそうした形式的な評価を否定し，より実質的な判断を行って，防衛行為の相当性を肯定した点にある。一方で，侵害者であるAの年齢・体格を考慮し，他方で，被告人が菜切包丁を構えていたとはいえ，それは脅迫のためであるにとどまり，防御的な行動に終始していたことを考慮して，そうした結論が導出されているのである。菜切包丁という「武器」が使用されているとはいっても，その用法を考慮した上で，防衛行為の相当性の判断を行うことが肝要である。もしも本件が菜切包丁でAに傷害を与えていた事案であれば，また別の判断が可能であるということは留保されなくてはならないであろう。いずれにしても，本件では，菜切包丁

を構えた脅迫は，それが防御的なものであることからも，侵害を排除するために必要となる最小限度の手段であるということができると思われる。

5 すでにみた判例**1**でも，防衛行為の相当性は問題となっていた。同判決は，侵害の攻撃力がかなり減弱していたこと，被告人の暴行は死の結果すら発生しかねない危険なものであったことを考慮して，防衛行為の相当性を否定している。そこでは侵害と反撃行為の危険性の比較がなされているが，それを防衛手段の最小限度性という昭和44年判例の判断基準に照らして考えると，防衛行為の相当性を否定する以上は，より軽微な手段で侵害排除が可能であったことを示唆する判示がなされるべきであったのではないかという疑問が生じえよう。なぜなら，手段の最小限度性という基準であれば，たとえ危険な手段であってもそれ以外に侵害を排除する方法がない場合，それは依然として防衛行為の相当性を充たすものといいうるからである。

Ⅵ──過剰防衛

6 最決平成20・6・25刑集62巻6号1859頁

［事　案］
決定理由参照

［決定理由］
「1　原判決の認定及び記録によれば，本件の事実関係は，次のとおりである。

（1）被告人（当時64歳）は，本件当日，第1審判示「Pプラザ」の屋外喫煙所の外階段下で喫煙し，屋内に戻ろうとしたところ，A（当時76歳）が，その知人であるQ及びRと一緒におり，Aは，「ちょっと待て。話がある。」と被告人に呼び掛けた。被告人は，以前にもAから因縁を付けられて暴行を加えられたことがあり，今回も因縁を付けられて殴られるのではないかと考えたものの，同人の呼び掛けに応じて，共に上記屋外喫煙所の外階段西側へ移動した。

(2)　被告人は，同所において，Aからいきなり殴り掛られ，これをかわしたものの，腰付近を持たれて付近のフェンスまで押し込まれた。Aは，更に被告人を自己の体とフェンスとの間に挟むようにして両手でフェンスをつかみ，被告人をフェンスに押し付けながら，ひざや足で数回けったため，被告人もAの体を抱えながら足を絡めたり，けり返したりした。そのころ，二人がもみ合っている現場にQ及びRが近付くなどしたため，被告人は，1対3の関係にならないように，Qらに対し「おれはやくざだ。」などと述べて威嚇した。そして，被告人をフェンスに押さえ付けていたAを離すようにしながら，その顔面を1回殴打した。

　(3)　すると，Aは，その場にあったアルミ製灰皿（直径19cm，高さ60cmの円柱形をしたもの）を持ち上げ，被告人に向けて投げ付けた。被告人は，投げ付けられた同灰皿を避けながら，同灰皿を投げ付けた反動で体勢を崩したAの顔面を右手で殴打すると，Aは，頭部から落ちるように転倒して，後頭部をタイルの敷き詰められた地面に打ち付け，仰向けに倒れたまま意識を失ったように動かなくなった（以下，ここまでの被告人のAに対する暴行を「第1暴行」という。）。

　(4)　被告人は，憤激の余り，意識を失ったように動かなくなって仰向けに倒れているAに対し，その状況を十分に認識しながら，「おれを甘く見ているな。おれに勝てるつもりでいるのか。」などと言い，その腹部等を足げにしたり，足で踏み付けたりし，さらに，腹部にひざをぶつける（右ひざを曲げて，ひざ頭を落とすという態様であった。）などの暴行を加えた（以下，この段階の被告人のAに対する暴行を「第2暴行」という。）が，Aは，第2暴行により，肋骨骨折，脾臓挫滅，腸間膜挫滅等の傷害を負った。

　(5)　Aは，Pプラザから付近の病院へ救急車で搬送されたものの，6時間余り後に，頭部打撲による頭蓋骨骨折に伴うクモ膜下出血によって死亡したが，この死因となる傷害は第1暴行によって生じたものであった。

　2　第1審判決は，被告人は，自己の身体を防衛するため，防衛の意思をもって，防衛の程度を超え，Aに対し第1暴行と第2暴行を加え，同人に頭蓋骨骨折，腸間膜挫滅等の傷害を負わせ，搬送先の病院で同傷害に基づく外傷性クモ膜下出血により同人を死亡させたものであり，過剰防衛による傷害

致死罪が成立するとし，被告人に対し懲役3年6月の刑を言い渡した。

これに対し，被告人が控訴を申し立てたところ，原判決は，被告人の第1暴行については正当防衛が成立するが，第2暴行については，Aの侵害は明らかに終了している上，防衛の意思も認められず，正当防衛ないし過剰防衛が成立する余地はないから，被告人は第2暴行によって生じた傷害の限度で責任を負うべきであるとして，第1審判決を事実誤認及び法令適用の誤りにより破棄し，被告人は，被告人の正当防衛行為により転倒して後頭部を地面に打ち付け，動かなくなったAに対し，その腹部等を足げにしたり，足で踏み付けたりし，さらに，腹部にひざをぶつけるなどの暴行を加えて，肋骨骨折，脾臓挫滅，腸間膜挫滅等の傷害を負わせたものであり，傷害罪が成立するとし，被告人に対し懲役2年6月の刑を言い渡した。

3　所論は，第1暴行と第2暴行は，分断せず一体のものとして評価すべきであって，前者について正当防衛が成立する以上，全体につき正当防衛を認めて無罪とすべきであるなどと主張する。

しかしながら，前記1の事実関係の下では，第1暴行により転倒したAが，被告人に対し更なる侵害行為に出る可能性はなかったのであり，被告人は，そのことを認識した上で，専ら攻撃の意思に基づいて第2暴行に及んでいるのであるから，第2暴行が正当防衛の要件を満たさないことは明らかである。そして，両暴行は，時間的，場所的には連続しているものの，Aによる侵害の継続性及び被告人の防衛の意思の有無という点で，明らかに性質を異にし，被告人が前記発言をした上で抵抗不能の状態にあるAに対して相当に激しい態様の第2暴行に及んでいることにもかんがみると，その間には断絶があるというべきであって，急迫不正の侵害に対して反撃を継続するうちに，その反撃が量的に過剰になったものとは認められない。そうすると，両暴行を全体的に考察して，1個の過剰防衛の成立を認めるのは相当でなく，正当防衛に当たる第1暴行については，罪に問うことはできないが，第2暴行については，正当防衛はもとより過剰防衛を論ずる余地もないのであって，これによりAに負わせた傷害につき，被告人は傷害罪の責任を負うというべきである。以上と同旨の原判断は正当である。」

解 説

1 防衛行為の相当性を超えた防衛手段が用いられた場合には、正当防衛は成立せず、違法な過剰防衛となる。過剰防衛には、防衛手段がそれ自体必要最小限度のものとはいえない場合（たとえば、素手で防衛できるのに、刃物を用いる場合）である質的過剰防衛のほかに、侵害に対して開始された反撃が、それを継続するうちに量的に過剰となった場合である量的過剰防衛がある。判例は、質的過剰防衛だけでなく、量的過剰防衛についてもそれを認めてきた[13]。判例は、判例■でも明らかなように、侵害に対してなされた一連・一体の反撃行為を一体として評価することを認めており、個々の反撃行為を分断して評価の対象とすることはしていないのであり、こうした点からも量的過剰防衛は肯定されることになるのである。そして、そのような理解からは、侵害に対する反撃を継続するうちに、それが侵害終了後にまで及び、全体として量的に過剰になった場合についても、量的過剰防衛としての過剰防衛が成立しうることになる。すなわち、侵害継続中の反撃行為と終了後の反撃行為を分断して個別に評価し、たとえば前者は正当防衛となるが、後者は正当防衛・過剰防衛にもならないなどと評価するのではないのである。本決定は、本件事案について量的過剰防衛の成立を否定したが、このような理解を入れているものと理解することができる。

本決定は、量的過剰防衛を「急迫不正の侵害に対して反撃を継続するうちに、その反撃が量的に過剰になったもの」と理解した上、さらに、本件事案についてその成立を否定することによって、量的過剰防衛の限界を示している点において極めて重要である。

2 本決定は、時間的、場所的に連続した暴行でも、侵害終了時に、「そのことを認識した上で、専ら攻撃の意思に基づいて第2暴行に及んでいる」本件事案では、同暴行には防衛の意思が欠け、侵害終了前の第1暴行と「明らかに性質を異に」するものであり、判示内容の発言後の第2暴行が「相当に激しい」態様のものであることからも、同暴行と第1暴行との間には「断絶」がある、そのため、第2暴行については正当防衛・過剰防衛を論ずる余

---

[13] 最判昭和34・2・5刑集13巻1号1頁など。

地はないとしている。

　過剰防衛における刑の減免の根拠をどのように理解するかについては学説上議論があるが，急迫不正の侵害によって心理的圧迫状態が存在することによる責任減少に，少なくともその理由の一端を求める立場が有力である。このような理解からは，本件の場合，心理的圧迫状態の継続が認められないことから，過剰防衛の成立が否定されることになるであろう。本決定は，そのような事情に加え，第2暴行の性質の違いにも言及しており，また，両暴行の「断絶」を量的過剰防衛否定の根拠として挙げていることからすると，量的過剰防衛成立のためには，両暴行が一体として侵害に対する防衛行為としての性質を有するものであることを要求するものであり，したがって，違法性減少に（も）過剰防衛の根拠を求めるものと理解することも可能であろう。

　3　なお，本件固有の事情として，第1暴行による傷害致死の事実については正当防衛が成立することをどのように考慮するかという問題がある。量的過剰防衛の成立を否定した本決定によれば，第2暴行について傷害罪の罪責が認められるにすぎないのであるが，もしも，量的過剰防衛の成立が肯定されたとすると，成立罪名はどうなるのかがさらに問題となるのである。通常は，第1暴行及び第2暴行によって生じた事実全体について過剰防衛の成立が肯定されることになるから，傷害致死罪の過剰防衛となるのではないかと考えられ，現に，本件の第1審判決はその旨の判断を示している[14]。しかし，これでは，本来軽くなるはずの量的過剰防衛が成立するときの方が，罪名としてはかえって重くなるという問題が生じることになる。違法性の減少に（も）過剰防衛の根拠を求める立場からは，正当防衛となる傷害致死の事実については刑事責任が否定されるのであるから，そのことを罪名上も明ら

---

[14] すでに述べたが，判例においては，判例❶でもそうであるように，急迫不正の侵害に対する複数の反撃行為は一体として防衛行為の相当性が判断されている。最決平成21・2・24刑集63巻2号1頁は，防衛手段の相当性が認められる第1暴行から傷害の結果が発生し，相当性が否定される第2暴行は暴行罪にとどまる事案について，一連一体としてなされた反撃行為（暴行）は「同一の防衛の意思に基づく1個の行為と認めることができるから，全体的に考察して1個の過剰防衛としての傷害罪の成立を認めるのが相当である」とし，傷害は防衛手段の相当性が認められる第1暴行から生じたという点は「有利な情状として考慮すれば足りる」とした。

かにし，傷害罪の成立を認めるにとどめるべきではないかという問題があるように思われる。

Ⅶ━まとめ

　正当防衛については，判例による解釈の展開を理解することがとくに重要である。
　まず，正当防衛の前提となる要件である「急迫不正の侵害」について，それがどのような条件で認められるかを，「侵害の始期」及び「侵害の継続性」の場面において理解し，また，侵害の予期と積極的加害意思によりそれが否定されることを理解する必要がある。さらに，判例では，反撃行為が防衛行為としてその違法性が阻却されるためには，防衛の意思が必要であるとされているが，現在，その内容は緩やかに解され，もっぱら攻撃の意図で反撃行為がなされた場合にだけ否定されることになっている。また，防衛行為であればどんな行為でも正当防衛となるわけではなく，防衛行為の相当性の要件が必要となるが，それは結果の均衡という意味での相当性ではなく，防衛手段の相当性として理解されており，これを超える場合には過剰防衛として違法性は否定されない。なお，被侵害者が急迫不正の侵害を招致した自招侵害事例については，侵害の予期と積極的加害意思により侵害の急迫性が否定されて正当防衛が否定される場合のほか，侵害の予期に依拠せず，客観的評価として正当防衛が否定される場合が認められていることも注目に値するといえよう。

第5章—故意・錯誤

[故意の要件]
- **1** 最判昭和 24・2・22 刑集 3 巻 2 号 206 頁
- **2** 大判大正 14・6・9 刑集 4 巻 378 頁
- **3** 最大判昭和 32・3・13 刑集 11 巻 3 号 997 頁
- **4** 最判平成元・7・18 刑集 43 巻 7 号 752 頁

[未必の故意]
- **5** 最判昭和 23・3・16 刑集 2 巻 3 号 227 頁
- **6** 最判昭和 59・3・6 刑集 38 巻 5 号 1961 頁

[具体的事実の錯誤]
- **7** 最判昭和 53・7・28 刑集 32 巻 5 号 1068 頁
- **8** 大判大正 12・4・30 刑集 2 巻 378 頁
- **9** 最決平成 16・3・22 刑集 58 巻 3 号 187 頁

[抽象的事実の錯誤]
- **10** 最決昭和 54・3・27 刑集 33 巻 2 号 140 頁

[違法性阻却事由該当事実の錯誤]
- **11** 最決昭和 62・3・26 刑集 41 巻 2 号 182 頁

I—はじめに

　犯罪の成立を肯定するためには故意を必要とするのが刑法の原則である（刑法38条1項但書）。したがって，故意とはどのような場合に認められるのかが，まず重要な問題となる。法文上，故意とは「罪を犯す意思」をいうが，それを言い換えると，故意とは「犯罪事実の認識予見」を意味することになる。そこで，故意があるというために認識予見が必要となる犯罪事実とは何か，その範囲はどこまでか，さらに，犯罪事実を認識予見しているとは一体どのようなことをいうのかが問われることになり，それに関連していくつかの問題が生じることになる。

　犯人に，上記の意味での故意があるとしても，犯人が認識予見した通りには事実が発生しないことがまま見られるところである。むしろ，犯人の認識予見通りに事実が発生することの方が稀だといっても言い過ぎではない。そ

のように，犯人の認識予見した事実が実際に生じた事実と食い違うこと，すなわち犯人に錯誤（事実の錯誤）が認められるとき，それにも拘らず，故意犯は成立しうるのか，一体どのような場合であれば，発生した事実について故意を認め，故意犯の成立を認めることができるのかが実際上も極めて重要な問題となる。そこでは，故意の有無を判断するに当たり，どのような錯誤が重要であり，どのような錯誤が重要でないとされるのか，そのような解釈が一体どのような理解に基づくのかが問われることになる。

　最後に，正当防衛など違法性阻却事由に当たる事実が存在しないため，構成要件該当行為の違法性は阻却されないが，そのような事実が存在すると誤信して行為した犯人をどのように扱うのかが問題となる。正当防衛に当たる事実が存在しないのに存在すると誤信し，それに対するものとしては防衛行為の相当性をそなえた行為を行った場合を誤想防衛というが，このような場合，判例・通説は故意犯の成立を否定し，誤想したことに過失がある場合に過失犯が成立するにすぎないと解している。では，誤想した急迫不正の侵害に対する反撃行為としても過剰な行為が行われた場合にはどのように扱うのか。これが誤想過剰防衛の問題であるが，それについてもいかなる解決を与えるべきかが問われることになる。

　以下では，これらの問題について，順次解説を加えていくことにする。

II―故意の要件

1　最判昭和24・2・22刑集3巻2号206頁

[事　案]
　被告人は，買い入れたメタノールを飲用の目的で所持し，販売した。

[判決理由]
　「原判決は「右品物がメタノールであるとのはつきりした認識はなかつたが，之を飲用に供すると身体に有害であるかも知れないと思つたにもかかわらずいずれも飲用に供する目的で」メタノールを所持又は販売した旨を説示

しているので，原審においては被告人はAから買受けた本件物件がメタノールであるというはつきりした認識はなかつたものと認定したと言わなければならない。しかしながら原判決は被告人の本犯行を故意犯として処罰したのであるから，判示の「之を飲用に供すると身体に有害であるかも知れないと思つた」事実を以て被告人は本犯行について所謂未必の故意あるものと認定したものであると解せざるを得ない。しかしながら身体に有害であるかも知れないと思つただけで（メタノールであるかも知れないと思つたのではなく）はたして同令第一条違反の犯罪についての未必の故意があつたと言い得るであらうか。何となれば身体に有害であるものは同令第一条に規定したメタノール又は四エチル鉛だけではなく他にも有害な物は沢山あるからである。従つてただ身体に有害であるかも知れないと思つただけで同令第一条違反の犯罪に対する未必の故意ありとはいい得ない道理であるから原判決は被告人に故意があることの説示に缺くるところがあり，理由不備の違法があると言わざるを得ない。」

解説

1 本件では，「メタノール」の認識が故意の内容として問題となっている。つまり，どのような認識があれば「メタノール」の認識があるのかが問われているのである。本判決は，故意があるというためには，当該の品物が「身体に有害であるかも知れないと思つた」だけでは足りず，構成要件要素である「メタノール」の認識が認められることがあくまでも必要であるとしている。そうでなければ，「他にも有害な物は沢山ある」し，それがみな処罰の対象となっているわけではない以上，有害性の認識だけでは，処罰の対象として構成要件に取り込まれた事実の認識があったとはいえないからである。これは，故意があるというためには，メタノールを禁止の対象とする理由となる事実（有害性）の認識では足りず，構成要件要素である「メタノール」の認識が必要となるとしたものであり，構成要件要素に当たる事実の認識が故意を認めるためには必要であるとする考え方であるといえる。言い換えれば，故意があるというためには，問題となる行為が法的に禁止される理由となる事実を知り，自分が行おうとする行為が違法であることを知りうる

だけでは足りないということであり，事実を構成要件に該当するものとして認識する必要があることを意味する。別の言い方をすれば，故意を認めるためには，構成要件に該当する事実の認識が必要である。これを，故意の「構成要件関連性」という。

2　最高裁は，最決平成2・2・9判時1341号157頁で，覚せい剤の認識に関して，「被告人は，本件物件を密輸入して所持した際，覚せい剤を含む身体に有害で違法な薬物類であるとの認識があったというのであるから，覚せい剤かもしれないし，その他の身体に有害で違法な薬物かもしれないとの認識はあった」とし，「覚せい剤輸入罪，同所持罪の故意に欠けるところはない」としている。これは，「覚せい剤を含む身体に有害で違法な薬物類」の認識から覚せい剤の認識（故意）を認める点において，すなわち，認識の対象から覚せい剤を除外しておらず，それを含めた認識があることでよいとしている点において，覚せい剤の認識（故意）をやや緩やかに認めるものと評することができるが，そうだとしても，「身体に有害で違法な薬物類」との認識だけでは覚せい剤の認識（故意）を認めるには足りないとしているものと解される。それゆえ，覚せい剤が認識対象から除外されている場合には，覚せい剤の認識（故意）を肯定することはできないことになるのである[1]。下級審判決には，トルエンを含有するシンナーの認識について，トルエンという劇物の名称を知らなくとも「身体に有害で違法な薬物を含有するシンナーである」との認識があれば足りるが，しかしながら，「当該シンナーにはトルエンが含有されていないと思っていた」場合には，その認識に欠け，故意がないことになるとしたものもある[2]。ここでも消極的な形ではあるが，故意の構成要件関連性が維持されているのである。

2　大判大正14・6・9刑集4巻378頁

[事　案]

　被告人は，狩猟免許を受けていたが，狸の狩猟期間中である大正13年2

---

[1] 他の違法薬物の認識が認められる場合には，認識されていた薬物に係る罪と覚せい剤に係る罪の抽象的事実の錯誤（判例10参照）として解決されるべきことになる。
[2] 東京地判平成3・12・19判タ795号269頁。

月29日に狸2頭を岩窟に追い込み，石塊でその入り口を塞いだ。その後，狩猟期間外である同年3月3日になって石塊を除去し，銃を発射して，猟犬に狸2頭を咬殺させた。大審院は，2月29日に捕獲はすでに終了しているとして狩猟期間外に捕獲する罪は成立しないとした上で，傍論として以下のように判示した。

[判決理由]

「岩窟中ニ竄入シタル狸ニ對シテ逸走スルコト能ハサル施設ヲ爲シタル事實ノミヲ以テシテハ未タ之ヲ捕獲シタルモノト謂フヘカラス同年三月三日ニ至リ銃器及獵犬ヲ使用シ獵犬ヲシテ狸ヲ咬殺セシメタル事實ヲ竢ツテ始メテ捕獲行爲アリタリト假定スルモ被告人ハ狸ト狢トハ全然種類ヲ異ニシ猫ニ該當スル獸ヲ以テ狸ナリト誤信シ延テ本件ノ獸類ハ十文字ノ斑點ヲ有シ披告人ノ地方ニ於テ通俗十文字狢ト称スルモノニシテ狩獵禁止ノ目的タル狸ニ非スト確言シ之ヲ捕獲シタルモノナルコトハ原審第一回公判調書中被告人ノ其ノ旨ノ供述記載ト前顯鑑定人川瀬某ノ鑑定書中狸及猫ニ關スル説明トニ依リ疑ヲ容ルルノ餘地ナシ然ラハ被告人ノ狩獵法ニ於テ捕獲ヲ禁スル狸中ニ俚俗ニ所謂狢ヲモ包含スルコトヲ意識セス從テ十文字狢ハ禁止獸タル狸ト別物ナリトノ信念ノ下ニ之ヲ捕獲シタルモノナレハ狩獵法ノ禁止セル狸ヲ捕獲スルノ認識ヲ缺如シタルヤ明カナリ蓋シ學問上ノ見地ヨリスルトキハ狢ハ狸ト同一物ナリトスルモ斯ノ如キハ動物學上ノ知識ヲ有スル者ニシテ甫メテ之ヲ知ルコトヲ得ヘク却テ狸，狢ノ名称ハ古來竝存シ我國ノ習俗亦此ノ二者ヲ區別シ毫モ怪マサル所ナルヲ以テ狩獵法中ニ於テ狸ナル名称中ニハ狢ヲモ包含スルコトヲ明ニシ國民ヲシテ適歸スル所ヲ知ラシムルノ注意ヲ取ルヲ當然トスヘク單ニ狸ナル名称ヲ掲ケテ其ノ内ニ當然狢ヲ包含セシメ我國古來ノ習俗上ノ觀念ニ從ヒ狢ヲ以テ狸ト別物ナリト思惟シ之ヲ捕獲シタル者ニ對シ刑罰ノ制裁ヲ以テ之ニ臨ムカ如キハ決シテ其ノ當ヲ得タルモノト謂フヲ得ス故ニ本件ノ場合ニ於テハ法律ニ捕獲ヲ禁スル狸ナルノ認識ヲ欠缺シタル被告ニ對シテハ犯意ヲ阻却スルモノトシテ其ノ行爲ヲ不問ニ付スルハ固ヨリ當然ナリト謂ハサルヘカラス此ノ點ニ於テモ亦犯罪ノ證明ナキモノナリ」

解　説

1 本件は「たぬき・むじな事件」として，類似した「むささび・もま事件」[3]と並び称される著名事件である。本件では，構成要件要素である「捕獲」の解釈によって無罪の結論に到達したため，事案の解決には必須の問題ではないものの，(狢も含まれる) 狸を，それとは別物であると信じる十文字狢だと思って捕獲した場合に，狸を捕獲する故意が認められるかが問われることになる。大審院は，本判決において，狸には狢も含まれるとしても，犯人のみならず，古来わが国の習俗上も狸と狢とが区別されてきた以上，狢を狸とは別物であると思った上で捕獲した者に，狸を捕獲する故意を認めて処罰することは失当であるとしたのである（つまり，狸を捕獲する故意は認められないとする）。

2 本判決の事案については異なったいくつかの解釈が存在してきた。本判決は，それを文字通りに解して，狢の認識しかない場合には狸の故意がないとしたものであるとの理解もあるが，それに対して，狢は狸に含まれる，要するに，狢は法的には狸なのであるから，狢＝狸をそれと知って捕獲した以上，故意を認めた「むささび・もま」事件と同様に，狸を捕獲する故意は認められるという解釈も有力である。もっとも，後者のように理解する立場からも，古来習俗上狸と狢が区別されてきた以上，狢を捕獲するという認識から，それが違法であるとの認識に到達することは期待できず，したがって，違法性の意識に欠けるばかりではなく，違法性の意識を欠くことに相当な理由があるなどの理由により，責任を否定することが可能だとするのである[4]。もっとも，違法性の意識が欠ける場合に犯罪の成立を否定する余地を認めていない判例の立場からは，後者のような理由によって犯罪の成立を否定することはできないことに留意する必要がある。

---

[3] 大判大正13・4・25刑集3巻364頁。「むささび」をその俗称である「もま」と知って捕獲した事案において，「むささび」である「もま」を「もま」と知って捕獲した以上，「むささび」を捕獲する故意が認められるとした。

[4] 違法性の意識，その可能性を不要とする判例の立場（大判大正13・8・5刑集3巻611頁，最判昭和25・11・28刑集4巻12号2463頁など参照）から故意犯の成立を否定しようとすると，故意の存在を否定するしかないことになる。

3 最大判昭和32・3・13刑集11巻3号997頁

[事　案]
　Xは，Yが翻訳した小説「チャタレー夫人の恋人」を出版したが，これが，わいせつ文書に当たるとされ起訴された。

[判決理由]
　「しかし刑法一七五条の罪における犯意の成立については問題となる記載の存在の認識とこれを頒布販売することの認識があれば足り，かかる記載のある文書が同条所定の猥褻性を具備するかどうかの認識まで必要としているものでない。かりに主観的には刑法一七五条の猥褻文書にあたらないものと信じてある文書を販売しても，それが客観的に猥褻性を有するならば，法律の錯誤として犯意を阻却しないものといわなければならない。猥褻性に関し完全な認識があつたか，未必の認識があつたのにとどまつていたか，または全く認識がなかつたかは刑法三八条三項但書の情状の問題にすぎず，犯意の成立には関係がない。従つてこの趣旨を認める原判決は正当であり，論旨はこれを採ることを得ない。」

解　説

　1　本件では「猥褻文書」の頒布販売についての認識が故意の内容として問題となっている。本判決は，それを認めるためには「問題となる記載の存在の認識とこれを頒布販売することの認識」があれば足りるとし，「文書が同条所定の猥褻性を具備するかどうかの認識」までは必要ないとしている。要するに，本判決は，後者は違法性の認識・意識にすぎず，「猥褻性」が欠けると思っていても，それは「法律の錯誤」であって故意は失われないとするのである（さらに，判例によれば，違法性の意識を欠いていても，犯罪の成立は否定されない）。

　2　故意があるというためには，構成要件に該当する事実を，その意味とともに認識する必要がある。このような認識を「意味の認識」というが，それと故意の要件ではない[5]「違法性の意識」とをどのように区別し，どこま

でが「意味の認識」として故意を認めるために必要であり、どこからは「違法性の意識」であって不要なのかが問われることになる。これについては、次に掲げるものをはじめ、いくつもの判例がある。①最判昭和32・10・3刑集11巻10号2413頁は、封印破棄罪（刑法96条）の故意を「差押の標示が公務員が施したものであること並びにこれを損壊することの認識」と解し、差押の標示が「法律上無効であると誤信」しても故意は失われないとしている。②最大判昭和23・7・14刑集2巻8号889頁は、メタノールを飲用の目的で所持し譲渡する罪の故意について、目的物が「メチルアルコール」であることを知っている以上、それが法律上その所持・譲渡が禁止されている「メタノール」と同一のものであることを知らなかったとしても故意があったといえるとした。③最判昭和34・2・27刑集13巻2号250頁は、物品税法上の無申告製造罪の故意について、目的物が課税物品であり製造申告を要することを知ることは故意の要件ではなく、それを知らなかったといっても単なる法令の不知にすぎないとした。④最判昭和26・7・10刑集5巻8号1411頁は、公正証書原本不実記載罪（刑法157条1項）の故意に関し、寺院規則が失効したと解釈して、同規則所定の手続によらずに新総代を選任し、新総代において新寺院規則の制定を決議し、これに基づいて変更登記をなしたのであるから、変更登記事項が虚偽であっても、その認識が欠けているとした。⑤最判昭和26・8・17刑集5巻9号1789頁は、飼犬取締規則を誤解した結果、無鑑札犬は他人の飼い犬であっても無主犬と看做されると信じて撲殺した事案について、当該の犬が「他人所有に属する事実」について認識を欠いていたと認められるべき場合であったかもしれないとした。

本判決は、「問題となる記載の存在の認識」があれば足りると解している。これが、書かれている文字が読めればよい、どのような文字が書かれているか知っていればよいということを意味するのであれば、「意味の認識」を不要とすることになろう。しかし、「記載」にはその内容的意味も含まれると

---

[5] 学説上、厳格故意説と呼ばれる見解は、違法性の意識を故意の要件とするものであるが、そのような見解であっても、結論の妥当性の考慮から、法的禁止に違反する認識までを違法性の意識として要求していない。この意味では、違法性の意識不要説と異ならないと解することも不可能ではない。

理解することが可能であろう。本判決は，問題となる文書が処罰の対象となる「猥褻性」を備えたものであることまで認識していることは必要ないとしているにすぎないものと解することができると思われる。

4 最判平成元・7・18刑集43巻7号752頁

[事　案]

判決理由参照

[判決理由]

「一　本件公訴事実の要旨は，次のとおりである。すなわち，被告人株式会社Y（以下「被告会社」という。）は，昭和四一年六月六日設立された有限会社Yビルを昭和四七年一月五日株式会社に組織変更し，右有限会社Yビルがその設立当初から静岡市南町○○番○号において営んでいた特殊公衆浴場「A」（以下「本件浴場」という。）の営業を承継して昭和五六年四月二六日まで同所において引き続き右浴場を経営していたもの，被告人X（以下「被告人」という。）は，右有限会社Yビル及び被告会社の各代表取締役等としてその経営全般を掌理するとともに，本件浴場従業員等を指揮監督していたものであるが，被告人において，被告会社の右業務に関し，静岡県知事の許可を受けないで，昭和四一年六月六日から昭和五六年四月二六日までの間，本件浴場で，所定の料金を徴収して，多数の公衆を入浴させるなどし，もつて，業として公衆浴場を経営したものである。

二　第一審判決は，被告会社及び被告人を右公訴事実につき有罪とし，原判決は，被告会社については，その控訴を棄却し，被告人については，第一審判決に法令適用の誤りがあるとして，これを破棄したが，自判して右公訴事実につき有罪とした。

三　ところで，本件浴場については，昭和四一年三月一二日に被告人の実父Bが静岡県知事の公衆浴場法二条一項の許可（以下「営業許可」という。）を受けており，被告会社の代表者であつた被告人が昭和四七年一一月一八日付で右許可の申請者をBから被告会社に変更する旨の静岡県知事あての公衆浴場業営業許可申請事項変更届（以下「変更届」という。）を静岡市南保健所に提

出し，同保健所は同年一二月九日にこれを受け付け，同月一二日に静岡県知事に進達し，同日同知事により変更届が受理され（以下「変更届受理」という。），その結果公衆浴場台帳の記載がその旨訂正されているのであつて，これらの事実は，原判決も認定しているところであり，この限度では全く争いがない。原判決は，変更届受理には重大かつ明白な瑕疵があり行政行為としては無効であるから，これによつて被告会社が営業許可を受けたものとはいえないとしたうえ，変更届受理後の被告会社による本件浴場の営業についても，被告人には被告会社が営業許可を受けていないことの認識があつたと判示している。

　しかしながら，変更届受理によつて被告会社に対する営業許可があつたといえるのかどうかという問題はさておき，被告人が変更届受理によつて被告会社に対する営業許可があつたと認識し，以後はその認識のもとに本件浴場の経営を担当していたことは，明らかというべきである。すなわち，記録によると，被告人は，昭和四七年になりBの健康が悪化したことから，本件浴場につき被告会社名義の営業許可を得たい旨を静岡県議会議員C（以下「C県議」という。）を通じて静岡県衛生部に陳情し，同部公衆衛生課長補佐Dから変更届及びこれに添付する書類の書き方などの教示を受けてこれらを作成し，静岡市南保健所に提出したのであるが，その受理前から，同課長補佐及び同保健所長Eらから県がこれを受理する方針である旨を聞いており，受理後直ちにそのことがC県議を通じて連絡されたので，被告人としては，この変更届受理により被告会社に対する営業許可がなされたものと認識していたこと，変更届受理の前後を問わず，被告人ら被告会社関係者において，本件浴場を営業しているのが被告会社であることを秘匿しようとしたことはなかつたが，昭和五六年三月に静岡市議会で変更届受理が問題になり新聞等で報道されるようになるまでは，本件浴場の定期的検査などを行つてきた静岡市南保健所からはもちろん誰からも被告会社の営業許可を問題とされたことがないこと，昭和五六年五月一九日に静岡県知事から被告会社に対して変更届ないしその受理が無効である旨の通知がなされているところ，被告会社はそれ以前の同年四月二六日に自発的に本件浴場の経営を中止していること，以上の事実が認められ，被告人が変更届受理によつて被告会社に対する営業許

可があつたとの認識のもとに本件浴場の経営を担当していたことは明らかというべきである。なお，原判決が指摘する昭和四一年法律第九一号による風俗営業等取締法の改正，同年静岡県条例第五六号による同県風俗営業等取締法施行条例（昭和三四年同県条例第一八号）の改正，昭和四二，三年ころの被告人による顧問弁護士に対する相談，C県議の関与などの諸点は，右認定を左右するものではない。

してみると，本件公訴事実中変更届受理後の昭和四七年一二月一二日から昭和五六年四月二六日までの本件浴場の営業については，被告人には「無許可」営業の故意が認められないことになり，被告人及び被告会社につき，公衆浴場法上の無許可営業罪は成立しない。また，変更届受理前の昭和四一年六月六日から昭和四七年一二月一二日までの本件浴場の営業については，右罪の公訴時効の期間は刑訴法二五〇条五号，公衆浴場法八条一号，一一条により被告人及び被告会社の双方につき三年であるところ，検察官が本件公訴を提起したのは昭和五六年九月一一日であるから，公訴時効が完成していることが明らかである。

四　そうすると，被告人につき「無許可」営業の故意を認め，被告人及び被告会社を有罪とした第一審判決及び原判決には，判決に影響を及ぼすべき重大な事実誤認があり，これを破棄しなければ著しく正義に反するものと認められる。そして，本件については，当審において自判するのが相当であるところ，本件公訴事実中公訴時効が完成している部分については，一罪の一部として起訴されたものであるから，主文において特に免訴の言渡を必要としないので，被告会社及び被告人に対し無罪の言渡をすべきものである。」

解　説

1　本件では，無許可営業罪の故意が問題となっている。本判決は，「被告人が変更届受理によつて被告会社に対する営業許可があつたと認識し，以後はその認識のもとに本件浴場の経営を担当していたことは，明らかというべきである。」として，無許可営業の故意を否定した。これは，たとえ犯人が，判示のような方法で営業許可を得ることができないことを知り得たとしても，すなわち，違法性の意識をもつ可能性があったとしても，現に営業許

可がなされたものとの認識があるときには無許可営業の故意を認めることができないとしたものと解される。この意味で，本判決は，故意の構成要件関連性の見地から，「無許可」という構成要件要素の認識を明確に要求したものといえる。この意味で判例 1 に連なる判例であるということができよう。

III――未必の故意

5　最判昭和23・3・16刑集2巻3号227頁

[事　案]

判決理由参照

[判決理由]

「贓物故買罪は贓物であることを知りながらこれを買受けることによって成立するものであるがその故意が成立する為めには必ずしも買受くべき物が贓物であることを確定的に知つて居ることを必要としない或は贓物であるかも知れないと思いながらしかも敢てこれを買受ける意思（いわゆる未必の故意）があれば足りるものと解すべきである故にたとえ買受人が売渡人から贓物であることを明に告げられた事実が無くても苟くも買受物品の性質，数量，売渡人の属性，態度等諸般の事情から「或は贓物ではないか」との疑を持ちながらこれを買受けた事実が認められれば贓物故買罪が成立するものと見て差支ない（大審院昭和二年（れ）第一〇〇七号昭和二年十一月十五日言渡判決参照）本件に於て原審の引用した被告人に対する司法警察官の聴取書によれば被告人は判示（一）の事実に付き「(1) 衣類はAが早く処置せねばいけんといつたが (2) 近頃衣類の盗難が各地であり殊に (3) 売りに来たのが〇〇人であるからA等が盗んで売りに来たのではなからうかと思つた」旨自供したことがわかる右 (1) 乃至 (3) の事実は充分人をして「贓物ではないか」との推量をなさしむるに足る事情であるから被告人がこれ等の事情によつて「盗んで来たものではなかろうかと思つた」旨供述して居る以上此供述により前記未必の故意を認定するのは相当である」

解　説

1　本件では，贓物故買罪（盗品等有償譲受け罪・刑法256条2項）の故意が問題となっており，犯罪事実（構成要件該当事実）の確定的な認識による「確定的故意」ではなく，その未必的な認識で足りる「未必の故意」が認められている。すなわち，本判決によれば，「買受くべき物が……或は贓物であるかも知れないと思いながらしかも敢てこれを買受ける意思」が未必の故意であり，本件事案の事実関係からするとそれを肯定できるというのである。

2　故意の一種であって，過失と境界を接する未必の故意を認めるための基準については，蓋然性説（故意があるというためには，犯罪事実が発生する蓋然性の認識があることを要するとする見解），認容説（故意があるというためには，犯罪事実が発生することを認容していることを要するとする見解）などが学説上存在するが，本判決の判文上は，「敢えて……［する］意思」が問題とされているところから，認容説的な考え方が採用されているといえよう。もっとも，「買受くべき物が……或は贓物であるかも知れないと思いながら……これを買受ける意思」がある場合，「敢えて」という心理状態に，前記の意思にさらに何か付け加えるものがあるのか（前記の意思に基づいて当該物品を買い受ければ，常に「敢えて」買い受けたことになるのではないか）には疑問が生じうるように思われる[6]。そうだとすると，対象物が盗品であるかもしれないと思い，そのことを否定しないまま，それを買い受ける意思があれば足りることになるともいえそうである。

6　最判昭和59・3・6刑集38巻5号1961頁

［事　案］

判決理由参照

［判決理由］

「所論は，判例違反をいうが，所論引用の判例（最高裁昭和五六年（あ）第一

---

[6] このことは，「敢えて」という心理状態は実行行為を遂行する意思（行為意思）の要素であって，過失犯においても共通に認められうるものだから，それに依拠して故意の認定を行うことができないのではないかという疑問があることを意味する。

〇〇四号同年一二月二一日第一小法廷決定・刑集三五巻九号九一一頁）は，殺害行為に関与しないいわゆる共謀共同正犯者としての殺意の成否につき，謀議の内容においては被害者の殺害を一定の事態の発生にかからせていたとしても，殺害計画を遂行しようとする意思が確定的であつたときは，殺人の故意の成立に欠けるところはない旨判示しているにとどまり，犯意自体が未必的なものであるときに故意の成立を否定する趣旨のものではない。換言すれば，右判示は，共謀共同正犯者につき，謀議の内容においては被害者の殺害を一定の事態の発生にかからせており，犯意自体が未必的なものであつたとしても，実行行為の意思が確定的であつたときは，殺人の故意の成立に欠けるところはないものとする趣旨と解すべきである。しかるところ，原判決には，所論の指摘するとおり，被告人は，本件殺人の共謀時においても，将来，被害者といま一度話し合う余地があるとの意思を有しており，被害者の殺害計画を遂行しようとする意思が確定的ではなかつたものとみているかに解される部分もないではないが，原判決を仔細に検討すれば，それは共謀の当初の時期における被告人の意思を記述したにとどまることが明らかである。すなわち原判決は，被告人は，P，Q及びRとの間で，被害者から貸金問題について明確な回答が得られないときは，結着をつけるために，暴力的手段に訴えてでも同人を強制的に連行しようと企て，当初は，被害者と貸金問題についていま一度話し合つてみる余地もあると考えていたものの，一方では，このような緩慢な態度に終始していると舎弟頭として最後の責任をとる羽目にもなりかねないとも考え，また，本件犯行現場に向かう自動車内等でのPらの言動から，同人らが被害者の抵抗いかんによつてはこれを殺害することも辞さないとの覚悟でいるのを察知しており，Pらとともに本件犯行現場に到着した際には，同人らに対し，被害者の応対が悪いときは，その後の事態の進展を同人らの行動に委ねる旨の意思を表明していること，その後犯行現場においてP及びQが刺身包丁で被害者の左前胸部等を突き刺したうえ転倒した同人を自動車後部座席に押し込む際，「早よ足を入れんかい」などと指示し，さらに右自動車内において，Qが刺身包丁で被害者の大腿部を突き刺したのに対してもなんら制止することなく容認していたこと等の事実を認定したうえで，これらの事情を総合して，被告人は，未必の故意のもとに，実行

行為者であるPらと共謀のうえ被害者を殺害した旨判示しているのである。右判示を全体としてみれば，原判決は，指揮者の地位にあつた被告人が，犯行現場において事態の進展をPらの行動に委ねた時点までには，謀議の内容においてはPらによる殺害が被害者の抵抗という事態の発生にかかつていたにせよ，Pらによつて実行行為を遂行させようという被告人の意思そのものは確定していたとして，被告人につき殺人の未必の故意を肯定したものであると理解することができる。

したがつて，被告人につき殺意の成立を肯定した原判決の判断はなんら所論引用の判例と相反するものではないから，所論は理由がない。」

解　説

1　本件では，いわゆる条件付故意が問題となっている。これは，犯罪の実行を一定の条件にかからせている場合において認められる故意であり，どのような場合であれば故意として認められるのかが問われることになる。故意は実行行為時に認められる必要があるから，一般には，犯罪の実行を条件にかからせている場合でも，その条件が充たされて実行行為が実際になされるときに故意の存否が問題となる。したがって，条件付故意といっても通常の故意と異なる問題があるわけではない。条件付故意が実際に問題となるのは，そうした実行行為の遂行以前の段階で故意の存否を確定する必要がある特別な場合であり，本件のように共謀共同正犯の事案において問題となるのである。すなわち，共謀共同正犯においては，共謀に基づき犯罪の実行が行われた場合，実行には関与せず，共謀の形成にだけ関与した者についても，共謀共同正犯としての刑事責任が問われ得るが，その場合には，実行行為以前の共謀が成立した段階における故意の存否が問われることになるからである。本件でも，指揮者の地位にあった被告人について，「犯行現場において事態の進展をPらの行動に委ねた時点」における故意の存否が問題となっているのである。

2　本判決は，最決昭和56・12・21刑集35巻9号911頁における「謀議の内容においては被害者の殺害を一定の事態の発生にかからせていたとしても，殺害計画を遂行しようとする意思が確定的であつたときは，殺人の故意

の成立に欠けるところはない」との判示を「共謀共同正犯者につき，謀議の内容においては被害者の殺害を一定の事態の発生にかからせており，犯意自体が未必的なものであつたとしても，実行行為の意思が確定的であったときは，殺人の故意の成立に欠けるところはないものとする趣旨」と理解している。そして，「謀議の内容においてはＰらによる殺害が被害者の抵抗という事態の発生にかかつていたにせよ，Ｐらによつて実行行為を遂行させようという被告人の意思そのものは確定していた」として，未必の殺意を肯定した原判決を是認しているのである。本判決は，犯行自体は一定の条件にかかるものであっても，実行行為を遂行させる意思自体が確定しているならば，未必の故意の場合であってもそれを肯定できるとした点に意義があり，前出最決昭和56・12・21の延長線上にあるものとして重要な判例である。

Ⅳ―具体的事実の錯誤

7 最判昭和53・7・28刑集32巻5号1068頁

[事　案]
判決理由参照

[判決理由]
「所論は，要するに，刑法二四三条に規定する同法二四〇条の未遂とは強盗が人を殺そうとしてこれを遂げなかつた所為をいうのであるから，原判決がＢに対する傷害の結果につき被告人の過失を認定したのみで，何らの理由も示さず故意犯である強盗殺人未遂罪の成立を認めたのは，右法条の解釈を誤り，その結果，当裁判所昭和二三年（れ）第二四九号同年六月一二日第二小法廷判決，同三一年（あ）第四二〇三号同三二年八月一日第一小法廷判決と相反する判断をしたものである，というのである。
　よつて検討するのに，刑法二四〇条後段，二四三条に定める強盗殺人未遂の罪は強盗犯人が強盗の機会に人を殺害しようとして遂げなかつた場合に成立するものであることは，当裁判所の判例とするところであり（最高裁昭和三

一年（あ）第四二〇三号同三二年八月一日第一小法廷判決・刑集一一巻八号二〇六五頁。なお，大審院大正一一年（れ）第一二五三号同年一二月二二日判決・刑集一巻一二号八一五頁，同昭和四年（れ）第三八二号同年五月一六日判決・刑集八巻五号二五一頁参照），これによれば，Bに対する傷害の結果について強盗殺人未遂罪が成立するとするには被告人に殺意があることを要することは，所論指摘のとおりである。

　しかしながら，犯罪の故意があるとするには，罪となるべき事実の認識を必要とするものであるが，犯人が認識した罪となるべき事実と現実に発生した事実とが必ずしも具体的に一致することを要するものではなく，両者が法定の範囲内において一致することをもつて足りるものと解すべきである（大審院昭和六年（れ）第六〇七号同年七月八日判決・刑集一〇巻七号三一二頁，最高裁昭和二四年（れ）第三〇三〇号同二五年七月一一日第三小法廷判決・刑集四巻七号一二六一頁参照）から，人を殺す意思のもとに殺害行為に出た以上，犯人の認識しなかつた人に対してその結果が発生した場合にも，右の結果について殺人の故意があるものというべきである。

　これを本件についてみると，原判決の認定するところによれば，被告人は，警ら中の巡査Aからけん銃を強取しようと決意して同巡査を追尾し，東京都新宿区西新宿一丁目四番七号先附近の歩道上に至つた際，たまたま周囲に人影が見えなくなつたとみて，同巡査を殺害するかも知れないことを認識し，かつ，あえてこれを認容し，建設用びよう打銃を改造しびよう一本を装てんした手製装薬銃一丁を構えて同巡査の背後約一メートルに接近し，同巡査の右肩部附近をねらい，ハンマーで右手製装薬銃の撃針後部をたたいて右びようを発射させたが，同巡査に右側胸部貫通銃創を負わせたにとどまり，かつ，同巡査のけん銃を強取することができず，更に，同巡査の身体を貫通した右びようをたまたま同巡査の約三〇メートル右前方の道路反対側の歩道上を通行中のBの背部に命中させ，同人に腹部貫通銃創を負わせた，というのである。これによると，被告人が人を殺害する意思のもとに手製装薬銃を発射して殺害行為に出た結果，被告人の意図した巡査Aに右側胸部貫通銃創を負わせたが殺害するに至らなかつたのであるから，同巡査に対する殺人未遂罪が成立し，同時に，被告人の予期しなかつた通行人Bに対し腹部

貫通銃創の結果が発生し，かつ，右殺害行為とＢの傷害の結果との間に因果関係が認められるから，同人に対する殺人未遂罪もまた成立し（大審院昭和八年（れ）第八三一号同年八月三〇日判決・刑集一二巻一六号一四四五頁参照），しかも，被告人の右殺人未遂の所為は同巡査に対する強盗の手段として行われたものであるから，強盗との結合犯として，被告人のＡに対する所為についてはもちろんのこと，Ｂに対する所為についても強盗殺人未遂罪が成立するというべきである。したがつて，原判決が右各所為につき刑法二四〇条後段，二四三条を適用した点に誤りはない。

　もつとも，原判決が，被告人のＡに対する故意の点については少なくとも未必的殺意が認められるが，被告人のＢに対する故意の点については未必的殺意はもちろん暴行の未必的故意も認められない旨を判示していることは，所論の指摘するとおりであるが，右は，行為の実行にあたり，被告人が現に認識しあるいは認識しなかつた内容を明らかにしたにすぎないものとみるべきである。また，原判決は，Ｂに対する傷害について被告人の過失を認定し，過失致死傷が認められる限り，強盗の機会における死傷として刑法二四〇条の適用があるものと解する旨を判示しているが，右は強盗殺人未遂罪の解釈についての判断を示したものとは考えられない。原判決は，Ｂに対する傷害の結果について強盗殺人未遂罪が成立することの説明として，Ａにつき殺害の未必的故意を認め，同人に対する強盗殺人未遂罪が成立するからＢに対する傷害の結果についても強盗殺人未遂罪が成立するというにとどまり，十分な理由を示していないうらみがあるが，その判文に照らせば，結局，Ｂに対する傷害の結果について前述の趣旨における殺意の成立を認めているのであつて，強盗殺人未遂罪の成立について過失で足りるとの判断を示したものとはみられない。

　以上のとおりであつて，原判決が当裁判所の判例と相反する判断をしたものでないから，論旨は理由のないことが明らかである。なお，所論引用の当裁判所昭和二三年（れ）第二四九号同年六月一二日第二小法廷判決は事案を異にし本件に適切でないので，右判例違反をいう点は刑訴法四〇五条の上告理由にあたらない。」

解説

　1　本件は，犯人がAに侵害を加えようとしたところBに侵害を加えたという方法の錯誤（打撃の錯誤）の事案である。もっとも，本件事案の特殊性は，Aに対する強盗殺人の故意で装薬銃を発射したところ，Aの身体を貫通したびょうが通行人Bの身体にも命中し，A及びBの両者に傷害を負わせたというものであり，A及びBに対する強盗殺人未遂罪の成否が問題となっていることである。本判決はその成立を肯定している[7]。

　2　本件事案を方法の錯誤の点に限ってみると，Aを殺害する故意で，A及びBに傷害を負わせたという事案であるといえる。本判決は，故意・錯誤に関する基本的な立場として，「犯罪の故意があるとするには，罪となるべき事実の認識を必要とするものであるが，犯人が認識した罪となるべき事実と現実に発生した事実とが必ずしも具体的に一致することを要するものではなく，両者が法定の範囲内において一致することをもつて足りるものと解すべきである」として，法定的符合説（構成要件的符合説）の立場に立つことを明らかにしている。そして，「人を殺す意思のもとに殺害行為に出た以上，犯人の認識しなかつた人に対してその結果が発生した場合にも，右の結果について殺人の故意がある」としており，法定的符合説の中でも，被害者を区別しない抽象的法定符合説を採用することを明示した。さらに，重要なのは，本判決は，Aに対する（強盗）殺人未遂罪とBに対する（強盗）殺人未遂罪の両方が成立するとしていることである[8]。これは，抽象的法定符合説の中でも，A又はBの一方にしか故意を認めない一故意犯説ではなく，A及びBの両方に対して故意を認める数故意犯説の立場に他ならない。

　3　このような本件判例の立場に対しては，法定的符合説の立場に立って，構成要件要素に該当する事実ついての錯誤は，法定（構成要件）の範囲内，すなわちそれが当該要素の範囲内にとどまるものであれば重要でなく，故意を阻却しないとしながらも，構成要件該当性は被害者ごとに判断される

---

[7] 判例（最判昭和24・5・28刑集3巻6号873頁）によれば，強盗殺人罪は強盗犯人が強盗の機会に人を殺害することによって成立するから，仮に装薬銃の発射が強盗の手段として行われたものでなくとも，強盗の被害者でないBに対しても強盗殺人未遂罪が成立することになる。
[8] 両罪の関係は観念的競合（刑法54条1項）となる。

ことに現れているように，被害者・法益主体の相違は法的に無視できないなどという理由から，方法の錯誤事例においてＡを殺害する意思で，Ａ及びＢに傷害を負わせた場合には，Ｂに対する殺意は認められないとし，Ａに対する殺人未遂罪とＢに対する過失傷害罪の成立を認めるにとどめる見解（学説上，具体的符合説とも呼ばれることがあるが，故意・錯誤の基本的立場としては法定的符合説に属する見解であり，具体的法定符合説と呼ぶべき見解である）が対抗している。しかし，本判決で示された抽象的法定符合説という立場は，判例上すでに確立したものということができよう。

8 大判大正12・4・30刑集2巻378頁

[事　案]

　被告人は，「遂ニ寧ロＡヲ殺害スルニ如カスト決意シ……居宅座敷ノ神棚ノ上ニアリタル細麻繩約八，九尺（證第一號）ヲ切リ取リ之ヲ以テ同座敷ニ熟睡中ナルＡノ頸部ヲ絞扼シタルニＡハ身動セサルニ至リシヨリ被告ハＡカ既ニ死亡シタルモノト思惟シ右犯行ノ發覺ヲ防ク目的ヲ以テ頸部ノ麻繩ヲモ解カスシテＡヲ背負ヒ十數町ヲ距テタル前示……ノ海岸砂上ニ運ヒ同處ニ放置シ歸宅シタル爲Ａハ砂末ヲ吸引シ遂ニ同人ヲシテ頸部絞扼ト砂末吸引トニ因リテ死亡スルニ至ラシメ」た。

[判決理由]

　「原判決ノ認定シタル事實ニ依レハ被告ハＡヲ殺害スル決意ヲ爲シ細麻繩約八，九尺ノモノヲ以テ熟睡中ナルＡノ頸部ヲ絞扼シＡハ身動セサルニ至リシヨリ被告ハＡハ既ニ死亡シタルモノト思惟シ其ノ犯行ノ發覺ヲ防ク目的ヲ以テ頸部ノ麻繩ヲモ解カスシテＡヲ背負ヒ十數町ヲ距テタル海岸砂上ニ運ヒ之ヲ放置シ歸宅シタル爲Ａハ砂末ヲ吸引シ遂ニ同人ヲシテ頸部絞扼ト砂末吸引トニ因リ死亡スルニ至ラシメ殺害ノ目的ヲ遂ケタルモノトス故ニ被告ノ殺害ノ目的ヲ以テ爲シタル行爲ノ後被告カＡヲ既ニ死セルモノト思惟シテ犯行發覺ヲ防ク目的ヲ以テ海岸ニ運ヒ去リ砂上ニ放置シタル行爲アリタルモノニシテ此ノ行爲ナキニ於テハ砂末吸引ヲ惹起スコトナキハ勿論ナレトモ本來前示ノ如キ殺人ノ目的ヲ以テ爲シタル行爲ナキニ於テハ犯行發覺ヲ

防ク目的ヲ以テスル砂上ノ放置行爲モ亦發生セサリシコトハ勿論ニシテ之ヲ社會生活上ノ普通觀念ニ照シ被告ノ殺害ノ目的ヲ以テ爲シタル行爲トＡノ死トノ間ニ原因結果ノ關係アルコトヲ認ムルヲ正當トスヘク被告ノ誤認ニ因リ死體遺棄ノ目的ニ出テタル行爲ハ毫モ前記ノ因果關係ヲ遮斷スルモノニ非サルヲ以テ被告ノ行爲ハ刑法第百九十九條ノ殺人罪ヲ構成スルモノト謂フヘク此ノ場合ニハ殺人未遂罪ト過失致死罪ノ併存ヲ認ムヘキモノニ非ス故ニ被告ノ行爲ヲ刑法第百九十九條ニ問擬シタル原判決ノ法律適用ハ洵ニ正當ニシテ論旨ハ理由ナシ」

解説

1　本件は，講学上「ウェーバーの概括的故意事例」と呼ばれるものであり，被害者の殺害を意図して行った第1行為により被害者が死亡したと考えた犯人がさらに第2行為を行ったところ，被害者は第1行為によってではなく，第2行為によって死亡したという事案である。本件事案では，殺人の実行行為である第1行為後に犯人自身の第2行為が介入しているが，その場合でも殺人の実行行為（第1行為）と被害者の死との間に因果関係を認めることができるかも問題となる。この問題についてはすでに第1章で扱ったが，本判決は，被害者は第1行為（頸部絞扼）と第2行為による砂末吸引とによって死亡したものであり，「社會生活上ノ普通觀念ニ照シ被告ノ殺害ノ目的ヲ以テ爲シタル行爲トＡノ死トノ間ニ原因結果ノ關係アルコトヲ認ムルヲ正當トス」とし，また，第2行為である「死體遺棄ノ目的ニ出テタル行爲ハ毫モ前記ノ因果關係ヲ遮斷スルモノニ非サル」として，殺人の実行行為（第1行為）と被害者の死との間に因果関係を肯定している。第1行為にも被害者の死亡結果への原因性が認められ，さらに，殺人犯人が死体遺棄行為に出ることはよくあることであるから，本判決のいうように，第1行為と被害者の死との間に因果関係を認めることができるのである。

2　本件でさらに問題となるのが，被害者が死亡するに至る因果関係についての錯誤である。すなわち，被告人は第1行為によって被害者を殺害したつもりであって，第2行為は死体遺棄のために行ったものであるが，実際には第2行為を経て被害者は死亡している。つまり，被告人が認識・予見した

因果関係と実際の因果関係との間に食い違いがあり、この意味で、因果関係の錯誤が認められるのである。このような場合に、実際に生じた犯罪事実について被告人に故意を認めることができるであろうか。本判決は、因果関係の有無だけを問題として殺人罪の成立を肯定しているのであるが、結論としては、このような因果関係の錯誤は故意を阻却しないとの立場を黙示的に採ったと解することができるであろう。方法の錯誤事例において被害者の相違は重要でないとする判例の立場（判例7参照）を前提とすれば、同一の被害者に対する結果惹起についての因果関係のあり方はより重要でないことになるものと解され、方法の錯誤事例における解決との実質的な均衡からしても、因果関係の錯誤は故意を阻却しないことになるものと理解される。

9　最決平成16・3・22刑集58巻3号187頁

[事　案]

決定理由参照

[決定理由]

「なお、所論にかんがみ、殺人罪の成否について職権で判断する。

1　1，2審判決の認定及び記録によると、本件の事実関係は、次のとおりである。

（1）被告人Aは、夫のVを事故死に見せ掛けて殺害し生命保険金を詐取しようと考え、被告人Bに殺害の実行を依頼し、被告人Bは、報酬欲しさからこれを引受けた。そして、被告人Bは、他の者に殺害を実行させようと考え、C，D及びE（以下「実行犯3名」という。）を仲間に加えた。被告人Aは、殺人の実行の方法については被告人Bらにゆだねていた。

（2）被告人Bは、実行犯3名の乗った自動車（以下「犯人使用車」という。）をVの運転する自動車（以下「V使用車」という。）に衝突させ、示談交渉を装ってVを犯人使用車に誘い込み、クロロホルムを使ってVを失神させた上、最上川付近まで運びV使用車ごと崖から川に転落させてでき死させるという計画を立て、平成7年8月18日、実行犯3名にこれを実行するよう指示した。実行犯3名は、助手席側ドアを内側から開けることのできないように改

造した犯人使用車にクロロホルム等を積んで出発したが，Vをでき死させる場所を自動車で1時間以上かかる当初の予定地から近くの石巻工業港に変更した。

(3) 同日夜，被告人Bは，被告人Aから，Vが自宅を出たとの連絡を受け，これを実行犯3名に電話で伝えた。実行犯3名は，宮城県石巻市内の路上において，計画どおり，犯人使用車をV使用車に追突させた上，示談交渉を装ってVを犯人使用車の助手席に誘い入れた。同日午後9時30分ころ，Dが，多量のクロロホルムを染み込ませてあるタオルをVの背後からその鼻口部に押し当て，CもVの腕を押さえるなどして，クロロホルムの吸引を続けさせてVを昏倒させた（以下，この行為を「第1行為」という。）。その後，実行犯3名は，Vを約2Km離れた石巻工業港まで運んだが，被告人Bを呼び寄せた上でVを海中に転落させることとし，被告人Bに電話をかけてその旨伝えた。同日午後11時30分ころ，被告人Bが到着したので，被告人B及び実行犯3名は，ぐったりとして動かないVをV使用車の運転席に運び入れた上，同車を岸壁から海中に転落させて沈めた（以下，この行為を「第2行為」という。）。

(4) Vの死因は，でき水に基づく窒息であるか，そうでなければ，クロロホルム摂取に基づく呼吸停止，心停止，窒息，ショック又は肺機能不全であるが，いずれであるかは特定できない。Vは，第2行為の前の時点で，第1行為により死亡していた可能性がある。

(5) 被告人B及び実行犯3名は，第1行為自体によってVが死亡する可能性があるとの認識を有していなかった。しかし，客観的にみれば，第1行為は，人を死に至らしめる危険性の相当高い行為であった。

2 上記1の認定事実によれば，実行犯3名の殺害計画は，クロロホルムを吸引させてVを失神させた上，その失神状態を利用して，Vを港まで運び自動車ごと海中に転落させてでき死させるというものであって，第1行為は第2行為を確実かつ容易に行うために必要不可欠なものであったといえること，第1行為に成功した場合，それ以降の殺害計画を遂行する上で障害となるような特段の事情が存しなかったと認められることや，第1行為と第2行為との間の時間的場所的近接性などに照らすと，第1行為は第2行為に密接

な行為であり，実行犯3名が第1行為を開始した時点で既に殺人に至る客観的な危険性が明らかに認められるから，その時点において殺人罪の実行の着手があったものと解するのが相当である。また，実行犯3名は，クロロホルムを吸引させてVを失神させた上自動車ごと海中に転落させるという一連の殺人行為に着手して，その目的を遂げたのであるから，たとえ，実行犯3名の認識と異なり，第2行為の前の時点でVが第1行為により死亡していたとしても，殺人の故意に欠けるところはなく，実行犯3名については殺人既遂の共同正犯が成立するものと認められる。そして，実行犯3名は被告人両名との共謀に基づいて上記殺人行為に及んだものであるから，被告人両名もまた殺人既遂の共同正犯の罪責を負うものといわねばならない。したがって，被告人両名について殺人罪の成立を認めた原判断は，正当である。」

解説

1 本件は，犯人は，殺人の意図で，その準備のために第1行為を行い，その後第2行為によって被害者を殺害しようとしていたが，被害者は第1行為によってすでに死亡していた[9]という「早すぎた結果（構成要件実現）発生」の事例である。本決定は，「第1行為は第2行為に密接な行為であり，……第1行為を開始した時点で既に殺人に至る客観的な危険性が明らかに認められるから，その時点において殺人罪の実行の着手があった」として[10]，このような実行の着手といえる第1行為から死の結果が生じていた場合には，殺人罪の構成要件該当性を認めることができるとしているのである。本決定以前には，自宅家屋を燃やすとともに焼身自殺をしようとして，家屋内にガソリンを撒布し，それに火を付ける前に最後のタバコを吸おうとライターでタバコに点火したところ，ガソリンに引火して家屋が焼損したという事案において，ガソリン撒布により放火罪の実行の着手があったものと解することができるから，ガソリンに火を付けようとする前に火災が発生したとしても放

---

[9] 正確にいうと，本件は，その可能性が排除できないという事案である。第2行為によって被害者が死亡していたのであれば殺人罪が成立することに問題はないが，第1行為によって死亡していた場合であっても同じかが問題とされた。
[10] この判断については，未遂罪を扱う第8章においてさらに検討する。

火既遂罪の成立を肯定することができるとした下級審判決があった[11]。ここでは，実行の着手が認められる行為から結果が発生した以上，既遂の成立を肯定することができるという，本決定と同様の考え方が採られていたといえる。

2 本件でも，犯人は，第1行為後の第2行為によって結果を発生させようとしたところ，第1行為ですでに結果が発生した（その可能性が否定できない）という点で，因果関係の錯誤が問題となっている。本決定も，因果関係の錯誤は故意を阻却しないという立場から，殺人という本件犯罪事実についての故意を被告人について認めているのである。本決定においては，このような錯誤論の立場がより一層明確に示されているともいえよう。

V━抽象的事実の錯誤

10　最決昭和54・3・27刑集33巻2号140頁

[事　案]
決定理由参照

[決定理由]
「一　原判決の維持した第一審判決認定の事実によると，被告人は，ほか二名と共謀のうえ，（一）　営利の目的で，麻薬であるジアセチルモルヒネの塩類である粉末を覚せい剤と誤認して，本邦内に持ち込み，もって右麻薬を輸入し，（二）　税関長の許可を受けないで，前記麻薬を覚せい剤と誤認して，輸入した，というのである。第一審判決は，被告人の前記（一）の所為は刑法六〇条，麻薬取締法六四条二項，一項，一二条一項に，前記（二）の所為は刑法六〇条，関税法一一一条一項に該当するとしたうえ，被告人は前記（一）の罪を犯情の軽い覚せい剤を輸入する意思で犯したものであることを理由として，刑法三八条二項，一〇条により同法六〇条，覚せい剤取締法

---

[11] 横浜地判昭和58・7・20判時1108号138頁。

四一条二項，一項一号，一三条の罪の刑で処断する，としており，原判決は，第一審判決の右法令の適用を肯認している．
　二　そこで，右法令適用の当否につき判断する．
　（一）　麻薬と覚せい剤とは，ともにその濫用による保健衛生上の危害を防止する必要上，麻薬取締法及び覚せい剤取締法による取締の対象とされているものであるところ，これらの取締は，実定法上は前記二つの取締法によつて各別に行われているのであるが，両法は，その取締の目的において同一であり，かつ，取締の方式が極めて近似していて，輸入，輸出，製造，譲渡，譲受，所持等同じ態様の行為を犯罪としているうえ，それらが取締の対象とする麻薬と覚せい剤とは，ともに，その濫用によつてこれに対する精神的ないし身体的依存（いわゆる慢性中毒）の状態を形成し，個人及び社会に対し重大な害悪をもたらすおそれのある薬物であつて，外観上も類似したものが多いことなどにかんがみると，麻薬と覚せい剤との間には，実質的には同一の法律による規制に服しているとみうるような類似性があるというべきである．
　本件において，被告人は，営利の目的で，麻薬であるジアセチルモルヒネの塩類である粉末を覚せい剤と誤認して輸入したというのであるから，覚せい剤取締法四一条二項，一項一号，一三条の覚せい剤輸入罪を犯す意思で，麻薬取締法六四条二項，一項，一二条一項の麻薬輸入罪にあたる事実を実現したことになるが，両罪は，その目的物が覚せい剤か麻薬かの差異があるだけで，その余の犯罪構成要件要素は同一であり，その法定刑も全く同一であるところ，前記のような麻薬と覚せい剤との類似性にかんがみると，この場合，両罪の構成要件は実質的に全く重なり合つているものとみるのが相当であるから，麻薬を覚せい剤と誤認した錯誤は，生じた結果である麻薬輸入の罪についての故意を阻却するものではないと解すべきである．してみると，被告人の前記一（一）の所為については，麻薬取締法六四条二項，一項，一二条一項の麻薬輸入罪が成立し，これに対する刑も当然に同罪のそれによるものというべきである．したがつて，この点に関し，原判決が麻薬輸入罪の成立を認めながら，犯情の軽い覚せい剤輸入罪の刑によつて処断すべきものとしたのは誤りといわなければならないが，右の誤りは判決に影響を及ぼす

ものではない。

　(二)　次に，被告人の前記一(二)の所為についてみるに，第一審判決は，被告人は，税関長の許可を受けないで覚せい剤を輸入する意思(関税法一一一条一項の罪を犯す意思)で，関税定率法二一条一項一号所定の輸入禁制品である麻薬を輸入した(関税法一〇九条一項の罪にあたる事実を実現した)との事実を認め，これに対し関税法一一一条一項のみを適用している。そこで，右法令適用の当否につき案ずるに，関税法は，貨物の輸入に際し一般に通関手続の履行を義務づけているのであるが，右義務を履行しないで貨物を輸入した行為のうち，その貨物が関税定率法二一条一項所定の輸入禁制品である場合には関税法一〇九条一項によつて，その余の一般輸入貨物である場合には同法一一一条一項によつて処罰することとし，前者の場合には，その貨物が関税法上の輸入禁制品であるところから，特に後者に比し重い刑をもつてのぞんでいるものであるところ，密輸入にかかる貨物が覚せい剤か麻薬かによつて関税法上その罰則の適用を異にするのは，覚せい剤が輸入制限物件(関税法一一八条三項)であるのに対し麻薬が輸入禁制品とされているというだけの理由によるものに過ぎないことにかんがみると，覚せい剤を無許可で輸入する罪と輸入禁制品である麻薬を輸入する罪とは，ともに通関手続を履行しないでした類似する貨物の密輸入行為を処罰の対象とする限度において，その犯罪構成要件は重なり合つているものと解するのが相当である。本件において，被告人は，覚せい剤を無許可で輸入する罪を犯す意思であつたというのであるから，輸入にかかる貨物が輸入禁制品たる麻薬であるという重い罪となるべき事実の認識がなく，輸入禁制品である麻薬を輸入する罪の故意を欠くものとして同罪の成立は認められないが，両罪の構成要件が重なり合う限度で軽い覚せい剤を無許可で輸入する罪の故意が成立し同罪が成立するものと解すべきである。これと同旨の第一審判決の法令の適用は，結論において正当である。」

解説

1　麻薬密輸入の事案である本件では，①営利目的で，麻薬であるヘロインを覚せい剤と誤認して輸入し，②輸入禁制品である麻薬(ヘロイン)を輸

入制限物件（本件当時）である覚せい剤と誤認して（無許可で）輸入したという事実について，①麻薬輸入罪，②無許可輸入罪の成否が問題となっている。これは，異なった構成要件にまたがる事実の錯誤の事案であり，抽象的事実の錯誤と呼ばれる事案である。

2　本決定は，上記①について，麻薬輸入罪と覚せい剤輸入罪の「構成要件は実質的に全く重なり合つているものとみるのが相当であるから，麻薬を覚せい剤と誤認した錯誤は，生じた結果である麻薬輸入の罪についての故意を阻却するものではない」として，麻薬輸入罪の成立を肯定した。また，上記②については，「覚せい剤を無許可で輸入する罪と輸入禁制品である麻薬を輸入する罪とは，ともに通関手続を履行しないでした類似する貨物の密輸入行為を処罰の対象とする限度において，その犯罪構成要件は重なり合つているものと解するのが相当である」とし，「輸入にかかる貨物が輸入禁制品たる麻薬であるという重い罪となるべき事実の認識がなく，輸入禁制品である麻薬を輸入する罪の故意を欠くものとして同罪の成立は認められない」ものの，「両罪の構成要件が重なり合う限度で軽い覚せい剤を無許可で輸入する罪の故意が成立し同罪が成立する」としたのである。これは，問題となる構成要件（客観的事実が該当する構成要件と行為者の認識した事実が該当する構成要件）の実質的な重なり合いを問題とし，①では両者が「全く重なり合っている」が，②では軽い罪（無許可輸入罪）の限度で重なり合っているとした[12]。そして，①では客観的に実現されている構成要件に係る罪（麻薬輸入罪）が成立し，②では軽い罪（無許可輸入罪）が成立することになるというのである。

3　上記①では，問題となる構成要件（客観的事実が該当する構成要件Aと行為者の認識した事実が該当する構成要件B）が実質的に「全く重なり合っている」としているが，その意味は，両者は同一の構成要件だということである。したがって，法定的符合説（構成要件的符合説）の立場からは，その内部における事実の錯誤は故意を阻却しないのである。また，これらが「実質的に」全く重なり合っているというのは，形式的にみると，麻薬と覚せい剤とが重なり合うわけがないように，重なり合わないからである。したがって，問題とな

---

[12] 覚せい剤を麻薬であるコカインと誤認して所持した事案について，最決昭和61・6・9刑集40巻4号269頁は，同様の論理で軽い罪である麻薬（コカイン）所持罪の成立を認めている。

る構成要件の解釈によって，両者の構成要件AとBとは，両者を包括する構成要件Cのそれぞれ一部とされることになり，C内部におけるAとBとの間での錯誤は故意を阻却しないことになると理解することが可能である。とはいえ，Cという構成要件はAとBとの解釈によって想定されたにすぎないものであって，C罪も，それを示す罰条もないのであるから，本決定は，客観的な事実が実現するAという構成要件に係るA罪が成立するとした。これは，現に存在する客観的な事実を重視し，それを基準として成立する罪名を決めるものであり，B罪の故意によってA罪の故意を認めるという意味で，錯誤論による解決を採用するものといえる。しかしながら，このような錯誤論が可能なのは，構成要件AとBとが実質的にはCという包括的な構成要件の構成部分であると解釈しうるためなのである。

4 上記②では，問題となる構成要件（客観的事実が該当する構成要件Aと行為者の認識した事実が該当する構成要件B）が重なり合う限度で，本件事案では，軽い罪Bが成立するとされている。この場合も，構成要件A・Bは形式的には重なり合わない以上，やはり実質的な重なり合いが問題とされ，それが認められているのである。本決定は，構成要件が重なり合う限度で軽いB罪の「故意が成立し同罪が成立する」といっている。しかし，B罪がA罪よりも軽い本件事案では，犯人には，もともとB罪の故意は当然認められるのであり，何らかの論理操作によってそれが「成立」することになるわけではない。本件事案における問題は，B罪の構成要件該当性が認められるかにある。これは，構成要件AとBとの間には実質的な軽重関係があり，それによって両者の間に認められる実質的な重なり合いのために，A罪の構成要件該当事実に実質的にはB罪の構成要件該当事実も含まれていると解することができることによって可能となるのである（厳密にいえば，構成要件Aに含まれていると想定されるのは，構成要件Bと同等の可罰的評価に値する限度での A̲ であり，この構成要件 A̲ とBとは両者を包括するものとして想定される構成要件Cの一部として両者間の錯誤は故意を阻却しないと解されることになるのである。この最後の論理操作は上記①の場合と同じである）。

本件とは異なり，B罪がA罪よりも重い場合には，両罪の構成要件が軽い限度で重なり合い，A罪が成立することになるが，今度は，A罪の構成要件

該当事実が認められることは当然であるとして、A罪の故意があるかどうかが問題となる。これも、両罪の構成要件の実質的な重なり合いの主観面への反映として、両罪の故意における実質的な重なり合いを肯定することによって可能となるのである。

VI―違法性阻却事由該当事実の錯誤

11　最決昭和62・3・26刑集41巻2号182頁

［事　案］

決定理由参照

［決定理由］

「なお、所論にかんがみ、職権により判断する。原判決の認定によれば、空手三段の腕前を有する被告人は、夜間帰宅途中の路上で、酩酊したG女とこれをなだめていたAとが揉み合ううち同女が倉庫の鉄製シヤツターにぶつかつて尻もちをついたのを目撃して、AがGに暴行を加えているものと誤解し、同女を助けるべく両者の間に割つて入つた上、同女を助け起こそうとし、次いでAの方を振り向き両手を差し出して同人の方に近づいたところ、同人がこれを見て防御するため手を握つて胸の前辺りにあげたのをボクシングのフアイテイングポーズのような姿勢をとり自分に殴りかかつてくるものと誤信し、自己及び同女の身体を防衛しようと考え、とつさにAの顔面付近に当てるべく空手技である回し蹴りをして、左足を同人の右顔面付近に当て、同人を路上に転倒させて頭蓋骨骨折等の傷害を負わせ、八日後に右傷害による脳硬膜外出血及び脳挫滅により死亡させたというのである。右事実関係のもとにおいて、本件回し蹴り行為は、被告人が誤信したAによる急迫不正の侵害に対する防衛手段として相当性を逸脱していることが明らかであるとし、被告人の所為について傷害致死罪が成立し、いわゆる誤想過剰防衛に当たるとして刑法三六条二項により刑を減軽した原判断は、正当である（最高裁昭和四〇年（あ）第一九九八号同四一年七月七日第二小法廷決定・刑集二〇巻

六号五五四頁参照）。」

解　説

1　本件は，急迫不正の侵害がないにもかかわらず，その存在を誤信した被告人が，誤信した侵害に対する防衛手段として相当性を逸脱した行為を行ったという誤想過剰防衛による傷害致死罪の事案である。本決定は，判文中引用する最決昭和41・7・7刑集20巻6号554頁と同様の判断を示した。すなわち，被告人には防衛行為の相当性を逸脱したことの認識があるため，違法な事実の認識に欠けることがなく故意が否定されず，暴行ないし傷害の故意が認められて傷害致死罪が成立するが，過剰防衛に関する36条2項の適用があるというのが，本決定の趣旨である。このようなことが認められるのは，急迫不正の侵害を誤想した被告人の主観面は過剰防衛の場合と同等であるため，犯罪は責任の限度で成立するという理解から，過剰防衛と同等の扱いがなされるべきことになるためである。したがって，本決定のこの立場は，過剰防衛における刑の減免根拠をどこに求めるかとは全く関係がないといえる。

Ⅶ─まとめ

　故意犯の成立を肯定するために必要となる故意については，まず，行為者に故意といいうるだけの心理状態が認められることが必要である。それがなければ故意犯の成立がありえないことは自明のことである。故意とは犯罪事実の認識・予見をいい，さらにいえば，（客観的）構成要件に該当する事実の認識・予見があり，違法性阻却事由に該当する事実の認識・予見がないことが必要となるのである。

　こうして故意が認められた場合に，次に問題となるのが，現実に発生した犯罪事実について，行為者の故意により故意犯としての非難が可能かということである。行為者の故意の内容と現実に発生した事実とは何らかの点で食い違っているのが通常であるから，それにも拘らず故意犯の成立を肯定することができるかが問題となり，これを扱うのが錯誤論である。判例・通説で

ある法定的（構成要件的）符合説によれば，構成要件の範囲内で主観と客観とが符合する限り，故意は阻却されないことになるのである。

第6章 — 過失犯

[結果予見義務の諸問題]
1. 札幌高判昭和51・3・18高刑集29巻1号78頁
2. 最決平成12・12・20刑集54巻9号1095頁
3. 最決平成元・3・14刑集43巻3号262頁

[結果回避義務の諸問題]
4. 最判昭和41・12・20刑集20巻10号1212頁
5. 最判平成15・1・24判時1806号157頁

[管理・監督過失]
6. 新潟地判昭和53・3・9判時893号106頁
7. 最決平成2・11・16刑集44巻8号744頁

I — はじめに

　犯罪事実の認識・予見がないために故意は認められないが，認識・予見のないことが自らの不注意によるものであり，注意していたなら自分の行為によって犯罪事実を生じさせることが認識・予見できたという場合が過失であり，故意の代わりに過失を要件とする犯罪が過失犯である。過失犯の処罰は，その旨を定める特別の規定がある場合に限られており（刑法38条1項但書），その意味で例外となっている（故意犯処罰の原則）。しかし，過失犯は，実際上極めて重要な機能を果たしており，その成立要件をどのように考えるのかは刑法解釈論上の重要問題となっているのである。

　過失犯の成立要件は，責任要素・類型としての故意に代わり，責任要素・類型としての過失が要件となる点以外は，基本的に故意犯と同様であるとするのが伝統的な理解であるといえる。このような立場（いわゆる旧過失論）からは，過失とは，犯罪事実を認識・予見すべき義務が課された行為者が，その義務に反してそれを認識・予見しなかったものの，認識・予見することが可能であったという心理状態を意味するものと理解されることになる。しかし，このような考え方に立つとしても，故意（犯罪事実の認識・予見）に準じ

た責任内容といいうる程度の過失（犯罪事実の高度の認識・予見可能性）を要求するのであればともかく，そうではなく，とくに発生した結果が重大な事案においては，ほとんどの論者が過失の内容としての予見可能性の程度をかなり緩和し，その範囲をかなり拡張して捉えているのが現実であるため，過失犯の処罰範囲はかなり拡張し，そしていわば結果責任的処罰に堕することにならないかが危惧されることになる。そうしたことから，犯罪事実の認識・予見可能性の程度をかなり限定的に考えるのでない以上は，いわゆる新過失論の立場に立つ場合と同じく，過失犯の構成要件の客観的限定がぜひとも必要となるのである。このようにして，過失犯の理解に関する新・旧過失論のいずれの立場からも，過失犯の構成要件は，結果回避のためにどのような行為をなす義務が行為者に課されるべきかという視点から限定される必要があることになり，このような結果回避義務の内容が重要な検討課題となる。

判例においても，過失犯の成否は，「結果の発生を予見することの可能性とその義務および右結果の発生を未然に防止することの可能性とその義務の諸点から順次考察してみる」ことにより判断されている（最決昭和42・5・25刑集21巻4号584頁［弥彦神社事件］）。すなわち，過失犯の成立要件は，結果予見義務及び結果回避義務の内容を中心として検討されるべきことになるのである。

以下では，まず，結果予見義務に関係するいくつかの問題について解説した後に，結果回避義務に関係する問題を採り上げることにする。そして，最後に，管理監督過失の問題を取り扱うことにしたい。

II—結果予見義務の諸問題

1 札幌高判昭和51・3・18高刑集29巻1号78頁

［事　案］

A大学医学部附属病院で電気手術器（電気メス）を使用した男児（2歳）の動脈管開存症の治療のための手術が行われ，この手術自体は成功したが，手術部位ではなかった右足関節直上部（電気手術器の対極板が装着されていた部位）

に熱傷が生じ，右下腿切断のやむなきに至った。電気手術器（電気メス）は，その本体に電源から電流を取り入れて本体内部に高周波電流を発生させ，これを出力端子→メス側ケーブル→メス先→患者の身体→対極板→対極板側ケーブル→対極端子という電気回路を通って流通させ，上記回路中メス先と患者の身体（又は出血箇所をはさんだ鉗子）の接触部分の電気抵抗が大きいことによって同所に発生する高熱を利用して組織の凝固又は切開作用を行うものである。本件事故は，電気手術器本体とメス側ケーブル・対極板側ケーブルの交互誤接続により発生したものである。ケーブルの誤接続自体は熱傷を生じさせるものではないが，患者の身体に心電計が装着されており，そのために異常な電気回路が形成され，その結果として熱傷が生じたものである。本件以前にはこのような事故は知られておらず，熱傷が生じた原因は，A大学教授の鑑定によってはじめて判明した。本件では，ケーブルを誤接続した看護師X及び執刀医Yが起訴された。原判決はXについて有罪，Yについて無罪の判断を示していたのである。ここでは，看護師Xの刑事責任に関連する部分に限って採り上げることにする。

［判決理由］
　「そこで考えてみるのに，原判決は，被告人Xに対する罪となるべき事実（第二の一）の中で，同被告人が電気手術器のメス側ケーブルと対極板側ケーブルの各プラグを電気手術器本体に接続するに際し，前者は本体の出力端子に，後者は対極端子に正しく接続して事故の発生を防止すべき業務上の注意義務があつたのにかかわらず，これを怠り，右各ケーブルと各端子を互いに誤接続させたまま手術の用に供した過失を認定し，右注意義務を認める前提として所論冒頭指摘のとおり同被告人に結果の予見可能性があつた旨判示している。およそ，過失犯が成立するためには，その要件である注意義務違反の前提として結果の発生が予見可能であることを要し，結果の発生が予見できないときは注意義務違反を認める余地がない。ところで，内容の特定しない一般的・抽象的な危惧感ないし不安感を抱く程度で直ちに結果を予見し回避するための注意義務を課するのであれば，過失犯成立の範囲が無限定に流れるおそれがあり，責任主義の見地から相当であるとはいえない。右にいう

結果発生の予見とは，内容の特定しない一般的・抽象的な危惧感ないし不安感を抱く程度では足りず，特定の構成要件的結果及びその結果の発生に至る因果関係の基本的部分の予見を意味するものと解すべきである。そして，この予見可能性の有無は，当該行為者の置かれた具体的状況に，これと同様の地位・状況に置かれた通常人をあてはめてみて判断すべきものである。」

「所論は，さらに，原判決は単なる不安ないし危惧感を抱いたこともしくは抱きえたことをもつて直ちに過失犯の要件である結果の予見可能性を充足するものと解したとしてその解釈の誤りである旨を力説する。すでに説示したとおり過失犯の成立要件としての結果発生に対する予見可能性は内容の特定しない一般的・抽象的な危惧感ないし不安感を抱くことでは足りないが，本件において被告人Ｘないしその立場には置かれた一般通常の間接介助看護婦にとつて予見可能と認められるのは，上述したようにケーブルの誤接続をしたまま電気手術器を作動させるときは電気手術器の作用に変調を生じ，本体からケーブルを経て患者の身体に流入する電流の状態に異常を来し，その結果患者の身体に電流の作用による傷害を被らせるおそれがあることについてであつて，その内容は，構成要件的結果及び結果発生に至る因果関係の基本的部分のいずれについても特定していると解される。従つて，所論のように単なる一般的・抽象的な危惧感ないし不安感を抱く程度にとどまるものと解することはできない。もつとも，発生するかもしれない傷害の種類，態様及びケーブルの誤接続が電気手術器本体から患者の身体に流入する電流の状態に異常を生じさせる理化学的原因については予見可能の範囲外であつたと考えられるけれども，過失犯成立のため必要とされる結果発生に対する予見内容の特定の程度としては，前記の限度で足りると解すべきである。通常人にとつて身体に流入する電流の状態に異常を生じ，その作用により傷害を被るおそれがあることを知れば，その傷害の種類・態様までは予見できなくても，日常の知識・経験に照らして危険の性質・程度を把握し，それに対処すべき措置を決定するのに何らの支障がないからである。前記の程度を超えて傷害の種類，態様まで特定されることが注意義務確定上欠くことのできない要素とは考えられない。またケーブルを誤接続したまま電気手術器を作動させることが電気手術器本体から患者の身体に流入する電流の状態に異常を生

じさせる理化学的要因がいずれにあろうとも，右誤接続が原因となつて，患者の身体に流入する電流の状態に異常を生じ，その作用により患者に傷害を被らせるに至る因果関係の基本的部分の予見が可能である以上，予見者にとつてその結果が全く予想外の原因・経過により生ずることはありえない。従つて，右の程度を越えて結果発生に至る因果関係の過程の詳細な予見が可能であることまで必要としないと解される。そして，このことは責任主義の要請に反するものでないというべきである。」

解 説

1 本件は北大電気メス事件として知られた業務上過失傷害の事案であるが，電気手術器（電気メス）のケーブルを誤接続した看護師の過失責任に関連して，過失犯の成立要件としての結果予見義務の内容が問題とされている。とくに本件事故は本件以前には知られていなかったものであり，その発生原因が本件事故後初めて解明されたという事情があるだけに，果たして看護師に過失責任を問うことができるのかが問題となり，それを解決するために，結果予見義務の内容をどのようなものとして理解するかが問われることになるのである。

2 本判決は，何が起こるかわからない，「内容の特定しない一般的・抽象的な危険感ないし不安感を抱く」べき状況があれば，それを解消する義務が生じ，それを怠ったことから結果が発生した場合には過失犯の成立を肯定することができるという見解（危惧感説，新新過失論）を，「過失犯成立の範囲が無限定に流れるおそれがあり，責任主義の見地から相当であるとはいえない」として否定している。このような危惧感説を採用した判決として知られるのは，森永ドライミルク事件の差戻後第1審判決であり，同判決は，「過失行為は何よりもまず被害発生をもたらした客観的な落度として把握されるべきである。落度があるというためには，加害行為の時点で加害者が必要と認められる負担を果たさなかったことが認められなければならないが，右負担の具体的内容を定めるのが結果回避義務であり，これを課する前提として結果予見の可能性が問題となる。この場合の予見可能性は結果防止に向けられたなんらかの負担を課するのが合理的であるということを裏付ける程度の

ものであればよく，この場合の予見可能性は具体的な因果関係を見とおすことの可能性である必要はなく，何事かは特定できないがある種の危険が絶無であるとして無視するわけにはいかないという程度の危惧感であれば足りる。」とした[1]。この事件では，乳児用調整粉乳（ドライミルク，粉ミルク）の製造過程で安定剤として添加した薬剤（第2燐酸ソーダ）にヒ素が混入しており，これを飲んだ多数の乳児が死傷したのであるが，この薬剤は特殊な製法により製造されたもので，そのためにヒ素を含有するものであったため，こうした事態に立ち至ったのであった。同判決は，実際にそうであったように，納入業者に発注する薬剤を規格品から工業用のものに変更する場合には，不安感を抱くべき状況があり，納入された薬剤について科学的検査を行うことが求められるとして，検査を実施すればヒ素の混入が判明し，同薬剤の使用を回避できる以上，そうした義務を怠った工場製造課長について過失犯の成立を肯定することができるとしたのである。

　北大電気メス事件に関する本判決の重要な意義は，まず，上記の危惧感説をはっきりと否定したことにある。そして，現在の裁判実務は，基本的に本判決と同様の立場に立っていると理解することができる。学説でも，ごく少数の例外を除き，危惧感説は一般に否定されている。危惧感説は，どのような場合であれば結果回避を可能にする措置を行為者に課することができるかという観点を採用し，そこから，結果予見義務を結果回避義務の単なる前提にすぎないものとして捉えている。つまり，危惧感説によれば，行為者に求められる予見可能性は，「結果防止に向けられたなんらかの負担を課するのが合理的であるということを裏付ける程度のもの」で足りるのであり，それ以上のものではないと捉えられることになるのである。本判決は，そのような理解を「責任主義の見地から相当であるとはいえない」として否定したのであり，結果予見義務を結果回避義務の単なる前提にすぎないものとして捉えていない。なお，薬害エイズ（帝京大学）事件に関する第1審判決[2]は，結果予見義務・結果予見可能性と結果回避義務との関連性に言及してはいるものの，それは，結果予見可能性をある程度広く理解する場合には，「このよ

---

[1] 徳島地判昭和48・11・28判時721号7頁。
[2] 東京地判平成13・3・28判時1763号17頁。

うな予見可能性の程度を前提として，被告人に結果回避義務違反があったと評価されるか」を判断しなければならないというのであり，予見可能性の程度を前提として結果回避義務の内容が慎重に画定される必要があるとするものであって，結果予見義務・結果予見可能性は結果回避義務の単なる前提にすぎず，結果回避義務の内容に応じて結果予見義務の内容を緩和することが許されるとするものではない。すなわち，それは，結果回避義務の内容は結果予見可能性の程度を考慮して定められる必要があるとするものであり，むしろ，危惧感説における結果予見可能性・結果回避義務の関係についての理解とは逆の考え方に立つものであるとすらいえるように思われる。

3 本判決は，結果予見義務の内容となる結果の予見を「特定の構成要件的結果及びその結果の発生に至る因果関係の基本的部分の予見」と理解している。つまり，義務違反は義務遵守の可能性を前提とする以上，本判決によれば，結果予見義務違反，ひいては過失犯の成立を認めるためには，「特定の構成要件的結果」及び結果発生に至る「因果関係の基本的部分」が予見可能でなければならないというのである。この理解を，本件事案について具体的にみると，「患者の身体に電流の作用による傷害を被らせる」ことが「特定の構成要件的結果」であり，「ケーブルの誤接続をしたまま電気手術器を作動させるときは電気手術器の作用に変調を生じ，本体からケーブルを経て患者の身体に流入する電流の状態に異常を来」すことが「因果関係の基本的部分」と捉えられているといえる。これに対して，「発生するかもしれない傷害の種類，態様及びケーブルの誤接続が電気手術器本体から患者の身体に流入する電流の状態に異常を生じさせる理化学的原因」については「予見可能の範囲外であった」が，しかしながら，それらは予見可能性の対象とならない事実にすぎないというわけである。要するに，「患者の身体に流入する電流の状態に異常」が生じ，「電流の作用による傷害」が生じるという限度で予見可能であれば足り，本件ではそれを肯定することができるというのが本判決の考え方であるといえる。

本件において，患者の身体に熱傷が生じた原因は，ケーブルの誤接続によって，患者の身体に異常な電流が流入したことではなく，心電計の装着と相まって，患者の身体において予想外・想定外の電気回路が形成されたことで

あるが，このような因果関係の大筋は「基本的部分」として予見の対象となるものには含まれないとされた。本判決では，「電流の作用による傷害」として，構成要件的結果自体がある程度抽象的に把握されたため，それに至る因果関係も必然的にある程度幅をもって把握されることになるといえよう。想定外の電気回路の形成も，「患者の身体に流入する電流の状態」の異常に含まれるともいえる。本判決は，このように解しても，「日常の知識・経験に照らして危険の性質・程度を把握し，それに対処すべき措置を決定するのに何らの支障がない」から差し支えないとするのである。ここでは，危険に「対処すべき措置」の内容から，それを行為者に可能とするためにどのような事実の予見が必要かという危惧感説と同様の考慮がなされているともいえよう。また，本判決では，「誤接続が原因となって，患者の身体に流入する電流の状態に異常を生じ，その作用により患者に傷害を被らせるに至る因果関係の基本的部分の予見が可能である以上，予見者にとってその結果が全く予想外の原因・経過により生ずることはありえない」ので，この「程度を超えて結果発生に至る因果関係の過程の詳細な予見が可能であることまで必要としない」とされた。要するに，異常な電流の状態のために傷害が発生することの予見可能性で足りるとする本判決は，予見対象を，上記の限度では確かに特定はしているが，幅をもったものとして捉えたことから，そこに含まれる原因・結果については，その限度で予想可能な範囲内のものといえるから，責任主義の観点から問題はないとするのである。

2　最決平成12・12・20刑集54巻9号1095頁

［事　案］

　近鉄東大阪線生駒トンネル内で，被告人による電力ケーブルの接続工事のミスに起因して火災が発生し，同トンネル内を走行中の電車の乗客らが，火災により発生した有毒ガス等を吸引し，1名が死亡，43名が負傷するという結果が生じた。

［決定理由］

　「なお，原判決の認定するところによれば，近畿日本鉄道東大阪線生駒ト

ンネル内における電力ケーブルの接続工事に際し，施工資格を有してその工事に当たった被告人が，ケーブルに特別高圧電流が流れる場合に発生する誘起電流を接地するための大小二種類の接地銅板のうちの一種類をＹ分岐接続器に取り付けるのを怠ったため，右誘起電流が，大地に流されずに，本来流れるべきでないＹ分岐接続器本体の半導電層部に流れて炭化導電路を形成し，長期間にわたり同部分に集中して流れ続けたことにより，本件火災が発生したものである。右事実関係の下においては，被告人は，右のような炭化導電路が形成されるという経過を具体的に予見することはできなかったとしても，右誘起電流が大地に流されずに本来流れるべきでない部分に長期間にわたり流れ続けることによって火災の発生に至る可能性があることを予見することはできたものというべきである。したがって，本件火災発生の予見可能性を認めた原判決は，相当である。」

解説

1 本件は生駒トンネル火災事件として知られる業務上失火，業務上過失致死傷事件であるが，被告人の工事ミスから火災発生に至る因果経過の詳細が不明であったという点で，**1**の北大電気メス事件に類似した問題を抱えたものである。すなわち，本件で火災発生に至ったのは，電力ケーブルに発生する「誘起電流が，大地に流されずに，本来流れるべきでないＹ分岐接続器本体の半導電層部に流れて炭化導電路を形成し，長期間にわたり同部分に集中して流れ続けたこと」によるものであるが，「炭化導電路が形成されるという経過を具体的に予見することはできなかった」のである。それにも拘らず，火災発生，ひいては人が死傷することが被告人に予見可能であったといえるかが問題となる。

本決定は，予見の対象を「誘起電流が大地に流されずに本来流れるべきでない部分に長期間にわたり流れ続けることによって火災の発生に至る可能性」と捉え，その予見が可能であったとして過失犯の成立を肯定している。ここでは，予見の対象となる結果は火災発生とされている[3]が，火災発生に

---

[3] 火災発生が予見しうる場合には，火災の際にトンネル内を走行する電車の乗客等に死傷の結果が生じることは容易に予見しうるものといえる。

至る因果関係については、電流が「本来流れるべきでない部分に長期間にわたり流れ続けること」とされているように、■の北大電気メス事件判決と同様に幅をもったものとして捉えられていることが注目される。

　2　因果関係の錯誤事例における故意犯の成否（第5章判例■参照）の判断においては、判例・通説である法定的符合説の立場から、実際の因果関係とは異なった因果関係を行為者が予見していたにすぎない場合であっても、因果関係についての故意は否定されることはない。この意味で、因果関係の錯誤は故意を阻却しないのである。このような理解を、犯罪事実の認識・予見（＝故意）の可能性であり、「故意の可能性」とでも呼ぶことのできる過失に及ぼせば、実際の因果関係とは異なった別の因果関係が予見可能であった場合でも、過失犯の成立を肯定するために必要となる予見可能性を認めることができると考えられることになる。ところが、■の北大電気メス事件や本件のような場合には、行為者には、火災発生に至った実際の因果関係とは異なる、何らかの別の具体的な因果関係が予見可能であったというのではなく、火災発生に至る因果関係を具体的に特定したものとして予見すること自体がそもそも困難であったという点に問題があるといえよう。■の北大電気メス事件における想定外の電気回路の形成、本件における炭化導電路の形成という事態をもたらした因果関係は、当該事件以前には知られていなかったものであり、しかも、他に結果発生に至るはっきりとした因果関係が予見可能であったとも言い難いように思われることから、結果が発生することについての予見可能性をいかなる意味で肯定しうるかが問題となるのである。本決定は、■の北大電気メス事件判決と同様に、結果発生に至る因果関係自体を幅のあるものと捉え、そのような因果関係の限度では予見可能であったとすることによって、予見可能性を肯定したものといえる。

　なお、被告人らが木製ベンチ下部に電熱炉を設置する構造の組立式サウナ風呂を開発・製造したところ、長期間にわたる電熱炉の過熱により木製ベンチが漸次炭化して着火し、組立式サウナ風呂を備え付けたサウナの店舗を焼損し、その際居合わせた顧客3名を一酸化炭素中毒により死亡させたという有楽サウナ事件においても、木製ベンチの漸次炭化による無焔着火の予見可能性に問題あったが、「本件組立式サウナ風呂は、長期間使用するときは、

電熱炉の過熱により木製ベンチ部分に火災が発生する危険がある」ことの予見可能性によって業務上失火，業務上過失致死罪の成立が肯定されているのである[4]。

3 最決平成元・3・14刑集43巻3号262頁

[事　案]
　決定理由参照

[決定理由]
　「所論にかんがみ職権で判断するに，一，二審判決の認定するところによると，被告人は，業務として普通貨物自動車（軽四輪）を運転中，制限速度を守り，ハンドル，ブレーキなどを的確に操作して進行すべき業務上の注意義務を怠り，最高速度が時速三〇キロメートルに指定されている道路を時速約六五キロメートルの高速度で進行し，対向してきた車両を認めて狼狽し，ハンドルを左に急転把した過失により，道路左側のガードレールに衝突しそうになり，あわてて右に急転把し，自車の走行の自由を失わせて暴走させ，道路左側に設置してある信号柱に自車左側後部荷台を激突させ，その衝撃により，後部荷台に同乗していたA及びBの両名を死亡するに至らせ，更に助手席に同乗していたCに対し全治約二週間の傷害を負わせたものであるが，被告人が自車の後部荷台に右両名が乗車している事実を認識していたとは認定できないというのである。しかし，被告人において，右のような無謀ともいうべき自動車運転をすれば人の死傷を伴ういかなる事故を惹起するかもしれないことは，当然認識しえたものというべきであるから，たとえ被告人が自車の後部荷台に前記両名が乗車している事実を認識していなかつたとしても，右両名に関する業務上過失致死罪の成立を妨げないと解すべきであり，これと同旨の原判断は正当である。」

---

[4] 最決昭和54・11・19刑集33巻7号728頁。

解説

1 本件では，被告人が自動車の運転をあやまり，その結果として，後部荷台に乗車していたA及びBを死亡させた事実についての過失責任が問題となっているが，被害者であるA及びBが自車に同乗していた事実を被告人が認識していたとは認定できないとされた。したがって，被告人が同乗していたことを知らなかったA及びBを死亡させたことについて業務上過失致死罪の成立を肯定することができるかが問題となったのである。同乗していることを知らないA及びBを死亡させることについての予見可能性は，A及びBが同乗している，又は同乗するであろうということが認識・予見可能であれば，それを肯定することが不可能ではないが，本決定は，そのことを理由としてA及びBに対する過失犯の成立を肯定しているわけではない。本決定は，「被告人において，右のような無謀ともいうべき自動車運転をすれば人の死傷を伴ういかなる事故を惹起するかもしれないことは，当然認識しえたものというべきである」というところから，これを肯定しているのである。この趣旨をどのように理解するかが問題となる。

2 本件以前，下級審判決ではあるが，本件と同様に，自動車に無断で乗車していたため，乗車していることに気づかなかった被害者を，その運転を過って死亡させた事案において，同人の乗車を予見しうる状況にあったとは認められず，その結果，死亡についての予見可能性は存在しないとして，業務上過失致死罪の成立を否定したものがあった[5]。同判決においては，個別具体的な被害者が死亡することの予見可能性が要求されているのである。

これに対して，本決定は，そのような個別具体的な被害者が死亡することの予見可能性を，過失犯の成立に要求してはいない。同決定は，「人の死傷を伴ういかなる事故を惹起するかもしれないこと」の予見可能性で過失犯の成立を肯定していることから明らかなように，いずれかの「人の死傷」の認識・予見可能性があれば足りるとしている。これは，故意犯において，Aを殺害しようとして過ってBを殺害したという方法の錯誤事例について，被害者の違いを重要視せずに，Aに対する故意からBに対する故意をも認め，B

---

[5] 福岡高宮崎支判昭和33・9・9裁特5巻9号393頁。

に対する殺人既遂の成立をAに対する殺人未遂に加えて認める判例の立場（第5章判例7参照）からすれば，当然の理解であるともいえよう。なぜなら，犯罪事実の認識・予見可能性が過失であり，犯罪事実の認識・予見が故意であるから，過失は「故意の可能性」と理解されることになる以上，過失は故意の概念をさらに拡張したものとなるため，その結果として，故意・故意犯の成否を判断する上で重要でない被害者の相違（Aを狙ったが，死亡したのはAではなく，Bであったこと）は，過失・過失犯の成否の判断においても同様に重要ではありえないことになるからである。したがって，判例の立場からすると，Aが死亡することの予見可能性があれば，Bを死亡させたことについて過失犯の成立を認めることができることになりうるといえる。Aの死亡，Bの死亡の個別的な予見可能性を問題としていない本決定は，このような理解によって説明することができる。

　もっとも，このような判例の理解に対しては，どこかに行為者の不注意を見出すことができれば，それに基づいて，実際に生じた死傷結果について過失犯の成立を肯定することができることになってしまうのではないか，それでは過失犯の要件である予見可能性があまりも無限定になり，弛緩することになるのではないかといった疑問が生じることになる。このため，故意・錯誤については前述した判例の理解に賛成しながらも，それとの論理的整合性を度外視して，過失についてはあえて個別の結果に関する予見可能性を要求すべきだとする見解も主張されることになるのである。

Ⅲ—結果回避義務の諸問題

4　最判昭和41・12・20刑集20巻10号1212頁

[事　案]

　判決理由参照

[判決理由]

「原判決の維持した第一審判決が確定した事実は，被告人は自動車運転の

業務に従事する者であるが、昭和三七年一二月二四日午前九時ごろ小型貨物自動車を運転して交通整理の行なわれていない交通頻繁な場所である飯塚市昭和通り三丁目飯塚橋南端付近交差点を、吉田海産横広場方向から進入して右折しようとしたところ、右広場前車道中央付近でエンジンが停止したので、再び始動して発車しようとしたが、その際左側方のみを注意して右側方に対する安全の確認を欠いたまま発車し、時速約五粁で右折進行しかけたとき、右側方からＡ（当時三一才）が第二種原動機付自転車を運転して飯塚橋方面に進行してくるのを約五米の距離まで接近してから始めて気づき、直ちに急停車したが及ばず、自車の前部バンパーを右原動機付自転車の左側に衝突させて、その場に転倒させ、よつて同人に対し、約一〇〇日の治療を要する左脛骨頭骨折、同大腿下腿圧挫創の傷害を与えた、というのであり、以上の事実は、第一審判決挙示の証拠を総合してこれを認めることができる（ただ、記録によると、本件交差点は、平素交通頻繁な場所であるけれども、本件事故当時は、むしろ閑散な状態であつたことがうかがわれる。）。

なお、被告人の車がエンジン停止を起こした位置については、単に「右広場前車道中央付近」とあるが、これは、第一審判決が証拠として挙示した司法警察員作成の実況見分書添付第二図（記録一〇六丁）記載〔2〕の地点（本件事故後まもない実況見分の際、被告人がエンストした地点として指示したもので、自動車の前部が、中央線をわずかに越えている。）を指すものと思われ、これに反するＡの証言（記録七九丁以下）は、他の関係証拠に照らし信用しがたく、他にこの認定を左右するに足りる証拠は、記録上存在しない。

ところで、このような場合、右Ａのように、右側方から本件交差点に進入してくる車両の運転者は、交差点の中において被告人の車が右折の途中であることが一見して明らかであるから、道路の右側部分にはみ出し、被告人の車の前方を右側に出て進行するようなことは、決してしてはならず（道路交通法一七条、三五条、三七条参照）、たとえ被告人の車が一時停止したため通りにくい場合であつても、進行方向の左側に進み、徐行もしくは停止して進路の空くのを待つべきであり、また、被告人の車は、一時停止したけれども、歩行者の速度に等しい時速約五粁の低速で再び進行を始めていたのであるから、右側方から進入する右Ａの車両としては、あえて道路の右側に進出し

て通過しなければならない事情はなかつたものと認められる。

しかるに，関係証拠を総合すれば，右Aは，交差点を直進するにあたり，あらかじめ被告人の車が右折途中であることを認めていながら，被告人の車がエンジン停止したのを，軽卒にも，自分に進路を譲るため一時停止してくれたものと即断し，被告人の車の前方をあえて通過しようと企て，被告人の車が再び動き出したのに，なおハンドルを右に切つて，約五米ないし八米の至近距離から突如中央線を越え，時速一二，三粁以上の速度で道路の右側部分にはみ出したため，被告人の急停車も及ばず，遂に衝突したものであることが認められる。してみれば，本件衝突事故は，主として右Aの法規違反による重大な過失によつて生じたものというべきであり，このように被害者の過失が本件事故の原因となつていることは，原判決も認めているところである。

しかし，進んで，原判決が説示しているように，被告人にも過失があつたかどうかを検討してみると，本件のように，交通整理の行なわれていない交差点において，右折途中車道中央付近で一時エンジンの停止を起こした自動車が，再び始動して時速約五粁の低速（歩行者の速度）で発車進行しようとする際には，自動車運転者としては，特別な事情のないかぎり，右側方からくる他の車両が交通法規を守り自車との衝突を回避するため適切な行動に出ることを信頼して運転すれば足りるのであつて，本件Aの車両のように，あえて交通法規に違反し，自車の前面を突破しようとする車両のありうることまでも予想して右側方に対する安全を確認し，もつて事故の発生を未然に防止すべき業務上の注意義務はないものと解するのが相当であり，原判決が強調する，被告人の車の一時停止のため，右側方からくる車両が道路の左側部分を通行することは困難な状況にあつたとか，本件現場が交通頻繁な場所であることなどの事情は，かりにそれが認められるとしても，それだけでは，まだ前記の特別な事情にあたるものとは解されない。

そして，原判決は，他に何ら特別な事情にあたる事実を認定していないにかかわらず，被告人に本件業務上の注意義務があることを前提として，被告人の過失を認めた第一審判決を是認しているのであるから，原判決には法令の解釈の誤りまたは審理不尽の違法があり，この違法は判決に影響を及ぼす

ことが明らかであるから，原判決を破棄しなければ著しく正義に反するものと認める。」

解説

1　判例では，過失犯の成否は，「結果の発生を予見することの可能性とその義務および右結果の発生を未然に防止することの可能性とその義務の諸点から順次考察してみる」ことにより判断される（弥彦神社事件に関する前出最決昭和42・5・25参照）。ここで，義務づけられる結果予見の範囲を広く認め，予見可能性の範囲を，たとえば「そのような事態は知られており，そのような事態が生じることはないとはいえない」という場合にまで緩やかに肯定する場合，そのようにして予見可能な結果を回避する義務を直ちに行為者に課することにすれば，結果回避義務の範囲は相当広いものとなり，それに伴って過失犯の処罰範囲は相当拡張されたものとなるであろう。もしも，予見可能性の程度を実際の予見にかなり近いものに限定するとすれば，そうして予見可能な結果をすべて回避する措置を義務づけても不都合はないと考えることも可能かもしれないが，予見可能性をある程度まで緩やかに考える場合，責任主義の趣旨からして問題のある，極めて広範な過失犯処罰を避けるためには，結果回避義務の段階における処罰の限定が絶対に必要となるのである。過失を故意と並ぶ責任要素として把握し，責任要件としての予見可能性のみを過失犯の成否において問題とする旧過失論は，予見可能性の程度に関する前者の限定的な立場を前提として理解しうるものであるが，予見可能性の程度を当初から緩やかに解する新過失論の立場からはもちろんのこと，旧過失論的な立場から出発しつつも，予見可能性の程度・範囲をかなり緩やかに解する多数の見解からは，結果回避義務を問題として，それを限定的に理解することがどうしても必要となるといえる。

2　判例は，本判決において示されているように，「信頼の原則」と呼ばれる限定基準によって，行為者に課される結果回避義務の範囲・内容を限定することを認めている[6]。すなわち，本件判決によれば，「自動車運転者とし

---

[6] 駅員の酔客に対する結果回避義務を信頼の原則の見地から限定した判決として，最判昭和41・6・14刑集20巻5号449頁がある。

ては，特別な事情のないかぎり，……他の車両が交通法規を守り自車との衝突を回避するため適切な行動に出ることを信頼して運転すれば足りるのであつて，本件Aの車両のように，あえて交通法規に違反し，自車の前面を突破しようとする車両のありうることまでも予想して……安全を確認し，もつて事故の発生を未然に防止すべき業務上の注意義務はない」のである。道路交通の場面におけるように，他の者が一定のルールに従った適切な行動に出ることについての信頼が一定限度で成り立っている場合には，そうした信頼を揺るがすような事情がない限り，行為者としては，その信頼を前提として適切な行動に出ることで足りることになる。信頼に反する行為がないとはいえない以上は，その予見可能性がないとはいえないが，そうした事態までを想定した結果回避義務は課されないことになり，このような形で結果回避義務の範囲・内容が限定されることになるといえる。

　もっとも，上述したように，もしも信頼を揺るがす事情があれば，信頼の原則は妥当しない。たとえば，道路脇で遊んでいた幼児が突然道路を横断したため自動車で轢いてしまったといった場合には，幼児が突然不適切な行為に出ることがあるのは自明のことだから，そのような状況を認識しうる場合には，信頼の原則の適用を制限することになる，信頼を揺るがす事情があるといえることになろう（なお，最決昭和45・7・28判時605号97頁は，バス停で停車したバスから下車して道路を横断しようとした4歳の幼児に，被告人が時速45キロに減速しただけでバスとすれ違った際，不注意から自車を衝突させ，死亡させたという事案について，幼児の飛び出しを予見しうる具体的状況はないが，バスを下車した人がその直後において道路を横断しようとすることがありうるのを予見しうるし，交通秩序に従わない者はいないであろうという信頼をもっていたとしても，具体的交通事情からして，その信頼は相当ではないとして，信頼の原則の適用を否定している）。

　3　なお，学説においては，行為者・被告人が交通法規に違反していた場合には信頼の原則の適用を認めない見解も主張されているが，判例においては，行為者・被告人が自分で交通法規に違反していたとしても，信頼の原則の適用が直ちに排除されるわけではない。信頼の原則は結果回避義務の限定原理であって，民事における過失相殺のようなものではないから，判例の理解は十分に理由があることである。もっとも，行為者・被告人自身の交通違

反がすでに所与の前提事実となって，それにより他の交通関与者の行動に影響が生じている場合は別異に解され，信頼の原則の適用が排除されることがありうるであろう。

5 最判平成15・1・24判時1806号157頁

[事　案]
判決理由参照

[判決理由]
「しかしながら，所論にかんがみ，本件における業務上過失致死傷罪の成否について，以下，職権をもって検討する。

第1審判決が認定し，原判決が是認した犯罪事実は，起訴状記載の公訴事実と同旨である。その内容は，「被告人は，平成11年8月28日午前零時30分ころ，業務としてタクシーである普通乗用自動車を運転し，広島市南区宇品東7丁目2番18号先の交通整理の行われていない交差点を宇品御幸4丁目方面から宇品東5丁目方面に向かい直進するに当たり，同交差点は左右の見通しが利かない交差点であったことから，その手前において減速して徐行し，左右道路の交通の安全を確認して進行すべき業務上の注意義務があるのにこれを怠り，漫然時速約30ないし40キロメートルの速度で同交差点に進入した過失により，折から，左方道路より進行してきたA運転の普通乗用自動車の前部に自車左後側部を衝突させて自車を同交差点前方右角にあるブロック塀に衝突させた上，自車後部座席に同乗のB（当時44歳）を車外に放出させ，さらに自車助手席に同乗のC（当時39歳）に対し，加療約60日間を要する頭蓋骨骨折，脳挫傷等の傷害を負わせ，Bをして，同日午前1時24分ころ，同区宇品神田1丁目5番54号県立広島病院において，前記放出に基づく両側血気胸，脳挫傷により死亡するに至らせたものである。」というにある。過失の存否に関する評価の点を除き，本件における客観的な事実関係は，以上のとおりと認められる。

また，1，2審判決の認定によれば，次の事情が認められる。すなわち，本件事故現場は，被告人運転の車両（以下「被告人車」という。）が進行する幅

員約8.7メートルの車道とA運転の車両（以下「A車」という。）が進行する幅員約7.3メートルの車道が交差する交差点であり，各進路には，それぞれ対面信号機が設置されているものの，本件事故当時は，被告人車の対面信号機は，他の交通に注意して進行することができることを意味する黄色灯火の点滅を表示し，A車の対面信号機は，一時停止しなければならないことを意味する赤色灯火の点滅を表示していた。そして，いずれの道路にも，道路標識等による優先道路の指定はなく，それぞれの道路の指定最高速度は時速30キロメートルであり，被告人車の進行方向から見て，左右の交差道路の見通しは困難であった。

　このような状況の下で，左右の見通しが利かない交差点に進入するに当たり，何ら徐行することなく，時速約30ないし40キロメートルの速度で進行を続けた被告人の行為は，道路交通法42条1号所定の徐行義務を怠ったものといわざるを得ず，また，業務上過失致死傷罪の観点からも危険な走行であったとみられるのであって，取り分けタクシーの運転手として乗客の安全を確保すべき立場にある被告人が，上記のような態様で走行した点は，それ自体，非難に値するといわなければならない。

　しかしながら，他方，本件は，被告人車の左後側部にA車の前部が突っ込む形で衝突した事故であり，本件事故の発生については，A車の特異な走行状況に留意する必要がある。すなわち，1，2審判決の認定及び記録によると，Aは，酒気を帯び，指定最高速度である時速30キロメートルを大幅に超える時速約70キロメートルで，足元に落とした携帯電話を拾うため前方を注視せずに走行し，対面信号機が赤色灯火の点滅を表示しているにもかかわらず，そのまま交差点に進入してきたことが認められるのである。このようなA車の走行状況にかんがみると，被告人において，本件事故を回避することが可能であったか否かについては，慎重な検討が必要である。

　この点につき，1，2審判決は，仮に被告人車が本件交差点手前で時速10ないし15キロメートルに減速徐行して交差道路の安全を確認していれば，A車を直接確認することができ，制動の措置を講じてA車との衝突を回避することが可能であったと認定している。上記認定は，司法警察員作成の実況見分調書（第1審検第24号証）に依拠したものである。同実況見分調書は，被

告人におけるＡ車の認識可能性及び事故回避可能性を明らかにするため本件事故現場で実施された実験結果を記録したものであるが，これによれば，〔1〕被告人車が時速20キロメートルで走行していた場合については，衝突地点から被告人車が停止するのに必要な距離に相当する6.42メートル手前の地点においては，衝突地点から28.50メートルの地点にいるはずのＡ車を直接視認することはできなかったこと，〔2〕被告人車が時速10キロメートルで走行していた場合については，同じく2.65メートル手前の地点において，衝突地点から22.30メートルの地点にいるはずのＡ車を直接視認することが可能であったこと，〔3〕被告人車が時速15キロメートルで走行していた場合については，同じく4.40メートル手前の地点において，衝突地点から26.24メートルの地点にいるはずのＡ車を直接視認することが可能であったこと等が示されている。しかし，対面信号機が黄色灯火の点滅を表示している際，交差道路から，一時停止も徐行もせず，時速約70キロメートルという高速で進入してくる車両があり得るとは，通常想定し難いものというべきである。しかも，当時は夜間であったから，たとえ相手方車両を視認したとしても，その速度を一瞬のうちに把握するのは困難であったと考えられる。こうした諸点にかんがみると，被告人車がＡ車を視認可能な地点に達したとしても，被告人において，現実にＡ車の存在を確認した上，衝突の危険を察知するまでには，若干の時間を要すると考えられるのであって，急制動の措置を講ずるのが遅れる可能性があることは，否定し難い。そうすると，上記〔2〕あるいは〔3〕の場合のように，被告人が時速10ないし15キロメートルに減速して交差点内に進入していたとしても，上記の急制動の措置を講ずるまでの時間を考えると，被告人車が衝突地点の手前で停止することができ，衝突を回避することができたものと断定することは，困難であるといわざるを得ない。そして，他に特段の証拠がない本件においては，被告人車が本件交差点手前で時速10ないし15キロメートルに減速して交差道路の安全を確認していれば，Ａ車との衝突を回避することが可能であったという事実については，合理的な疑いを容れる余地があるというべきである。

　以上のとおり，本件においては，公訴事実の証明が十分でないといわざるを得ず，業務上過失致死傷罪の成立を認めて被告人を罰金40万円に処した

第1審判決及びこれを維持した原判決は，事実を誤認して法令の解釈適用を誤ったものとして，いずれも破棄を免れない。

よって，刑訴法411条1号，3号により原判決及び第1審判決を破棄し，本件事案の内容及びその証拠関係等にかんがみ，この際，当審において自判するのを相当と認め，同法413条ただし書，414条，404条，336条により被告人に対し無罪の言渡しをすることとし，裁判官全員一致の意見で，主文のとおり判決する。」

解説

1 本件では，交差点手前で時速10ないし15キロメートルに減速して交差道路の安全を確認することが結果回避義務の内容とされ，結果回避義務を果たしていたとしても，結果回避が可能であったとはいえない（その証明がない）として無罪が言い渡されている。つまり，ここでは，行為者・被告人に課された義務を履行していたとしても結果を回避できない場合（回避できたことの証明がない場合を含む）には，義務履行を怠った行為者・被告人であっても結果を惹起したことについて処罰することはできないという考え方が採られていることが注目される。つまり，後述するように，本件判決では，結果回避義務を果たしていれば結果回避が可能であったこと，換言すれば，結果の発生が結果回避義務違反に基づいていることが要求されているといえるのである。

2 本件以前（昭和48年）には，本件と類似した状況（被告人が運転する自動車が対面する信号機が黄色灯火の点滅を表示し，交差道路上の交通に対面する信号機が赤色の灯火の点滅を表示している交差点での事故）における被告人について「交差道路から交差点に接近してくる車両があっても，その運転者において右信号に従い一時停止およびこれに伴なう事故回避のための適切な行動をするものとして信頼して運転すれば足り，それ以上に，本件Bのように，あえて法規に違反して一時停止をすることなく高速度で交差点を突破しようとする車両のあることまで予想した周到な安全確認をすべき業務上の注意義務を負うものでな」いとし，信頼の原則を適用して結果回避義務を限定的に解した上，それを否定した判例があったが[7]，それとは異なり，本判決は，上記の結果回

避義務を行為者・被告人に認めたことがまず注目される。上記昭和48年判例には，信頼の原則の安易な適用をいましめる反対意見も付されていたところであり，緩やかに信頼の原則を適用して結果回避義務を否定したことについては批判のあったところである。その意味で，本判決が，徐行して安全を確認する義務を結果回避義務として認めたことには無視しえない重要な意味があるといえる。本件のような交差点では，交差道路を進行する車両との関係で，徐行義務を課することに意味があるのである。

なお，本判決では，結果回避義務として考えられているのは徐行義務にとどまり，一時停止する義務までが課されているわけではない。このような義務が課されているとすれば，事故の回避は可能であったと思われるが，そうした義務までを課するのはあまりにも過剰な負担を運転者に負わせることになるため，そのような理解には疑問があると考えることができよう。

3 本判決でいまひとつ重要な点は，上記の結果回避義務を被告人が尽くしていたとしても，衝突（ひいては，死傷の結果）を回避することができなかった（正確には，回避できたことについての証明がない）という理由から，過失犯の成立を否定していることである。処罰の否定という結論自体は明らかであるが，その理由として，①義務の履行によって結果回避が可能であることの証明がない以上，結果回避義務違反自体が否定されることになるのか[8]，②結果回避義務違反はあるが，結果が義務違反に基づいて生じたといえず（別の言い方をすれば，義務違反と結果との間に因果関係がなく），過失犯は成立しないことになるのかは必ずしも明らかではない。かつて，列車運転手が踏切にさしかかった際，前方注視義務を怠り漫然と列車を進行させたため，踏切上の幼児（1歳9月）を轢死させたという京踏切事件に関する大審院判決は，義務違反と結果との間の因果関係を否定することによって過失犯は成立しないとしたが[9]，これは上記②を理由とするものであるといえる。これに対して，

---

[7] 最判昭和48・5・22刑集27巻5号1077頁。
[8] 結果回避義務の内容を事後的・客観的立場から画定し，結局本件では，結果を回避しうる義務はなかったとして，結果回避義務の存在自体を否定することも論理的には不可能でないであろうが，このような理解には，本件決定が徐行義務をわざわざ定立していることからすると疑問がある。この意味では，結果回避義務は事前的な立場から考えられているといえよう。
[9] 大判昭和4・4・11新聞3006号15頁。

本決定の理由がいずれにあるのかは不明瞭である。しかしながら，①にせよ②にせよ，結果が義務の履行によって回避できたこと，別の言い方をすれば，結果発生が義務の不履行に基づくものである必要があることは判例の認めるところであるということができよう。さらにいえば，判例においては，過失犯の実行行為の危険性が結果へと現実化したことに加え，結果の発生が行為者に課された結果回避義務の不履行に基づくものであることが，過失犯処罰に要求されていると解することができるのである。

Ⅳ—管理・監督過失

6　新潟地判昭和53・3・9判時893号106頁

[事　案]

　A化学工業B工場第二工場で，塩化ビニルモノマーの製造工程に設置されている粗VCタンクに続くストレーナー（除塵装置）の点検・清掃作業中，ストレーナー吸入弁が破損したため右粗VCタンク内に滞留していた約4トンの液化塩ビモノマーが右ストレーナーの開口部より噴出，気化し，火源に触れて大爆発を起こし，作業員1名が死亡，周辺住民ら17名が重軽傷を負い，工場及び付近の建物に多大の損害が生じた。点検・清掃作業に当たっていた作業員Xが，作業を急ぐあまり，ストレーナーの内部に液化塩ビモノマーが多量に残存している状態でその蓋を開け，吸入弁からストレーナー内部に液化塩ビモノマーが漏出しているのを発見して，ハンドル回しで吸入弁を増締めしたが，ハンドルが動かず漏出が止まらなかった（弁座に異物が挟まっているものと思ったのであるが，実際には，弁座に損傷を来たし，バルブとしての閉止機能が失われていた。そのため，直ちに蓋を閉めて報告すべきであった）ため，不当に大きなハンドル回しで増締めしたことにより吸入弁が破断し，液化塩ビモノマーが噴出したものである。作業員Xのほか，第二工場長Y及び第二工場・合成第一課課長Zが業務上過失致死傷罪及び業務上過失激発物破裂罪で起訴された。

[判決理由]

「第二，罪となるべき事実

　被告人Ｙは，前記のとおり，Ａ化学Ｂ工場第二工場長として塩化ビニル製造等の業務を掌理し部下を指揮監督するとともに，第二工場における保安責任者，安全管理者及び環境保安管理者として同工場の高圧ガスに関する危害を予防する責任を有し，安全を管理する業務に従事していた者，被告人Ｚは，前記のとおり，右第二工場合成第一課課長として塩化ビニル製造業務を掌理し部下を指揮監督するとともに，合成第一課内における作業主任者及び環境保安管理者として合成第一課内の高圧ガスによる危害を予防する責任を有し，安全を管理する業務に従事していた者，被告人Ｘは，前記のとおり，右合成第一課モノマー工場作業員として塩ビモノマーの製造業務に携り，モノマー工場の化学設備の運転・保守・点検業務に従事していた者であるところ，前示のとおり，第二工場合成第一課における塩ビモノマー製造の過程においては，粗ＶＣタンクに続くストレーナーの点検・清掃作業を一〇日に一度の頻度で行わなければならず，その際，右ストレーナーの吸入弁の弁座に損傷をきたして液化塩ビモノマーが漏出することがあり，また，作業員が右吸入弁を開閉するにあたっては，そのハンドル部分に鉄製ハンドル回しを掛けて作業をするのが常であり，ハンドル回しの使い方いかんによっては鋳鉄製の右吸入弁を破損し，その結果，右粗ＶＣタンク内に常時滞留し，一平方センチメートル当り平均六キログラムの高圧を有する数トンの液化塩ビモノマーが右吸入弁から大気中に噴出，気化し，空気と混合して着火爆発する危険が存したのであるから，

　一，被告人Ｙ及び同Ｚは，前記の各職責を有する者として，右粗ＶＣタンクとストレーナー吸入弁の間の配管に安全用のバルブ等を設け，吸入弁が破損してもこれを閉じることにより粗ＶＣタンクからの液化塩ビモノマーの噴出を防止できるような措置を講じ，また，日頃から部下作業員に対し，ストレーナー点検・清掃作業の際に吸入弁から液化塩ビモノマーが漏出しているのを発見し，作業員として通常の応急措置を講じてもなお漏出が止まらない場合には，ストレーナーの蓋を閉じたうえ上司にこれを報告し，その対策について指示を受けること並びに作業に使用するハンドル回しの大きさの選定

及び使用方法などにつき適切な指導と十分な安全教育を行い，もって，液化塩ビモノマーの噴出による爆発事故の発生を未然に防止すべき業務上の注意義務があるのにこれを怠り，粗VCタンクの出口とストレーナー吸入弁との間の配管に前記の安全用バルブ等を設置しなかったうえ，作業員に対し，ストレーナー点検・清掃作業中における吸入弁からの液化塩ビモノマー漏出時の措置並びに作業に使用すべきハンドル回しの大きさの選定及び使用方法につき何ら指導・教育を行わないまま，昭和四八年一〇月二八日，被告人Xをしてストレーナーの点検・清掃作業を実施させた過失により，

　二，被告人Xは，同日午後二時五五分ころ，作業員Cとともに前記ストレーナーの点検・清掃作業を開始したが，塩ビモノマー製造設備の運転・保守・点検業務に従事する作業員として，右作業実施にあたっては工場制定の「安全標準動作」に定められた手順に従い，ストレーナー内部に液化塩ビモノマーがなくなった後でなければストレーナーの蓋を開けないようにし，また，作業中，吸入弁から液化塩ビモノマーが漏出しているのを発見して長さ約三〇センチメートルのハンドル回し（別紙図面三参照）で増締めした際，通常用いている右のハンドル回しではハンドルが全く動かず，漏出が止まらなかったのであるから，直ちにストレーナーの蓋を閉めて上司である組長に報告しその指示を得て対策を講じ，さらに，吸入弁の増締めにあたっては適切な大きさのハンドル回しを用い，バルブに過大な力が加わってこれを破損することのないよう慎重に増締めを行い，もって，吸入弁の破損に起因する液化塩ビモノマーの噴出による爆発事故の発生を未然に防止すべき業務上の注意義務があるのにこれを怠り，ストレーナー点検・清掃作業による精VC生産の一時停止状態を早く解消しようと考え，また終業時間が近づいていたこともあって作業を急ぐあまり，吸入弁等を閉止したのち未だストレーナー内部の液化塩ビモノマーがガスホルダーに回収されつくさず，多量に残存していたにもかかわらず，その蓋を開け，また吸入弁からストレーナー内に液化塩ビモノマーが漏出しているのを発見して長さ約三〇センチメートルの前記ハンドル回しで増締めをした際，ハンドルは全く動かずなお漏出が止まらなかったにもかかわらず，直ちにストレーナーの蓋を閉めて組長に報告する措置をとらず，さらに，右漏出が吸入弁の弁座に損傷をきたしてバルブとして

の閉止機能を失っていることによるものであるのに，これを弁座に異物が挟まったことによるものと軽信し，同日午後三時二〇分ころ，ストレーナーの蓋を開いたまま，八〇ミリメートル吸入弁を締めるには不当に大きい長さ約五五・五センチメートルの鉄製ハンドル回し（別紙図面三参照）を吸入弁のハンドルに掛け，右手で右ハンドル回しの端を握って中腰となり，強い力で増締めしたため，吸入弁のヨーク部分に過大な力が加わって同部分を破断させた過失により

　右ヨーク部分の破断した吸入弁がバルブの機能を失って全開の状態となり，粗VCタンク内の約四トンの液化塩ビモノマーをストレーナーの開口部から大気中に噴出させ，これが気化して爆発混合気となり，同日午後三時三二分ころ，合成第一課ポリマー工場の触媒室にある電気冷凍機の温度調節装置に出ているリレー火花によって着火爆発するに至らせ，よって，右爆発に伴う高熱及び爆風等の衝撃により，右モノマー工場内で作業中のＤ（当時四一年）に対し，全身及び気道熱傷，胸部外傷の傷害を負わせ，これに基づく肺浮腫，心不全により，同日午後四時，新潟県上越市東雲町一丁目七番一二号新潟労災病院において同人を死亡するに至らしめたほか，別紙第一記載のとおり，Ｅ（当時二七年）ほか一六名に対し，加療約五日ないし三一一日を要する各傷害を負わせ，別紙第二記載のとおり，右第二工場内第一塩倉庫ほか二八棟の人が現在し，又は他人の所有にかかる人が現在しない建造物を損壊し，別紙第三記載のとおり，同市市之町四九番地の一Ｆ株式会社事務所ほか一九一か所のシャッター，サッシ，窓ガラス等を損壊して公共の危険を発生せしめ，右爆発後，粗VCタンク付近の建造物に引火させ，別紙第四記載のとおり，塩ビモノマー工場ほか七棟（合計約六，三三三平方メートル）の人が現在し又は他人の所有にかかる人が現在しない建造物を焼燬したほか，別紙第五記載のとおり，モノマー工場付近に貯蔵されていた塩ビモノマーほか六種類の製品及び半製品を焼燬して公共の危険を生ぜしめたものである。」

「第四，争点に対する判断

　検察官は，被告人らの過失を次のように主張する。すなわち，被告人Ｘは，本件吸入弁がその弁座に損傷をきたしてバルブとしての完全な閉止機能を失うことがあり，その結果吸入弁から液化塩ビモノマーが大気中に漏出す

ると火源に触れて爆発事故を起こすおそれがあったのであるから，本件ストレーナーの点検・清掃作業にあたっては，「安全標準動作」に定められた作業手順を守り，ストレーナー内部に液化塩ビモノマーがなくなった後でなければストレーナーの蓋を開いてはならず，また吸入弁から液化塩ビモノマーが漏出しているのを発見した場合は直ちにストレーナーの蓋を閉じて組長に報告しその指示を得て対策を講じる義務があったのであり，さらに，吸入弁の増締めをする際バルブが破損してその閉止機能を喪失するに至ることがあるのであるから，増締めにあたってはもとより適切な大きさのハンドル回しを用いるべきであり，不当に大きなハンドル回しを使用するなどしてバルブに過大な力を加えることによりこれを破損させることのないよう慎重な作業をすべき業務上の注意義務があったにもかかわらずいずれもこれを怠ったものであり，また，被告人Y及び同Zは，ストレーナー吸入弁の弁座に損傷をきたしてバルブとしての完全な閉止機能を失うことがあるのに，作業員がストレーナーの点検・清掃にあたってその内部に液化塩ビモノマーが残存しているままストレーナーの蓋を開いて作業をし，その際，吸入弁の弁座に損傷をきたしているのを弁座に異物が挟まっているものと誤信して増締めをし，その場合に，大きさの不適切なハンドル回しを用いるなどしてバルブを破損させるおそれがあったのであるから，毎年三回実施する機器配管類の定期自主検査の際には吸入弁の内面について目視検査をすることにより右吸入弁の弁座の損傷を事故の発生前に発見し，また，粗VCタンクの出口に元バルブ等の安全装置を設けることによりバルブの損傷・破損等による事故に備え，さらに，日頃から作業員に対して，作業中にバルブからの液化塩ビモノマーの漏出を発見した場合には直ちにストレーナーの蓋を閉じたうえ，上司に報告して対策について指示を受けること，並びに作業に使用するハンドル回しの大きさの選定及び使用方法について適切な指導と十分な安全教育を行うことにより事故の発生を未然に防止すべき業務上の注意義務があったにもかかわらずいずれもこれを怠ったものである旨主張する。

これに対し弁護人らは，被告人ら三名については，吸入弁がその弁座に損傷をきたしてバルブとしての閉止機能を一部なりとも失うことがあるということ，さらに，吸入弁の増締めの作業中にバルブが破損してその閉止機能を

喪失するに至ることがあるということを全く予見することができなかったものであり、また被告人Y及び同Zについては、作業員がストレーナーの点検・清掃にあたってストレーナーの蓋を開けたまま吸入弁の増締めを行い、その際に大きなハンドル回しを用いるなどしてバルブを破損させるほどの力を加えることがあるということについて、全く予見することができなかったものである旨被告人らの各予見可能性を否認し、検察官の主張するような各結果回避義務を被告人らに課すことはできない旨争うので、以下順次検討する。なお、検察官主張の各過失を認めるについては、以上の諸点のほかに、吸入弁が破損してその閉止機能を失うと必然的に粗VCタンク内の液化塩ビモノマーが大気中に噴出して爆発事故を起こすおそれのあることについても予見可能性を必要とするところ、この点については、被告人X及び同Zの十分認識していたところであり、被告人Yにおいても予見が可能であったことについてほぼ争いがなく、前示の塩ビモノマー製造過程及びその性質に照らしてこれを認めることに何ら問題はない。

一、予見可能性について

（一）吸入弁がその弁座の損傷によりバルブとしての閉止機能に欠陥を生ずることについての予見可能性

1、前掲証拠によれば、本件吸入弁は、鋳鉄製・耐圧一〇キログラム・配管接続部の直径八〇ミリメートルのフランジ形玉形弁（三インチバルブと称する。別紙図面二参照）で、弁体と弁箱にそれぞれドーナツ型の一三クロムステンレス鋼製弁座が使われているところ、右弁体の弁座には幅一・六ないし二・九ミリメートル、深さ〇・二ないし〇・四ミリメートルの、また弁箱の弁座には幅一・二ないし二・四ミリメートル、深さ〇・二ないし〇・四ミリメートルのいずれも溝状の損傷が存在し、さらに、双方の弁座の表面には無数の小穴（孔蝕）の存在が認められるのであるが、右の溝状の損傷ができた原因については必ずしも明らかではない。すなわち、《証拠略》並びに証人P及び同Qによれば、右の損傷は、孔蝕が繋がってできたもののように推定するものであり、また右各証人らは、吸入弁内部の流体である液化塩ビモノマーによる浸蝕（エロージョン）による可能性もあるとするのであるが、同証人らは必ずしも腐蝕についての専門家ではないところ、長年腐蝕の研究に従

事してきた証人Ｒは，右の孔蝕は塩素イオンの作用によるものであると推定し，しかるときは孔蝕の生成過程で，孔内において金属がイオン化するアノード反応に対応してその周辺の金属の表面に強力な防蝕性のある被膜を形成するカソード反応が起こるため，孔蝕によって生じた小穴が相互に繋がることはなく，現に溝の中にも多数の孔蝕が存在することからも孔蝕の繋がりによるという考えは否定されるのであり，また，吸入弁内部の液化塩ビモノマーの流速及び吸入弁の開閉状況にかんがみてエロージョンによる可能性も薄いとし，現在鑑定してみても爆発，消火時の高熱及び冠水により焼きが入って金属の結晶構造が変化している可能性があり，その原因を解明することは困難であるというのである。

2，しかしながら，前掲証拠によれば，バルブの弁座にできた溝状の損傷の原因が何であれ，このようにバルブの弁座に損傷ができることによりバルブの閉止機能が不完全となり，流体が漏れ出すことは，前記Ｂ工場において管理職及び作業員らのすでに経験し，予見していたところであることが認められる。すなわち，モノマー工場担当の作業長Ｇは，以前，ストレーナーの点検作業中，本件吸入弁か吐出弁のいずれかから，増締めをしてもなお液化塩ビモノマーの漏出が止まらない旨の報告を受けてこれを取り替えた経験を有するほか，どのバルブか不明ではあるが，バルブの開閉による接触部分の疲労が原因と思われる傷がバルブの弁座面にあるのを発見したことがあり，モノマー工場担当の組長Ｈも，事故の約三年前に本件吸入弁あるいは前記使用中止中の吸入弁のいずれかの閉止機能が不完全となったため取り替えられたことを聞いているほか，同じく組長Ｉは，脱アセチレン塔関係の二インチバルブについて，バルブから流体が漏出していたため盲板で密閉してこれを止めた経験を有する。また，Ａ化学本社塩化ビニル事業本部長室長Ｊ及び合成第一課補修工場組長Ｋは，バルブの故障の一つとして弁座面が損傷してバルブとしての閉止機能を失うことを挙げており，同工場ではこれらの知識，経験等からバルブの弁座に損傷をきたすなどしてバルブの閉止機能が完全ではなくなることがあることを予想し，後記のとおり，毎年三回実施される同工場の定期自主検査において，本件吸入弁を含む要所毎のバルブを閉止してその間の配管に高圧の窒素ガスを封入したうえ，圧力の低下の有無

によってバルブの閉止機能が完全に働くか否かをテストしていたものであって，以上によれば，被告人ら三名においても，吸入弁がその弁座に損傷をきたしてバルブとしての完全な閉止機能を失うことのあることを予見できたことは明らかであるといわなければならない。

　なお，弁護人らは，前記のとおり，吸入弁の弁座に溝状の損傷のできた原因が明らかではなく，本件事故当時，被告人Ｘが吸入弁を増締めした際弁座に挾っていたスケールが押し潰され，それによって生じた打痕である可能性も否定できないので，被告人ら三名には右損傷について予見のできるはずがない旨主張するが，後記のとおり，被告人Ｘが吸入弁からの漏出を止めるため長さ約三〇センチメートルのハンドル回しを用いて増締めしたのにハンドルは全く動かなかったこと，及び，前記のとおり，弁座に生じた溝の内部にも多数の孔蝕が存在することにかんがみ，吸入弁の右損傷が本件事故時に生じたものとはとうてい考えられないので，弁護人の右の主張は失当であるというほかはない。

　(二) 吸入弁が破損することによりその閉止機能を喪失することについての予見可能性

　1，前掲証拠によれば，本件吸入弁は，素手による開閉操作を前提とし，ハンドル（ハンドルの手輪部）に三〇キログラムの力を加えることによって閉止できるように設計されているが，人の力の最高限度を約六，七〇キログラムとみてその四倍以上の力にも耐え得るように安全性が考慮されているものであり，破断したヨーク部分（ボンネット）の破断面からみて材質的な欠陥も認められないものであるところ，《証拠略》によれば，このように何らの欠陥もない鋳鉄製三インチバルブについて，被告人Ｘが本件事故当時使用した長さ約五五・五センチメートルのハンドル回しを用いた場合，ハンドル回しの柄の端に五一・八キログラムの力を加えることによってヨーク部分が破断するに至るものであり，本件事故後にＡ化学Ｂ工場において，同種のバルブを用いて実験を行った際にも，右のハンドル回しを利用して挺子とした場合にはさして強い力を加えなくともヨーク部分等の破断するに至ることが確かめられた。

　2，弁護人らは，このようにバルブが容易に破損してその閉止機能を失う

に至ることは本件事故によって初めて分かったことで，事故前には想像もできなかったことである旨主張するのであるが，前掲証拠によれば，合成第一課係長代理Lは，アセチレン関係の鋳鉄製バルブをハンドル回しを用いて増締めした際，バルブのボンネットとハンドルの間を折ってしまった経験を有し，その他，合成第一課内で，ハンドル回しの使用によって，バルブの閉止機能を失わせるに至らないまでも，バルブの開閉を不能にするような弁棒のねじ切り，ねじ曲げ，ハンドルの破損などの事故やスチーム用バルブについて冬期に内部の水が凍結してボンネットを破断した事故の経験も有していたことが認められ，これらによれば，右の事故例がスチーム弁の凍結によるものであるからといい，あるいは直ちにバルブの閉止機能を失わせるものでないからといって，右の破損部分と同一の材質でできているヨーク部分等がハンドル回しで力を加えられることによって破損し，バルブとしての閉止機能を失うに至ることなどないものと考えるのは，被告人らが，その性質上一歩誤まれば重大な爆発事故の起きるおそれの大きい塩ビモノマーの製造の管理をし，あるいはその製造に従事する立場にある者であることに徴してみると，とうてい合理性が認められず，首肯できないところである。前記のとおり，本件吸入弁はもともと素手による開閉操作を前提として作られているものであるところから，ハンドル回しはバルブの付属品などとしてついていたものではなく，作業員らが古くから作業上の必要に応じて考案し使用していたものにすぎないことは証拠上明らかであるところ，合成第一課の作業員の中には，後記のようにハンドル回しの使用についてその危険性をさほど意識していなかった者も少なくない反面，その使用については慎重に意を用い，比較的小さい本件三インチ吸入弁については力を加え過ぎないように小さなハンドル回しを使っていた者もまた少なくないこと，組長Mは，前記の長さ約五五・五センチメートルのハンドル回しを一〇ないし一二インチのバルブに使用していた作業員に対し破損のおそれがあるとして力を入れすぎることのないように注意した事実のあることも認められるところであって，以上によれば，ハンドル回しを使用して吸入弁の開閉操作を行う作業に従事し，またそのような作業の実情を知りあるいは知るべき立場にあった被告人らにおいて，力の加え方いかんによってはバルブが破損し，閉止機能を喪失する

に至ることがあるということについても予見できたものであるといわなければならない。

(三) 作業員がストレーナーの点検・清掃にあたってその蓋を開けたまま吸入弁の増締めを行い，バルブを破損させるほどの力を加えることがあることについての予見可能性

前示のとおり，本件ストレーナーの点検・清掃作業にあたっては，「安全標準動作」により，ストレーナーの外壁に着いた霜が解けてからその蓋を開けるように指示されているところ，前掲証拠によれば，通常この作業手順は守られていたことが認められるものの，本件ストレーナー同様内部に液化塩ビモノマーが流れているいわゆるＰ送りストレーナー（精VCタンクと重合工場の間に存在するストレーナー）及び還流ストレーナー（脱アセチレン塔付近に存在するストレーナー）の点検・清掃作業においては，時に重合工場の都合等で作業を急がされることがあり，ストレーナー内部に液化塩ビモノマーが残存してその外壁に霜が着いている場合であってもこれを意に介さず，「安全標準動作」の指示に反してストレーナーの蓋を開け作業をすることも少なからずあったことが認められるのであって，ストレーナーの点検・清掃作業に慣れるに従い，ことにまた，たまたま，当時，前示のとおり，本来二系列あるストレーナーの一系列が使用中止となっていて，一方の点検・清掃中に他方を利用して操業を継続することができない状態であったため，その間の操業停止状態を少しでも短縮しようと考えて，作業員が前記のＰ送りストレーナー及び還流ストレーナーの点検・清掃作業と同様，ストレーナーの外壁に着霜があって内部に塩ビモノマーが残存している場合であっても，その量が少ないことに気を許して蓋を開ける危険性は多分に存したものといわなければならない。

また，各バルブはもともと素手による開閉操作を前提として作られていたところ，バルブの錆付き時の操作及びスケールの挟まりを押し潰すための増締め等に便利であることから作業員らが古くからハンドル回しを考案して使用していたものであり，本件事故当時，モノマー工場の計器室入口の壁に前示の長さ約三〇センチメートルのもの（小さい方から数えて二番目の大きさのもの）及び長さ約五五・五センチメートルのもの（大きい方から数えて二番目の大

きさのもの）を含め，五種類の鉄製ハンドル回しが掛けられてあったが，どのバルブについてどのハンドル回しを用いるべきか，あるいは使用にあたっていかなる点に注意すべきかなどについては何らの定めもなく，各作業員らはこれに関して全く教育を受けず，いわば見様見真似で使用していたこと，そのため，前記のとおり，ハンドル回しを用いることによってバルブを破損するおそれのあることを意識してその使用については慎重な態度をとっていた作業員も少なくない反面，前記の長さ約五五・五センチメートルの大きなハンドル回しで三インチの小さなバルブを増締めするなど必ずしもその危険性について十分な配慮をしていなかった者もまた少なくないこと，その結果，前記のとおり，弁棒のねじ切り，ねじ曲げ，ハンドルの破損などの事故が発生していたことも認められる。

　被告人Y及び同Zは，右のような作業の実態を把握していなかったので前記の点についての予見可能性がなかった旨主張するのであるが，第二工場における保安責任者，安全管理者及び環境保安管理者である被告人Y，合成第一課における作業主任者及び環境保安管理者である被告人Zの両名には，それぞれその職責にかんがみてこれら作業の実態を把握すべき義務のあったことは明らかであり，右の各責任を有する者として現実に作業員のストレーナー点検・清掃作業を見て回り，あるいは作業長，組長から説明を受けるなどして右の諸点についての実態を把握することは容易であったのであるから，その実態を知らなかったからといって，前記の点についての予見可能性を否定することはできないものといわなければならない。

　二，結果回避義務について

　（一）被告人Xの結果回避義務

　被告人Xについて前記の各予見可能性が認められるところ，同被告人は本件ストレーナーの点検・清掃作業にあたり，工場において定めた「安全標準動作」の指示する手順を守り，何よりもまずストレーナー内部に液化塩ビモノマーがなくなるまでストレーナーの蓋を開くべきでなく，また，吸入弁力ら液化塩ビモノマーが漏出しているのを発見した際，長さ約三〇センチメートルのハンドル回しを用いて増締めしてもハンドルが全く動かず，漏出も止まらなかったのであるから，スケールの挟み込み以外の原因による漏出の可

能性についても思いを致し，あくまで増締めによって漏出を止めようと考えることなく，直ちにストレーナーの蓋を閉めて上司である組長に報告しその対策について指示を受けるべきであり，さらに，吸入弁の増締めにあたっては，バルブに過大な力を加えてこれを破損させることのないよう適切な大きさのハンドル回しを用いて慎重に行うことにより，吸入弁の破損に起因し液化塩ビモノマーの噴出によって発生した本件爆発事故を未然に防止すべきであったことは明らかである。

しかるに同被告人は，前示のとおり，作業を急ぐあまり，ストレーナー内部に未だ液化塩ビモノマーが多量に残存している状態のままその蓋を開け，また，吸入弁からストレーナーの中に液化塩ビモノマーが漏出しているのを発見して前記のとおり一応の増締めをし，なお漏出が止まらなかったのに，上司に報告することなく，さらに，不当に大きな長さ約五五・五センチメートルのハンドル回しを用いて強い力で増締めをしたことにより，吸入弁のヨーク部分を破断させて大量の液化塩ビモノマーを噴出させ，本件爆発事故を惹起せしめたものであるから前記の諸点について注意義務違反の存することは多言を要しないところである。

なお，検察官は，被告人Xとしては，吸入弁から液化塩ビモノマーが漏出しているのを発見した時点で直ちに上司に報告して指示を受けるべきであった旨主張するが，作業員において，その場の具体的状況に応じて通常の方法による一応の措置を講ずることまでも一切許されないものと解すべき理由はなく，被告人Xにおいて，吸入弁から液化塩ビモノマーが漏れ出しているのは経験上バルブの締め不足かスケールの挟み込みによることが多いことから，前記の長さ約三〇センチメートルのハンドル回しを用いて一応の増締めを試みた措置に対しては，右ハンドル回しの使用と本件事故との因果関係についての立証がない以上，非難を加えることができないところであるといわなければならない。

また，弁護人らは，「安全標準動作」は作業についての基準を示したものであって，その応用・修正を許さないものではなく，本件当時のようにストレーナーが一系列しかない状況のもとにあっては操業停止状態を少しでも短縮するためストレーナーの外壁に着霜していてもその蓋を開けて点検・清掃

作業をすることが許されるべきであるし，被告人Xは長さ約五五・五センチメートルのハンドル回しで増締めをしたが，その際，決して強い力でハンドルを回したわけではない旨主張するが，右作業にあたって「安全標準動作」に定められた事項のうち，防塵眼鏡の使用等作業手順に属しないものについてはともかく，操作もしくは手順を誤れば相当量の液化塩ビモノマーが大気中に放出される結果を招くような重要な部分については，塩ビモノマーの爆発性混合気となり易い性質にかんがみて，本件のごとき爆発事故を避けるため最大限の考慮を払うことが要請されるのであって，操業停止状態を短縮するためなどという理由によってその手抜きが許されるものとはとうてい認めることができない。また，前記のとおり，本件吸入弁は約三〇キログラムの力を加えることによってこれを閉止することができるものであるにもかかわらず，被告人Xは前示のハンドル回しで約五二キログラム以上の力を加えたものであるところ，同被告人がこれより先に小さなハンドル回しで増締めしたのにハンドルが全く動かなかったため，さらにより大きな力を加えるべく前示の大きなハンドル回しを用いるに至った経緯にかんがみると，その際，力を入れて増締めすることのみに気を奪われてバルブの破損のおそれについては全く注意を払わず，とくに手加減もせずに強い力を加えたものであることは容易に推認することができるのであって，弁護人らの右主張はいずれも理由がない。

(二) 被告人Y及び同Zの結果回避義務

本件爆発事故は，前示のとおり，直接的には被告人Xの過失行為によって発生したものであるが，当裁判所としては，被告人Y及び同Zにおいても，保安責任者あるいは安全管理者としての職責上，この爆発事故の発生を未然に防止すべき業務上の注意義務が課せられていたものであって，この点についての検察官の主張は，吸入弁の内面目視検査義務に関する部分を除き，全面的にこれを肯認すべきものと考えるので，以下その理由を説明する。

1，吸入弁の内面目視検査義務について

検察官は，A化学B工場においては，毎年三月，七月及び一一月の三回工場設備について自主検査を実施することとなっており，昭和四八年七月に実施した定期自主検査の際に本件吸入弁を解体したうえその内面について目視

検査を実施していたならば前記吸入弁の弁座にみられる溝状の損傷を発見し得たはずであり、したがって本件事故は回避することができた旨主張する。

　しかしながら、前記のとおり、本件吸入弁の弁座面にみられる損傷の成因については必ずしも明らかではなく、またそれが生じた時期も不明というほかはないところ、《証拠略》によれば、Ａ化学Ｂ工場においては、本件爆発事故の発生した第二工場だけに限っても数千個のバルブが存在し、それら全部について解体のうえ内面の目視検査をするのは実際上不可能であることから、流体に塩酸の含まれているバルブ等とくに腐蝕のおそれのあるバルブについては解体目視検査を実施し、そのようなおそれのない一般バルブについては、要所毎のバルブを閉止してその間の配管に高圧の窒素ガスを封入したうえ、圧力の低下の有無によってバルブの閉止が完全であるか否かをテストしていたこと、本件吸入弁については、流体である塩ビモノマーが中性であって一般に腐蝕性を有しないところから内面目視検査を実施したことはないけれども、昭和四八年七月の定期自主検査の際、吸入弁と脱アセチレン塔の入口弁を閉じてその間の配管を密閉したうえ、内部の塩ビモノマーを窒素ガスに置換してこれに一平方センチメートル当り六・六キログラムの圧力を加え、右の各弁で遮断された操業停止時における液化塩ビモノマーの圧力・一平方センチメートル当り約四キログラムとの間に差を設けて右窒素ガスの圧力が低下するか否かをテストしており、その結果によると圧力の低下はなく、従って、当時吸入弁の弁座から塩ビモノマーの漏出はなかったものであることがそれぞれ認められるのであって、以上の諸事実に照らして考えるならば、被告人両名の関係する第二工場としては、バルブから塩ビモノマーが漏出しているか否かを発見するための検査に相応の努力をしていたものと認めるべきであり、他に方法がない場合にはともかく、後記のような安全装置を施し、かつ徹底した安全教育を実施することにより、吸入弁が損傷してバルブの閉止機能に欠陥を生じたとしても、液化塩ビモノマーの噴出による爆発事故の発生は、これを避け得べきものである以上、第二工場が吸入弁の内面について目視検査を実施しなかった点をとらえて被告人両名に過失があるということはとうてい是認することができないのである。

　2，安全用バルブ等の設置義務並びに液化塩ビモノマー漏出時の措置及び

ハンドル回しの選定，使用方法等についての安全教育義務

(1) 前掲証拠によれば，本件粗VCタンクは直径一・九メートル・長さ一一・二メートル・容積三〇立方メートル（塩ビモノマーにして約二八トン）の巨大な円筒形タンクであって，同タンク内を流れる液化塩ビモノマーを引き続き脱アセチレン塔へ押し上げる装置であるケミポンプを有効に作動させるためその前段で一定量の液化塩ビモノマーを溜める必要があって設置されているものであるが，このタンクより後段の製造過程にトラブルが生じた場合に流れてくる塩ビモノマーをここで止める機能をも併せてもたせてあることから，現実の容量に一定の余裕を保たせておく必要もあり，本件事故当時の昭和四八年ころは，タンク内の液化塩ビモノマーを通常二・五プラス・マイナス〇・五立方メートルの範囲内に止めるよう指定されていたこと，しかしながら，右の指定は当時の塩ビモノマーの生産量が月産にして約一，〇〇〇ないし一，五〇〇トンであることを前提にしてなされていたもので，月産約六，〇〇〇トンであった昭和三〇年代にはこれが一〇プラス・マイナス三立方メートルとされていたこともあり，必ずしも絶対的な数値ではなかったこと，たまたま本件事故の直前である昭和四八年七月ころから塩酸とアセチレンの合成反応率が低下して不良の精VCが生産されてくるようになり，第二工場でその対策を検討した結果，同年九月ころ，精VCタンクから逆に粗VCタンクに通じる配管を新たに設置して右の不良精VCを粗VCタンクにもどし，再度本件ストレーナーを通じて脱アセチレン塔へ送り精溜することとし，そのため粗VCタンク内の塩ビモノマーの量が増加して一五立方メートルに達することもあったこと，このように粗VCタンク内の塩ビモノマー量が増加していたため，さらにこれが増加するのを避けるべく，同年一〇月八日及び一八日のストレーナー点検・清掃作業を控えたにもかかわらず，本件当日も相当多量の塩ビモノマーが溜まっていたこと，被告人Y及び同Zは，右のように粗VCタンク内には常にかなり多量の液化塩ビモノマーが溜められていること及び不良精VCの生産により塩ビモノマーを粗VCタンクへもどすこととしたため本件事故当時には一層多量の塩ビモノマーが粗VCタンクに溜まる結果となっていたことを熟知していたことがそれぞれ認められる。

(2) このように，粗VCタンク内には前示のとおり極めて危険性の高い液化塩ビモノマーが常時大量に溜められているところ，これに引き続くストレーナーが一〇日に一度の頻度で点検・清掃され，その度に本件吸入弁がハンドル回しによって開閉されるのであって，その際本件のごとく，ストレーナーの蓋を開けたままの状態で作業員がハンドル回しの誤操作によって吸入弁を破断させてしまえば，多量の液化塩ビモノマーが大気中に噴出して重大な爆発事故を起こすに至ることはまことに明白であるといわざるをえないのであるから，粗VCタンクと吸入弁の間の配管に，タンクからの液化塩ビモノマーの流れを遮断するための安全用のバルブないしは緊急遮断装置を設けておくことが是非とも必要であり，同時に作業員に対しては，ストレーナーの点検・清掃中に吸入弁からの液化塩ビモノマーの漏出を発見し，作業員としての通常の応急措置を講じてもなお漏出が止まらない場合には，ストレーナーの蓋を閉じたうえ上司にこれを報告し対策について指示を受けること，並びに作業に使用するハンドル回しの大きさの選定及び使用方法などについて普段から適切な安全教育を行う必要性が十分認められ，かつ，これを実施することによって本件爆発事故の発生は確実に避けられたものということができる。

(3) ところで，前示のとおり，被告人Yは，第二工場長として同工場における保安責任者及び安全管理者に任ぜられ，工場内における高圧ガスに関する危害を予防する権限と責任を有していたものであり，被告人Zは，合成第一課課長として同課における作業主任者及び保安管理者に任ぜられ，課内において右同様の権限と責任を有していたものであって，被告人両名のこれら重大な職責にかんがみるならば，両被告人は，本件のごとき事故の発生を未然に防止するため万全を期すべく，工場内における設備・装置の安全管理と作業員に対する安全教育の両面にわたり，細心にして綿密なる施策を要請される立場にあったものであって，前記の結果回避のための措置を講ずべき義務を負っていたものであることは明らかである。

なお，弁護人らは，検察官が被告人両名の過失の内容として，粗VCタンクの出口に元バルブ等を設けるべきであったのにその措置を怠ったものである旨主張している点をとらえて，本件粗VCタンクは貯槽ではなく，内容物

が常に流動している受槽であるから一般的に元バルブは必要ではなく、そもそも本件吸入弁が元バルブ的な機能を有しているのであって、これに加えてさらに元バルブを設置すべき義務はない旨争うのであるが、公訴事実の記載全体及び検察官の釈明によれば、検察官は、本件粗VCタンクと吸入弁の間を遮断すべき安全装置の設置義務違反を訴因として主張していることが明らかであり、前示のとおり、ストレーナー吸入弁までの距離が短かいことから粗VCタンクに近接して設置すべきバルブの趣旨で元バルブなる用語を用いているのであって、この点は畢竟右の安全装置の呼び方の問題にすぎないのであるから、弁護人らの右の主張は理由がない。

　また、弁護人らは、かりに右安全装置としてのバルブを設けていたとしても、吸入弁が破損して内部の液化塩ビモノマーが噴出する勢いは手のつけられないほど凄まじく、右バルブを閉じて噴出を食い止めることはできない旨主張する。しかしながら、もし、右のごとき安全用バルブがあれば、吸入弁を閉じる前にまずこれを閉める手順となる旨供述する作業員もいるところ、本件事故の場合に即して考えてみても、被告人Xにおいて前示の長さ約五五・五センチメートルのハンドル回しを使用する前に安全用バルブを閉じる行為に出たであろうことは推測するに難くないところであって、弁護人の前記主張はいずれにせよ理由がないというべきである。

　三、以上に説示したとおり、被告人ら三名は、いずれも、本件爆発事故に関し、結果発生の予見が可能であり、これを未然に防止すべき業務上の注意義務を負っていたにもかかわらず、その回避措置を怠ったものであるから、業務上の過失責任を免れないのである。」

解　説

　1　本件は作業員の過失により結果が発生した場合において、監督的立場にある者に監督者としての過失責任（監督過失）を認めることができるかが問題となっている。この場合、主として問題となるのが、予見可能性・結果予見義務違反の有無である。なぜなら、監督過失では、結果を直接惹起した直近の行為者の過失によって結果を生じさせたことについての、監督者の結果予見・結果回避義務違反が問題となるが、日常的に問題なく作業を行って

いる行為者について，その者が過失により結果を生じさせることについての予見可能性を監督者に肯定することには困難があるからである。したがって，監督過失を肯定するためには，特別の事情が必要となる。人は間違うことがあるということだけを根拠とするのでは，監督者の予見可能性は常にあることになりかねず，あまりに無限定な過失処罰，結果責任的処罰に至ることになってしまうからである。これは妥当とはいえない。そのため，監督過失を認めるためには，上記の特別事情をどのようなことを理由・根拠として認めるのかが重要な問題となるといえる。

2 本件における監督過失を監督者である被告人Y及び被告人Zに認めるためには，①「吸入弁がその弁座の損傷によりバルブとしての閉止機能に欠陥を生ずることについての予見可能性」，②力の加え方によって「吸入弁が破損することによりその閉止機能を喪失することについての予見可能性」及び③「作業員がストレーナーの点検・清掃にあたってその蓋を開けたまま吸入弁の増締めを行い，バルブを破損させるほどの力を加えることがあることについての予見可能性」が必要となる。これらのうち，とくに問題となるのが②及び③である。本判決は，②について，「ハンドル回しを使用して吸入弁の開閉操作を行う作業……の実情を知りあるいは知るべき立場にあった被告人らにおいて，力の加え方いかんによってはバルブが破損し，閉止機能を喪失するに至ることがあるということについても予見できたものである」としてこれを肯定した。③については，「各バルブはもともと素手による開閉操作を前提として作られていたところ，バルブの錆付き時の操作及びスケールの挾まりを押し潰すための増締め等に便利であることから作業員らが古くからハンドル回しを考案して使用していたものであり，本件事故当時，モノマー工場の計器室入口の壁に前示の長さ約三〇センチメートルのもの（小さい方から数えて二番目の大きさのもの）及び長さ約五五・五センチメートルのもの（大きい方から数えて二番目の大きさのもの）を含め，五種類の鉄製ハンドル回しが掛けられてあったが，ストレーナーの点検・清掃作業に慣れるに従い，ことにまた，たまたま，当時，前示のとおり，本来二系列あるストレーナーの一系列が使用中止となっていて，一方の点検・清掃中に他方を利用して操業を継続することができない状態であったため，その間の操業停止状態を少

しでも短縮しようと考えて，作業員が前記のP送りストレーナー及び還流ストレーナーの点検・清掃作業と同様，ストレーナーの外壁に着霜があって内部に塩ビモノマーが残存している場合であっても，その量が少ないことに気を許して蓋を開ける危険性は多分に存した」こと，「どのバルブについてどのハンドル回しを用いるべきか，あるいは使用にあたっていかなる点に注意すべきかなどについては何らの定めもなく，各作業員らはこれに関して全く教育を受けず，いわば見様見真似で使用していたこと，そのため，前記のとおり，ハンドル回しを用いることによってバルブを破損するおそれのあることを意識してその使用については慎重な態度をとっていた作業員も少なくない反面，前記の長さ約五五・五センチメートルの大きなハンドル回しで三インチの小さなバルブを増締めするなど必ずしもその危険性について十分な配慮をしていなかった者もまた少なくないこと，その結果，前記のとおり，弁棒のねじ切り，ねじ曲げ，ハンドルの破損などの事故が発生していたことも認められる」こと，そうすると，「右のような作業の実態を把握していなかった」としても，「第二工場における保安責任者，安全管理者及び環境保安管理者である被告人Y，合成第一課における作業主任者及び環境保安管理者である被告人Zの両名には，それぞれその職責にかんがみてこれら作業の実態を把握すべき義務のあったことは明らかであり，右の各責任を有する者として現実に作業員のストレーナー点検・清掃作業を見て回り，あるいは作業長，組長から説明を受けるなどして右の諸点についての実態を把握することは容易であったのであるから，その実態を知らなかったからといって，前記の点についての予見可能性を否定することはできない」ことから，結論として，これを肯定しているのである。

本件では，上記のような事情が直接作業を担当する者の過失行為の予見可能性，そして監督過失を基礎づけているのである。監督過失を認めるためには，こうした特別な事情が認められる必要があることになるわけである。

7 最決平成2・11・16刑集44巻8号744頁

[事　案]
決定理由参照

[決定理由]

「所論にかんがみ，被告人に本件火災事故に関する過失の罪責があるかどうかを検討する。

一　原判決及びその支持する第一審判決の認定によると，本件の事実関係は，次のとおりである。

1　(イ)　被告人は，旅館業等を目的とする有限会社Aホテルの取締役であり，代表取締役である夫のBと共同してAホテルの経営に当たっていたが，Bがホテル経営の意欲を失っていたこともあって，常時同ホテルにおいて執務し，直接従業員を指揮監督して日常の業務を行うとともに，同ホテルの建物の維持管理はもちろん，新築，増改築を実行し，これらの業務と関連して防火防災管理の業務も行っていた。(ロ)　同ホテルでは，支配人（店長）が任命されていたが，同人は，日常の備品購入等少額の支出は別として，それ以上の支出をするには，経理を統括する被告人の承諾を要し，一般従業員の採用，給与の決定等についても最終的には被告人の承諾が必要であり，防火防災管理の業務の面でも，その管理運営についてはその都度被告人の指示を受けて処理していた。(ハ)　同ホテルでは，被告人及びB以外に，消防法八条一項にいう「防火対象物の管理について権原を有する者」に当たる者は存在せず，また，同項に規定する防火管理者の選任も行われておらず，支配人以下の従業員の中に実質的にその地位にあったと認められる者も存在しなかった。

2　同ホテルは，鉄骨木造亜鉛メッキ鋼板葺一部陸屋根五階建の旧館（延床面積一五三七・二二平方メートル）と木造一部鉄骨亜鉛メッキ鋼板葺一部瓦葺二階建の新館（延床面積一四六九・八七八平方メートル）とが接着し，新館と旧館の一階及び二階の各中央部が連絡通路によって結ばれた構造となっており，宿泊収容人員数は約二五〇名である。

3　昭和五五年一一月二〇日午後三時ころ，新館西側に接着する婦人風呂外側の旧露天風呂用地において，アセチレンガス切断機による鉄柵切断作業に従事していた建設会社の作業員が，不注意により，切断機の炎を婦人風呂外壁の間隙に流入させたため，同所付近から火災が発生し，火炎は，壁体内を上昇しながら婦人風呂屋根裏に達して天井に燃え移り，充満した火炎及び

煙は，屋根裏に接着していた新館二階への階段の天井及び側壁を燃え抜けてフラッシュオーバー現象を起こし，これにより大量の煙が流出した。そして，煙は右階段部を上昇して，新館二階廊下を東方に進み，新館と旧館の接合部である連絡通路を経て旧館に流入し，さらに，旧館中央階段及び西側階段を上昇して，三階，四階に充満し，これに続いて火炎が広がっていった。ところで，同ホテルの新館と旧館との各連絡通路部分には防火戸の設置がなく，旧館二階ないし四階の中央及び西側の各階段部分は防火区画となっていなかったため，多量の煙や火炎が短時間に，しかも容易に旧館二階ないし四階の各階段，廊下，客室等に流入，充満した上，同ホテル従業員による適切な火災通報，避難誘導が全くされなかったため，婦人風呂及びこれに隣接する大浴場並びに旧館の二階ないし四階にいた宿泊客及び従業員の相当数は，外部に脱出することが困難となって逃げ場を失い，多量の煙，一酸化炭素等を吸入し，あるいは新館屋根等に飛び降りざるを得なくなり，その結果，老人会の団体客を含む宿泊客及び従業員のうち合計四五名が死亡し，二二名が傷害を負った。

　4　ところで，同ホテルにおいては，消防法によって要求されている防火管理者の選任及びその届出はもとより，火災発生時における宿泊客の避難誘導等に関する消防計画の作成及びその届出は一切行われておらず，消火，通報及び避難の訓練等は一度も実施されていなかった。また，同ホテルの旧館は，建築基準法令によって，各階段部分を防火区画とし，外壁の開口部である旧館一階，二階と新館一階，二階との各連絡通路にそれぞれ煙感知器連動式甲種防火戸を設置することを義務付けられており，被告人は，旧館以外の建物部分から火災が発生した場合，これらの設備が設けてあれば，煙及び火炎の流入，拡大を防止し，旧館の宿泊客等の生命・身体の安全を確保できることを，所轄藤原町消防署及び栃木県土木建築課の改善勧告等により認識していたにもかかわらず，これらの設備を設けていなかった。なお，同ホテルにおいて，右の各設備を設けることを困難ならしめる事情は存在しなかった。

　5　本件火災については，同ホテルにおいて，あらかじめ消防計画を作成し，これに基づき避難訓練を実施して，従業員間に避難誘導の方法を周知徹

底させるとともに，新館二階と旧館二階との連絡通路部分に煙感知器連動式甲種防火戸を設置し，かつ，旧館二階ないし四階の中央及び西側の各階段部分を防火区画としていたならば，右の防火戸及び防火区画の設置により，少なくとも約三〇分間は旧館内への煙の流入を阻止することができ，避難誘導時に若干の混乱が起こったとしても，訓練を受けた従業員の避難誘導により，旧館内の宿泊客及び従業員の全員は，右の三〇分間内に安全な場所に避難することができたと認められる。

　二　右の事実関係によれば，被告人は，Bと共にAホテルの経営管理業務を統括掌理する最高の権限を有し，同ホテルの建物に対する防火防災の管理業務を遂行すべき立場にあったことが明らかであるが，宿泊施設を設け，昼夜を問わず不特定多数の人に宿泊等の利便を提供する旅館・ホテルにおいては，火災発生の危険を常にはらんでいる上，被告人は，同ホテルの防火防災対策が人的にも物的にも不備であることを認識していたのであるから，いったん火災が起これば，発見の遅れ，初期消火の失敗等により本格的な火災に発展し，建物の構造，避難経路等に不案内の宿泊客等に死傷の危険の及ぶ恐れがあることはこれを容易に予見できたものというべきである。ところで，被告人は，同ホテルにおいては，防火管理者が選任されていなかったのであるから，必要と認められる消防計画を自ら作成し，あるいは幹部従業員に命じて作成させ，これに基づく避難誘導訓練を実施する義務を負っており，また，被告人は，旧館二階ないし四階への煙及び火炎の流入，拡大を防止し，宿泊客等の生命，身体の安全を確保するため，建築基準法令に従い，自らの責任において，新館二階と旧館二階との連絡通路部分に煙感知器連動式甲種防火戸を設置し，旧館二階ないし四階の中央及び西側の各階段部分を防火区画とする義務を負っていたというべきである。そして，被告人が右の義務を履行するため必要な措置をとることを困難ならしめる事情は存在しなかったところ，本件火災による宿泊客及び従業員の死傷の結果については，被告人において，あらかじめ消防計画を作成してこれに基づき避難誘導訓練を実施するとともに，右の防火戸・防火区画を設置していれば，双方の措置が相まって，本件火災による宿泊客等の死傷の結果を回避することができたものと認められる。

してみると，本件火災による宿泊客等の死傷の結果は，被告人が右のような義務があるのにこれを怠ったことによるものであるから，被告人には過失があり，被告人に対し業務上過失致死，同傷害罪の成立を認めた原判決の判断は相当である。」

解説

1　本件は，川治プリンスホテル事件と呼ばれるケースであり，ホテルでアセチレンガス切断機による鉄柵切断作業を行っていた作業員の不注意から火災が発生したが，同ホテルでは適切な防火戸の設置，防火区画の設置がなされておらず，また，ホテル従業員による適切な火災通報，避難誘導が全くされなかったため，宿泊客及び従業員の相当数は，外部に脱出することが困難となって逃げ場を失い，多量の煙，一酸化炭素等を吸入し，あるいは新館屋根等に飛び降りざるを得なくなり，その結果，多数の宿泊客及び従業員が死傷したという業務上過失致死傷事件である。本件の特色は，作業の不手際により火災を発生させた作業員の過失（直接過失）でも，作業員を監督する立場にある者の過失（監督過失）でもなく，建物等の管理を適切に行わなかった管理者の過失（管理過失）が問題となっていることである。

2　本決定は，ホテルの管理者である被告人について，①結果予見可能性を肯定し，②結果回避義務の内容を画定した上で，③結果回避義務の履行によって結果回避が可能であることから，業務上過失致死傷罪の成立を肯定している。

まず，結果予見可能性については，「宿泊施設を設け，昼夜を問わず不特定多数の人に宿泊等の利便を提供する旅館・ホテルにおいては，火災発生の危険を常にはらんでいる上，被告人は，同ホテルの防火防災対策が人的にも物的にも不備であることを認識していたのであるから，いったん火災が起これば，発見の遅れ，初期消火の失敗等により本格的な火災に発展し，建物の構造，避難経路等に不案内の宿泊客等に死傷の危険の及ぶ恐れがあることはこれを容易に予見できた」とした。本件ホテルのように防火体制が整備されていない建物で「いったん火災が起これば」死傷の結果が生じる危険があることは明らかであり，この点についての予見可能性を肯定することはできる

であろう。ただし、問題となるのは、火災が発生しない限り火災による死傷の結果は生じようがないということであり、死傷の結果の予見可能性を認めるためには、火災発生の予見可能性を肯定しうることが必要となるということである。本決定は、このことを「宿泊施設を設け、昼夜を問わず不特定多数の人に宿泊等の利便を提供する旅館・ホテルにおいては、火災発生の危険を常にはらんでいる」という理由から肯定した。ホテル・ニュージャパン事件でも同様の考え方が採られている[10]。これに対して、雑居ビルで発生した火災の出火原因が不明である千日デパートビル火災事件（最決平成2・11・29刑集44巻8号871頁）では、この点についての言及はない。確かに、放火の疑いがある場合を含め[11]、出火原因を特定しえない以上、その予見可能性を具体的に論じることはできないということが考えられるものの、「幅をもった」ものであるにせよ、出火の予見可能性を問題にする必要がないのかには疑問が残るともいえよう。この点については、出火の可能性は当然認められると理解されているとの解釈も可能であろう。この理解を採る場合には、そのような事実認識の適切性が問題となる。あるいは別の側面から見れば、結果予見義務・結果予見可能性には、どのような結果回避義務を課するかの前提として意味があり、一定の結果回避措置を義務づけることについて問題がない場合には、出火自体の予見可能性は重視されないとの解釈も可能であろう。こうした理解は、結果予見義務を結果回避義務の前提としてのみ理解する、前述した危惧感説に通じるものがあることになる。

　3　本決定は、被告人に課される結果回避義務の内容として、①消防計画を自ら作成し、又は幹部従業員に命じて作成させ、これに基づき避難誘導訓練を実施する義務、②防火戸・防火区画を設置する義務を認めたが、これは、火災の拡がりを遅らせ、宿泊者等を避難させることによって死傷の結果発生の危険を減少させるものであり、このような観点から理解しうるところである。そして、本件決定は、①又は②の義務を単独で履行しただけでは死傷の結果を完全に回避することはできなかったとしても、①及び②「双方の措置が相まって、本件火災による宿泊客等の死傷の結果を回避することがで

---

[10] 最決平成5・11・25刑集47巻9号242頁。
[11] 最判平成3・11・14刑集45巻8号221頁（大洋デパート事件）参照。

きた」として被告人の過失責任を肯定したのである。

　ここで，まず重要なのが，結果回避義務の履行によって結果回避が可能であることが過失犯成立の要件となることであり，これは，判例 5 でも現れていた理解である。さらに注目されるのが，本件では，結果回避義務として①及び②の双方が義務づけられるということであり，これらの義務を共に履行していたら結果が回避できたとされていることである。①又は②の一方を履行しただけでは足りないのであり，結果回避義務を完全に履行すれば結果回避が可能である以上，結果回避義務違反に基づいて結果が発生したと理解しうることになる。

V─まとめ

　過失犯は，犯罪事実が不注意により認識・予見されていない場合であるが，犯罪事実を認識・予見した上で，それを回避することが行為者に求められているのである。この理解は，故意犯で，行為者には自ら認識・予見した結果を回避する義務が課される（たとえば，行為に出ると人が死亡することを認識・予見した者は，その行為に出ないことが義務づけられる）と理解しうることに対応するものであるといえる。結果回避義務は結果を回避することを内容とする義務であり，それを基礎づけるために，結果が発生することを予見する義務が，そしてそれが可能であることを担保するために，結果予見可能性が要求されることになるのである。あくまでも予見しうる結果を回避することが行為者に求められるのであり，結果として結果を回避しうることになる行為の遂行が単に義務づけられるわけではないと考えられる。この点が，危惧感説とそれ以外の過失理解の違いであるともいえよう。

　このようにして画定される結果回避義務を履行していたら結果が回避しうることが過失犯の成立には必要となる。すなわち，結果の発生は結果回避義務違反に基づく必要があるのであり，この点について証明できない場合には，過失犯の成立は否定されることになるのである。

第7章―責任論の諸問題

［違法性の意識］
1. 最判昭和 53・6・29 刑集 32 巻 4 号 967 頁
2. 最決昭和 62・7・16 刑集 41 巻 5 号 237 頁
3. 最判平成 8・11・18 刑集 50 巻 10 号 745 頁

［責任能力］
4. 大判昭和 6・12・3 刑集 10 巻 682 頁
5. 最判昭和 53・3・24 刑集 32 巻 2 号 408 頁
6. 最決昭和 58・9・13 裁集刑 232 号 95 頁
7. 最判平成 20・4・25 刑集 62 巻 5 号 1559 頁

［原因において自由な行為］
8. 最決昭和 43・2・27 刑集 22 巻 2 号 67 頁
9. 大阪高判昭和 56・9・30 高刑集 34 巻 3 号 385 頁
10. 東京高判昭和 54・5・15 判時 937 号 123 頁

I―はじめに

　違法行為に対して刑罰を科すためには，違法行為を行ったことについて行為者を非難することが可能でなければならない。そうでなければ，非難という意味を持つ刑罰を行為者に科することを正当化することはできないのである。これが非難可能性という意味での責任の要件である。

　責任の要件についてはいくつかの解釈問題がある。まず，違法行為をなした行為者が自分の行った行為が違法であるということについて認識していること（違法性の意識）が故意犯として処罰するために必要かが問題となる。判例の伝統的立場は，違法性の意識は故意犯の成立要件ではない（もちろん過失犯の成立要件でもない）というものである（最判昭和 25・11・28 刑集 4 巻 12 号 2463 頁）。しかし，学説は，責任を非難可能性と理解する立場からそれに関係する限りで，違法性の意識に犯罪成立にとって一定の意味を与えようとしている。このような学説の動きは判例の立場にも一定の影響を及ぼしていると理解することも可能である。

刑法39条は責任阻却事由・減少事由として，心神喪失・心神耗弱を規定している。これらの要件をどのように解釈するのかは困難な問題となっている。判例は，以下でみるように，精神の障害という生物学的要件と弁識能力及び制御能力という心理学的要件を問題として責任能力判断を行っている（このような方法を混合的方法という）。それらの要件の内実の理解が問われることになる。

責任能力に関連して，行為者自身が招致した精神障害により実行行為時に一時的に心神喪失・心神耗弱状態になった場合，それをどのように扱うべきかが問題とされてきた。これは，「行為と責任の同時存在の原則」の妥当範囲の理解に係わる問題であり，実行行為時に一時的な心神喪失・心神耗弱状態であっても，それにも拘らず完全な責任を問うことを可能とする法的構成を原因において自由な行為と呼んでいる。果たしてこのような理解が可能なのか，このようなことをどのようにして認めるのかが問題となっている。

II─違法性の意識

1 最判昭和53・6・29刑集32巻4号967頁

[事　案]

判決理由参照

[判決理由]

「一　被告人A（以下，単に被告人ともいう。）に対する本件公訴事実の要旨は，被告人は，昭和四二年一一月一二日午後二時四〇分ころから同三時五分ころまでの間，東京都大田区羽田空港二丁目三番一号東京国際空港ターミナル・ビルデイングの国際線出発ロビーにおいて，日本中国友好協会の関係者ら約三〇〇名が集合し，東京都公安委員会の許可を受けないで，「佐藤首相の訪米阻止」，「蒋経国の来日阻止」等のシュプレヒコールなどをして気勢をあげたうえ，約五列になつてスクラムを組み，「わつしよい，わつしよい」とかけ声をかけながらかけ足行進して集団示威運動をした際，B（…）ほか

数名と共謀のうえ，集団中央部の台上より右シュプレヒコールの音頭をとり，煽動演説を行い，かつ，同集団に相対して右手をあげ，「ただいまから行動を開始する」旨指示し，スクラムを組ませて行進を開始させ，もって右無許可の集団示威運動を指導した，というのである。

これに対し，原判決は，関係証拠によりほぼ公訴事実にそう外形的事実を認定したうえ，被告人は単独で無許可の本件集団示威運動を指導したことになるから，一応昭和二五年東京都条例第四四号集会，集団行進及び集団示威運動に関する条例（以下，本条例という。）五条に違反する場合にあたるとしながら，進んで被告人の違法性の意識について検討を加え，被告人は行為当時本件集団示威運動は法律上許されないものであるとは考えなかつたと認められるとしたうえ，無許可の集団示威運動の指導者が，右集団示威運動に対し公安委員会の許可が与えられていないことを知つている場合でも，その集団示威運動が法律上許されないものであるとは考えなかつた場合に，かく考えるについて相当の理由があるときは，右指導者の意識に非難すべき点はないのであるから，右相当の理由に基づく違法性の錯誤は犯罪の成立を阻却するとの法律判断を示し，これを本件についてみると，被告人が本件集団示威運動は従来の慣例からいつても法律上許されないものであるとまでは考えなかつたのも無理からぬところであり，かように誤信するについては相当の理由があつて一概に非難することができない場合であるから，右違法性の錯誤は犯罪の成立を阻却するとした。

二　ところで，所論の第一点は，原判決は，故意と法律の錯誤に関する刑法三八条の解釈適用につき所論引用の当裁判所の各判例と相反する判断をしたというものであるが，右にみたように，原判決の前示法律判断は被告人に違法性の意識が欠けていたことを前提とするものであるところ，職権により調査すると，原判決には右の前提事実につき事実の誤認があると認められるから，所論について判断するまでもなく，原判決中被告人Aに関する部分は，刑訴法四一一条三号により破棄を免れない。

すなわち，原判決によれば，被告人は，日本中国友好協会（正統）（以下，単に日中正統という。）中央本部の常任理事，教宣委員長をしていた者であること，日中正統と，これと姉妹関係にある日本国際貿易促進協会の両団体は，

内閣総理大臣佐藤栄作がアメリカ合衆国政府首脳と会談するため昭和四二年一一月一二日羽田空港から出発して訪米の途につくことを知るや、右訪米は日本と中国との友好関係をそこなうものであるとして、同年九月上旬ころ、これに反対の態度を表明したうえ、機関紙やパンフレットにより、両団体の関係者などに対し、同年一一月一二日には羽田空港に集つて訪米に反対の意思表示をするからこれに参加するように呼びかけていたが、その前日都内清水谷公園で開かれた同じような団体による佐藤首相訪米反対の集会やそれに引き続くデモ行進については、被告人が東京都公安委員会の許可を受けて実行していたのに、この件については許可申請の手続がなされなかつたこと、右の呼びかけに応じて前記両団体の関係者などが昭和四二年一一月一二日東京都大田区羽田空港二丁目三番一号東京国際空港ターミナル・ビルデイング二階国際線出発ロビーに参集したが、被告人は、同日午後二時四〇分ころ、同ロビー内北西寄りにある人造大理石製灰皿の上に立ち、「首相訪米阻止に集つた日中友好の皆さんはお集り下さい」と呼びかけ、これに応じて集つた約三〇〇名の右両団体の関係者らに対し、「首相訪米を阻止しよう」という趣旨の演説をした後みずから司会者となり、日中正統会長Ｃに演説を依頼し、これに応じた同人が同じような趣旨の演説をした後、同人と交替して前記灰皿の上に立ち、手拳を突きあげて「首相訪米反対」、「蒋来日阻止」、「毛沢東思想万歳」、「中国プロレタリア文化大革命万歳」などのシユプレヒコールの音頭をとり、これに従つて前記集団は一斉に唱和したこと、続いて、関西方面から参集した人々を代表してＢが、青年を代表してＤが、演説をした後、前記灰皿の上に立つた被告人は、折からロビー内で制服警察官等が本件集団の動向を見ているのを認め、「警官の面前で首相訪米反対の意思を堂々と表示することができたのは偉大な力である」と述べて集団の士気を鼓舞したうえ、「これから抗議行動に移ることとするが、青年が先頭になり、他の人々はその後についてくれ」と指示し、最後に、右手をあげて「行動を開始します」と宣言したこと、これに応じ、前記集団の一部が、同日午後三時四分ころ、同ロビー内北側案内所附近で横約五列、縦十数列に並び、先頭部の約五名がスクラムを組んだうえ、西向きにかけ出し、その後右隊列は順次南方及び東方に方向を転換しながら同ロビー内を半周したうえ、ロビー南東部

から延びている職員通路に走り込んだが，こうしてロビー内を半周している際，右隊列中の一部の者が「わっしょい，わっしょい」とか「訪米阻止」とかのかけ声をかけていたこと，空港ビルを管理している日本空港ビルデイング株式会社は，同日午後二時四〇分ころから数回にわたり，場内マイク放送で「ロビー内での集会は直ちにおやめ下さい」などと繰り返し制止していたけれども，これを無視して前記演説やシユプレヒコールなどが行われ，かつ，各演説の途中及び終了の際に，本件集団は一斉に拍手したり，「そうだ」とかけ声をかけたりしていたことなどの事実が認められるというのである。

　これらの事実とくに右事実に現われている被告人の言動及び記録によって認められる被告人の経歴，知識，経験に照らすと，被告人は東京都内において集団示威運動を行おうとするときは場所のいかんを問わず本条例に基づき東京都公安委員会の許可を受けなければならないことを知っていたことが明らかであるうえ，終始みずからの意思と行動で本件集団を指導，煽動していたことにより，本件集団の行動が示威運動の性質を帯びていることを認識していたことも明らかであるから，被告人は行為当時本件集団示威運動が法律上許されないものであることを認識していたと認めるのが相当である。原判決が三の1で指摘している事情は，いまだ右の認定を左右するに足りるものではなく，また，本件集団示威運動が比較的平穏なものであつたとの点も，原判決の認定している前記各事実に照らし必ずしも首肯することができないから，右の結論に影響を及ぼすものではない。

　以上によれば，被告人は行為当時本件集団示威運動が法律上許されないものであることを認識していたと認められるから，被告人はそれが法律上許されないものであるとは考えなかつたと認定した原判決は，事実を誤認したものであり，この誤りは判決に影響を及ぼし，原判決を破棄しなければ著しく正義に反すると認められる。」

解　説

　1　すでにⅠで述べたように，判例は，違法性の意識は故意犯の成立に必要でないとしている（違法性の意識不要説）が，学説ではそれに反対し，違法性の意識の可能性を欠く場合には，違法行為を行ったことについて行為者を

非難することができない，したがって責任の要件を充たさず犯罪は不成立であるとする見解（責任説）が有力である。また，違法性の意識の可能性が故意の要件となるとする見解（制限故意説）も存在し，それを欠く場合には故意犯の成立が否定されるとしている（なお，この見解は，故意犯の成立が否定された場合，過失犯の成否についてどのように考えるのか不明である）。さらに，学説では，違法性の意識が故意の要件となるとする見解（厳格故意説）も主張されている（もっとも，厳格故意説は，結論の妥当性の考慮からか，違法性の意識の内容として，前法的な社会的有害性の認識で足りるとする傾向があるから，結局，同説は違法性の意識を不要とする判例の立場と実際上同じであると理解することも不可能ではない）。いずれにせよ，判例の上記の立場は学説の支持を受けていないのである。本件の原判決も，こうした学説の全般的傾向を受けて，違法性の意識を欠くことについて相当の理由がある場合には，非難可能性がなくなり，犯罪の成立が阻却されるとする立場を採っているのである。

2 最高裁は，本判決において，原判決破棄・差戻しの判断を行っている。その理由は，「被告人は行為当時本件集団示威運動が法律上許されないものであることを認識していたと認められるから，被告人はそれが法律上許されないものであるとは考えなかつたと認定した原判決は，事実を誤認したものであり，この誤りは判決に影響を及ぼし，原判決を破棄しなければ著しく正義に反すると認められる」というものである。本判決は，原判決が違法性の意識不要説に立つ従来の最高裁判例に反していると評価し，同判決を判例違反（刑訴法405条）で破棄するのではなく，被告人には違法性の意識があったとし，事実誤認（刑訴法411条）を理由として原判決を破棄している。これが注目されるところである。もっとも，この点については，事実誤認が是正されると判例違反も解消することから事実誤認で破棄したと解する（佐藤文哉・最判解刑事篇昭和53年度281頁参照）のが適切なのかもしれない。とはいえ，従来の判例の立場では犯罪の成否自体には無関係のはずである違法性の意識をわざわざ認定した上で事実誤認を認めたところから，穿ちすぎの見方かもしれないが，違法性の意識を欠くことについて相当の理由がある場合の判断についてはなお含みをもたせたと評価することも全く不可能とはいえないであろう。そうだとすれば，違法性の意識を欠く場合に免責の余地を認め

ようとする学説の傾向の影響を間接的に窺うことができるとの指摘も不可能ではなくなるのである。

2 最決昭和62・7・16刑集41巻5号237頁

[事　案]
　決定理由参照

[決定理由]
　「第一審判決及び原判決の認定によれば，本件の事実関係は，以下のとおりである。すなわち，被告人Ａは，自己の経営する飲食店「五十三次」の宣伝に供するため，写真製版所に依頼し，まず，表面は，写真製版の方法により日本銀行発行の百円紙幣と同寸大，同図案かつほぼ同色のデザインとしたうえ，上下二か所に小さく「サービス券」と赤い文字で記載し，裏面は広告を記載したサービス券（第一審判示第一，一のサービス券）を印刷させ，次いで，表面は，右と同じデザインとしたうえ，上下二か所にある紙幣番号を「五十三次」の電話番号に，中央上部にある「日本銀行券」の表示を「五十三次券」の表示に変え，裏面は広告を記載したサービス券（同第一，二のサービス券）を印刷させて，それぞれ百円紙幣に紛らわしい外観を有するものを作成した。ところで，同被告人は，右第一，一のサービス券の作成前に，製版所側から片面が百円紙幣の表面とほぼ同一のサービス券を作成することはまずいのではないかなどと言われたため，北海道警察本部札幌方面西警察署防犯課保安係に勤務している知合いの巡査を訪ね，同人及びその場にいた同課防犯係長に相談したところ，同人らから通貨及証券模造取締法の条文を示されたうえ，紙幣と紛らわしいものを作ることは同法に違反することを告げられ，サービス券の寸法を真券より大きくしたり，「見本」，「サービス券」などの文字を入れたりして誰が見ても紛らわしくないようにすればよいのではないかなどと助言された。しかし，同被告人としては，その際の警察官らの態度が好意的であり，右助言も必ずそうしなければいけないというような断言的なものとは受け取れなかったことや，取引銀行の支店長代理に前記サービス券の頒布計画を打ち明け，サービス券に銀行の帯封を巻いてほしい旨

を依頼したのに対し，支店長代理が簡単にこれを承諾したということもあつてか，右助言を重大視せず，当時百円紙幣が市中に流通することは全くないし，表面の印刷が百円紙幣と紛らわしいものであるとしても，裏面には広告文言を印刷するのであるから，表裏を全体として見るならば問題にならないのではないかと考え，なお，写真原版の製作後，製版所側からの忠告により，表面に「サービス券」の文字を入れたこともあり，第一，一のサービス券を作成しても処罰されるようなことはあるまいと楽観し，前記警察官らの助言に従わずに第一，一のサービス券の作成に及んだ。次いで，同被告人は，取引銀行でこれに銀行名の入つた帯封をかけてもらつたうえ，そのころ，右帯封をかけたサービス券一束約一〇〇枚を西警察署に持参し，助言を受けた前記防犯係長らに差出したところ，格別の注意も警告も受けず，かえつて前記巡査が珍しいものがあるとして同室者らに右サービス券を配付してくれたりしたので，ますます安心し，更に，第一，二のサービス券の印刷を依頼してこれを作成した。しかし，右サービス券の警察署への持参行為は，署員の来店を促す宣伝活動の点に主たる狙いがあり，サービス券の適否について改めて判断を仰いだ趣旨のものではなかつた。一方，被告人Bは，被告人Aが作成した前記第一，一のサービス券を見て，自分が営業に関与している飲食店「大黒家」でも，同様のサービス券を作成したいと考え，被告人Aに話を持ちかけ，その承諾を得て，前記写真製版所に依頼し，表面は，第一の各サービス券と同じデザインとしたうえ，上下二か所にある紙幣番号を「大黒家」の電話番号に，中央上部にある「日本銀行券」の表示を「大黒家券」の表示に変え，裏面は広告を記載したサービス券（第一審判示第二のサービス券）を印刷させて百円紙幣に紛らわしい外観を有するものを作成した。右作成に当たつては，被告人Bは，被告人Aから，このサービス券は百円札に似ているが警察では問題ないと言つており，現に警察に配付してから相当日時が経過しているが別になんの話もない，帯封は銀行で巻いてもらつたなどと聞かされ，近時一般にほとんど流通していない百円紙幣に関することでもあり，格別の不安を感ずることもなく，サービス券の作成に及んだ。しかし，被告人Bとしては，自ら作成しようとするサービス券が問題のないものであるか否かにつき独自に調査検討をしたことは全くなく，専ら先行する被

告人Aの話を全面的に信頼したにすぎなかつた。

　このような事実関係の下においては，被告人Aが第一審判示第一の各行為の，また，被告人Bが同第二の行為の各違法性の意識を欠いていたとしても，それにつきいずれも相当の理由がある場合には当たらないとした原判決の判断は，これを是認することができるから，この際，行為の違法性の意識を欠くにつき相当の理由があれば犯罪は成立しないとの見解の採否についての立ち入つた検討をまつまでもなく，本件各行為を有罪とした原判決の結論に誤りはない。」

解説

　1　本決定は，被告人A及びBが違法性の意識を欠いていたとしても，それにつき相当の理由がある場合に当たらないとした原判決の判断を是認して，上告を棄却している。そうした判断がなされたのは，被告人Aについては，警察官から適切な教示がなされていたにも拘らず，それを軽視したにすぎないこと，被告人Bについては，自分で調査検討せず，Aの話を全面的に信頼したにすぎないことによるのである。

　本事案も，違法性の意識は故意犯の成立要件ではないとする従来の最高裁判例に従えば，犯罪の成立が否定されることはないものと考えられる。すなわち，最高裁判例によれば，違法性の意識を欠いていたとしても，また，それを欠くについて相当の理由があったとしても，いずれにせよ犯罪の成立は否定されないのだから，違法性の意識，「相当の理由」の有無について判断するまでもなく，原判決の結論は維持されるべきことになるはずである。それにもかかわらず，最高裁は，「相当の理由」がある場合に当たらないとの判断を示し，さらに，「行為の違法性の意識を欠くにつき相当の理由があれば犯罪は成立しないとの見解の採否についての立ち入つた検討をまつまでもなく」，本件各行為を有罪とすることができるとした。これは，もしも「相当の理由」がある場合であれば，「犯罪は成立しないとの見解」を採る可能性を留保したものであるとの評価が不可能ではないともいえる。ここに，違法性の意識を欠くことに相当の理由がある場合に犯罪の成立を否定しようとする学説の影響を見て取ることができるともいえよう。

3 最判平成8・11・18刑集50巻10号745頁

[事　案]

　被告人は，A県教職員組合中央執行委員長であるが，傘下組合員である公立小，中学校教職員をして，公務員労働組合共闘会議の統一闘争として，賃金の大幅引上げ等の要求実現を目的とする同盟罷業を行なわせるため，他の者と共謀の上，地方公務員に対し，同盟罷業の遂行をあおることを企て，同盟罷業の遂行をあおったとして，地方公務員法違反で起訴された。

[判決理由]

　「行為当時の最高裁判所の判例の示す法解釈に従えば無罪となるべき行為を処罰することが憲法三九条に違反する旨をいう点は，そのような行為であっても，これを処罰することが憲法の右規定に違反しないことは，当裁判所の判例（最高裁昭和二三年（れ）第二一二四号同二五年四月二六日大法廷判決・刑集四巻四号七〇〇頁，最高裁昭和二九年（あ）第一〇五六号同三三年五月二八日大法廷判決・刑集一二巻八号一七一八頁，最高裁昭和四七年（あ）第一八九六号同四九年五月二九日大法廷判決・刑集二八巻四号一一四頁）の趣旨に徴して明らかであり，判例違反をいう点は，所論引用の判例は所論のような趣旨を判示したものではないから，前提を欠き，その余は，違憲をいう点を含め，実質は単なる法令違反，事実誤認の主張であって，刑訴法四〇五条の上告理由に当たらない。」

　裁判官河合伸一の補足意見

　「私は，被告人の行為が，行為当時の判例の示す法解釈に従えば無罪となるべきものであったとしても，そのような行為を処罰することが憲法に違反するものではないという法廷意見に同調するが，これに関連して，若干補足して述べておきたい。

　判例，ことに最高裁判所が示した法解釈は，下級審裁判所に対し事実上の強い拘束力を及ぼしているのであり，国民も，それを前提として自己の行動を定めることが多いと思われる。この現実に照らすと，最高裁判所の判例を信頼し，適法であると信じて行為した者を，事情の如何を問わずすべて処罰するとすることには問題があるといわざるを得ない。しかし，そこで問題に

Ⅱ 違法性の意識　175

すべきは，所論のいうような行為後の判例の「遡及的適用」の許否ではなく，行為時の判例に対する国民の信頼の保護如何である。私は，判例を信頼し，それゆえに自己の行為が適法であると信じたことに相当な理由のある者については，犯罪を行う意思，すなわち，故意を欠くと解する余地があると考える。もっとも，違法性の錯誤は故意を阻却しないというのが当審の判例であるが（最高裁昭和二三年（れ）第二〇二号同年七月一四日大法廷判決・刑集二巻八号八八九頁，最高裁昭和二四年（れ）第二二七六号同二五年一一月二八日第三小法廷判決・刑集四巻一二号二四六三頁等），私は，少なくとも右に述べた範囲ではこれを再検討すべきであり，そうすることによって，個々の事案に応じた適切な処理も可能となると考えるのである。

　この観点から本件をみると，被告人が犯行に及んだのは昭和四九年三月であるが，当時，地方公務員法の分野ではいわゆる都教組事件に関する最高裁昭和四一年（あ）第四〇一号同四四年四月二日大法廷判決・刑集二三巻五号三〇五頁が当審の判例となってはいたものの，国家公務員法の分野ではいわゆる全農林警職法事件に関する最高裁昭和四三年（あ）第二七八〇号同四八年四月二五日大法廷判決・刑集二七巻四号五四七頁が出され，都教組事件判例の基本的な法理は明確に否定されて，同判例もいずれ変更されることが予想される状況にあったのであり，しかも，記録によれば，被告人は，このような事情を知ることができる状況にあり，かつ知った上であえて犯行に及んだものと認められるのである。したがって，本件は，被告人が故意を欠いていたと認める余地のない事案であるというべきである。」

解説

　1　本判決は，行為当時の最高裁判例に従えば無罪となるべき行為について，判例変更をした上で，新判例を当該行為に適用して処罰することが許されるとしたものであり，本判決の最大の意義はそこにある。すなわち，最高裁判例について遡及処罰禁止の原則は妥当しないとしたものであり，学説上主張されていた，それを肯定して，新判例は将来に向かってのみ適用されるとする見解（判例の不遡及的変更を認める見解）を否定したところに，本判決の意義があるといえるのである。

2　本章で扱っている違法性の意識の問題に関して重要なのが，河合裁判官の補足意見である。同裁判官は，上記法廷意見に賛同しながらも，最高裁判例に対する国民の信頼保護の見地から，処罰を限定すべき場合があるとして，「判例を信頼し，それゆえに自己の行為が適法であると信じたことに相当な理由のある者については，犯罪を行う意思，すなわち，故意を欠くと解する余地がある」との見解を示されている。この限度で，違法性の錯誤は故意を阻却しないとの最高裁判例は再検討すべきであるとされるのである。

　このように，違法性の意識を欠き，そのことに相当の理由がある場合には，故意を欠くとして犯罪の成立を否定する判断は，本判決以前，すでに下級審裁判例において示されてきたところである（東京高判昭和44・9・17高刑集22巻4号595頁［黒い雪事件］，東京高判昭和55・9・26高刑集33巻5号359頁［石油やみカルテル事件］など）。それらは，違法性の意識不要説に立つ最高裁判例に反するものであるが，しかしながら，検察官により上告されることなく確定し，最高裁の判断を受けるには至らなかった。

　これらの下級審判例，さらには，本件の河合裁判官による補足意見において採られている理論構成は，違法性の意識を欠き，そのことに相当の理由がある場合には故意を欠く（違法性の意識の可能性が故意の要件となる）とする制限故意説のそれである。これらの事案では，もっぱら故意犯の成否が問題となっているのだから，故意を否定しようが，責任説のように責任を否定しようが犯罪不成立という結論においては異ならない。また，責任を否定することになると超法規的責任阻却事由を認めることになるから，そのことに対する慎重な態度がその背景にあるのかもしれない。しかしながら，制限故意説については，違法性の意識を欠くことに相当の理由がある（違法性の意識の可能性を欠く）として故意犯の成立が否定される場合，過失犯は成立するのかが不明である。すなわち，違法性の意識の可能性は過失犯では不要なのか，過失犯においてもそれは必要なのではないかが問われることになる。この点については，違法性の意識の可能性がないため故意犯は成立しないが，過失犯は成立すると解することの妥当性には疑問があるといえよう。なぜなら，違法性の意識の可能性に基づく適法行為の期待可能性，反対動機の形成可能性が（それだけでは足りないが）責任非難を基礎付けるものとして必要であると考

えることができる以上，それを欠く場合に犯罪の成立を肯定することには問題があるからである。このように考えると，違法性の意識の可能性がない場合には，責任非難できないことになり，故意犯のみならず過失犯も成立しないことになる。すなわち，違法性の意識の可能性は故意の要件ではなく，故意犯・過失犯に共通する責任の要件だということになり，すなわち責任説に至るべきことになるのである。以上の理解からは，制限故意説のごとき理論構成を採用する判決の理由付けは，故意犯の成立を否定するための，いわば便宜的なものであると理解しておくことが適切ではないかと思われる。

3　なお，河合裁判官は，上記2で示した見解を前提としても，本件では相当の理由を認めることができないとされた。それは，本件は地公法に関する事件であるが，国公法の同様の分野ではすでに判例変更がなされ，地公法の分野でもそれが予想される状況にあり，被告人はそのことを承知していたというのがその理由である。

Ⅲ — 責任能力

4　大判昭和6・12・3刑集10巻682頁

[事　案]
　被告人は，借り受けて耕作する田の隣地所有者Aと日頃から折り合いが悪く，昭和5年6月28日午前10時ころ，耕作する田の草刈りに赴いたところ，Aが昼食のため帰宅しようとして所有する田の草刈りをやめて，田の畦伝いに被告人が耕作する芹田付近に登ったのを見て，同人が同所の草刈りをしていたものと誤信し，日頃の反感が一時に激発してAの背後から草刈り鎌で同人の頭部を数回強打し，驚いて駆け上ってきたAの長男Bの頭部等をも数回強打して，それぞれに傷害を負わせた。原判決は，犯行当時，被告人は心神耗弱の状態にあったとしていた。

[判決理由]
「上告趣意書第一點原審判決ニハ重大ナル事實ノ誤認アルコトヲ疑フニ足

ルヘキ顯著ナル事由アリ原審判決ハ本件被告人カ其ノ犯行當時心神耗弱ノ状況ニアリタルモノナリト認定シ刑法第三十九條第二項ヲ適用シタリト雖犯行當時ニ於ケル被告人ノ精神状態ニ對スル右認定ノ當否ニ至リテハ多大ノ疑存シ寧ロ被告人ハ心神喪失ノ状況ニ在リタルモノトシテ處罰ヲ免ルヘキモノナルコトヲ信セサルヲ得ス原審判決ハ恐ラク鑑定人遠藤義雄ノ鑑定ノ結果ヲ其ノ儘採用シタルモノナルヘシト雖該鑑定ハ其ノ内容ト其ノ結論ト相一致セス該鑑定書ノ内容ニ依レハ被告人ハ濃厚ナル精神病的遺傳ヲ有シ其ノ兄ハ早發性痴呆ニ罹リテ死亡セル程ナリ而シテ「此ノ被告人ノ享ケタル遺傳症状ハ既ニ青春期即十數年前ニ發シ爾來漸次亢進シ來リタルコトヲ認メ得ヘク昭和五年六月二十八日犯行當時モ早發性痴呆症ノ經過中ニアリタルモノニシテ心神障碍アリタルハ明ナリ」トノ記載ニ徴スレハ被告人カ犯行當時精神病者タルコト明白ニシテ此ノ一點ノミヨリ觀ルモ心神喪失ノ状況ニ在リタルコトヲ認メ得ヘク而シテ其ノ程度ニ至リテハ「七年前（中略）ソレヨリ二年程經過シ妄覺起ル他人ノ話聲ヲ聞キテ恰モ自己ヲ冷笑スルカ如ク錯聽ヲ起シ或ハ人聲ナキニ自分ニ對シ罵聲ヲ洩ラストノ幻聽ヲ生シ幻視アリテ人又ハ獸物襲撃シ來ルトテ鎌又ハ刀器ヲ放擲ス同時ニ被害的念慮アリ他人カ自己ヲ苦シメニ來ルト云ヒテ時折殺セト昂奮ス又常軌ヲ逸スル行爲アリテ夜中ニ起キ出テテ水ヲ浴ヒ其ノ理由ヲ訊ヌルモ答ヘス最近ニ至リテ幻聽著シクナリ昂奮ノ度強クナリテ夜分モ睡眠不良ニシテ常ニ頭鳴ヲ訴フ當時早發性痴呆トノ診斷ヲ附セリ」トノ記載ニ徴レハ妄覺，錯聽，幻聽，幻視，被害妄想相次イテ起ル状態ニシテ早發性痴呆症トシテモ既ニ高度ニ亢進セルコトヲ認メ得ヘク刑法第三十九條ニ謂フトコロノ心神喪失者ニ該當スルコト明白ナリト思料ス鑑定人カ如斯状態ヲ認メナカラ其ノ結論トシテ其ノ程度ハ法ノ所謂心神耗弱ノ状態ニアルモノナリト認ムト記載セルハ刑法第三十九條ノ心神喪失者，心神耗弱者ノ意義ヲ誤解シ心神喪失者トハ自己ノ行爲ヲ全然知覺セサルモノナリト解シ其ノ然ラサルモノハ之ヲ心神耗弱者ナリト解シタル爲ナルヘシ然レトモ刑法第三十九條ニ云フトコロノ心神喪失者トハ決シテ全然自己ノ行爲ヲ知覺セサルカ如キ極度ノモノノミヲ含ムニアラス心神喪失者，心神耗弱者ハ共ニ精神障碍ノ存スルモノニシテ其ノ差異ハ程度ノ差異ニ過キス精神障碍ノ程度高ク其ノ行爲錯覺ニ基キ被害妄想ニ原因シ意思ノ抑制力ヲ缺ケルカ如キ場合ニ在

リテハ假令其ノ行爲ヲ知覺セル場合ト雖之ヲ心神喪失者ト認ムヘキ場合尠カラス本件被告人犯行ノ當時ノ狀況ニ錯覺存シ被害妄想存シタルコトハ記錄ニ徵シ之ヲ認ムルニ難カラス抑制力ノ缺欠又明白ニ存シタルコトヲ認メ得ヘク正ニ心神喪失者ノ行爲ニ該當スルモノナリト思料ス原審判決カ被告人ヲ心神耗弱者ナリト認定シタルハ輕々シク鑑定人ノ結論ヲ信シ事實ヲ誤認スルニ至リタルモノニシテ失當ナリト思料スト謂フニアリ○案スルニ心神喪失ト心神耗弱トハ孰レモ精神障礙ノ態樣ニ屬スルモノナリト雖其ノ程度ヲ異ニスルモノニシテ即チ前者ハ精神ノ障礙ニ因リ事物ノ理非善惡ヲ辨識スルノ能力ナク又ハ此ノ辨識ニ從テ行動スル能力ナキ狀態ヲ指稱シ後者ハ精神ノ障礙未タ上敍ノ能力ヲ缺如スル程度ニ達セサルモ其ノ能力著シク減退セル狀態ヲ指稱スルモノナリトス所論鑑定人遠藤義雄ノ鑑定書ニハ被告人ノ犯行當時ニ於ケル心神障礙ノ程度ノ是非辨別判斷能力ノ缺如セル狀態ニアリタリトハ認メラレス精神稍興奮狀態ニアリ妄覺アリテ妄想ニ近キ被害的念慮ヲ懷キ知覺及判斷力ノ不充分ノ狀態ニアリ感情刺戟性ニシテ瑣事ニ異常ニ反應シテ激昂シ衝動性行爲ニ近キ乃至ハ常軌ヲ逸スル暴行ニ出ツルカ如キ感情ノ障礙ノ症狀存シタリトノ趣旨ノ記載アリテ右ニ依レハ本件犯行當時ニ於ケル被告人ノ心神障礙ノ程度ハ普通人ノ有スル程度ノ精神作用ヲ全然缺如セルモノニハアラス唯其ノ程度ニ比シ著シク減退セルモノナリト謂フニアルカ故ニ其ノ精神狀態ハ刑法ニ所謂心神耗弱ノ程度ニアリト認ムヘキモノニシテ所論ノ如ク心神喪失ノ程度ニアリト認ムヘカラサルモノトス果シテ然ラハ所論ノ鑑定ノ結論ハ相當ニシテ又原判決カ右鑑定書ノ記載ヲ引用シテ被告人カ本件犯行當時心神耗弱ノ狀況ニアリタリト判斷シタルハ正當ナリト謂フヘク記錄ヲ精査スルモ此ノ點ニ付原判決ニ重大ナル事實ノ誤認アルコトヲ疑フニ足ルヘキ顯著ナル事由ヲ見サルヲ以テ論旨ハ理由ナシ」

解説

1 刑法39条は心神喪失者の行為は不可罰とし，心神耗弱者の行為はその刑を減軽すると定めているが，心神喪失，心神耗弱の意義については，それをもっぱら解釈に委ねている。本判決は，心神喪失及び心神耗弱の意義について，その解釈を示したものであり，現在に至るまで維持されている重要

判例である。

2　本判決によれば，心神喪失とは，「精神ノ障礙ニ因リ事物ノ理非善悪ヲ辨識スルノ能力ナク又ハ此ノ辨識ニ從テ行動スル能力ナキ狀態」をいい，心神耗弱とは，精神の障害がこれらの能力を欠如する状態には達していないが，「其ノ能力著シク減退セル狀態」をいう。すなわち，心神喪失は，精神の障害によって，事物の理非善悪を弁識する能力（弁識能力）又はその弁識に従って行動する能力（制御能力）が欠如した状態をいい，心神耗弱は，精神の障害によって，これらの能力が欠如してはいないが，その能力が著しく減退した状態をいうのである。このように，判例では，心神喪失・心神耗弱を精神の障害という生物学的要件と弁識能力及び制御能力という心理学的要件の双方によって判断する方法が採られていることが重要である（このような判断方法を混合的方法という）。

5　最判昭和53・3・24刑集32巻2号408頁

[事　案]
判決理由参照

[判決理由]
「所論にかんがみ職権により調査すると，原判決には，以下に述べるとおり，被告人の責任能力に関する事実誤認の疑いがある。
　すなわち，記録によれば，次のような問題点がある。
　（一）　被告人は，海上自衛隊に勤務中の昭和四二年六月ころ医師から精神分裂病と診断され，同年七月下旬国立呉病院精神科に入院し，同四三年一月下旬に軽快・退院したのちも，工員として働きながら同年一〇月下旬（本件犯行の約二か月前）まで通院治療を受けていた。
　（二）　原判決は，被告人がTA（公社職員）に結婚を断わられた不満と自衛隊に好意を持たない同女及びその兄・B（会社員・被告人の高校同級生）に対する反感からT家の人びとを憎悪し本件犯行を計画，実行した旨認定している。しかし，被告人とAとの間には具体的な交際があったわけではないし，Bらとの自衛隊をめぐる議論も前年の新年会における座興類似のものであっ

て，普通ならば謀殺の動機に発展するほどの深刻な問題を含むものではなく，犯行態様においても，人質同然にT方へ連行したハイヤー運転手，就寝中のいたいけな幼児三名，急を聞いて同家に駆けつけた近隣者二名及び戸外に助けを求め戻つてきたAの姉・C（教員）に対し，順次，所携の鉄棒で頭部を強打して五名を殺害し二名に重傷を負わせている反面，被告人のいる前でハイヤー運転手の手当をしたり駐在所への連絡に外出しようとしたAの父・Dに対しては何ら手出しをしておらず，前記の動機のみでは説明のできないような奇異な行動を示している。

（三）　第一審の鑑定人P作成の鑑定書及び原審の鑑定人Q作成の鑑定書（同人に対する原審の証人尋問調書を含む。以下「Q鑑定」という。）には，いずれも，本件犯行が被告人の精神分裂病に基づく妄想などの病的体験に支配された行動ではなく，被告人は是非善悪の判断が可能な精神状態にあつた旨の意見が記載されている。しかし，両鑑定は，本件犯行時に被告人が精神分裂病（破瓜型）の欠陥状態（人格水準低下，感情鈍麻）にあつたこと，破瓜型の精神的分裂病は予後が悪く，軽快を示しても一過性のもので，次第に人格の荒廃状態に陥つている例が多いこと及び各鑑定当時でも被告人に精神分裂病の症状が認められることを指摘しており，さらに，Q鑑定は，本件犯行を決意するに至る動機には精神分裂病に基づく妄想が関与していたこと及び公判段階における被告人の奇異な言動は詐病ではなく精神分裂病の症状の現われであることを肯定している。

右のような，被告人の病歴，犯行態様にみられる奇異な行動及び犯行以後の病状などを総合考察すると，被告人は本件犯行時に精神分裂病の影響により，行為の是非善悪を弁識する能力又はその弁識に従つて行動する能力が著しく減退していたとの疑いを抱かざるをえない。

ところが，原判決は，本件犯行が被告人の精神分裂病の寛解期になされたことのほか，犯行の動機の存在，右犯行が病的体験と直接のつながりをもたず周到な準備のもとに計画的に行われたこと及び犯行後の証拠隠滅工作を含む一連の行動を重視し，Q鑑定を裏付けとして，被告人の精神状態の著しい欠陥，障害はなかつたものと認定している。

そうすると，原判決は，被告人の限定責任能力を認めなかつた点において

判決に影響を及ぼすべき重大な事実誤認の疑いがあり，これを破棄しなければ著しく正義に反するものと認められる。」

解説

1　本判決は，責任能力判断の方法を示した好例である。すなわち，本判決によれば，責任能力の判断は，「被告人の病歴，犯行態様にみられる奇異な行動及び犯行以後の病状などを総合考察する」ことによって行われるのである。原判決も同様の判断方法を採用していたと解されるが，そこでは，「本件犯行が被告人の精神分裂病［統合失調症］の寛解期になされたこと」，「犯行の動機の存在」，「犯行が病的体験と直接のつながりをもたず周到な準備のもとに計画的に行われたこと」そして「犯行後の証拠隠滅工作を含む一連の行動」が重視され，さらには，本件犯行が被告人の統合失調症に基づく病的体験に支配された行動ではなく，被告人は是非善悪の判断が可能な精神状態にあった旨の記載がある鑑定が裏付けとされて，完全責任能力が肯定されていたのであった。

これに対して，本判決は，上述したように，被告人の病歴，通常殺人の動機に発展するような事情が認められないこと，この動機だけでは説明のできないような奇異な行動があったこと，そして，P・Q鑑定も本件犯行時に被告人が統合失調症の欠陥状態にあり，鑑定当時も統合失調症の症状が認められるとしていること，さらに，Q鑑定は本件犯行を決意するに至る動機には統合失調症に基づく妄想が関与していたこと及び公判段階での被告人の奇異な言動は統合失調症の症状の現れであるとしていること，などから，「被告人は本件犯行時に精神分裂病の影響により，行為の是非善悪を弁識する能力又はその弁識に従つて行動する能力が著しく減退していた」，すなわち，心神耗弱状態にあったとの疑いがあるとして，原判決には限定責任能力を認めなかった点において事実誤認があるという理由で，原判決破棄・差戻しを行ったのである。

2　差戻し後の高裁判決は心神耗弱を認めたが，その判決に対して再度上告がなされた。それに対して，最高裁は，「被告人の精神状態が刑法三九条にいう心神喪失又は心神耗弱に該当するかどうかは法律判断であるから専ら

裁判所の判断に委ねられているのであつて，原判決が，所論精神鑑定書（鑑定人に対する証人尋問調書を含む。）の結論の部分に被告人が犯行当時心神喪失の情況にあつた旨の記載があるのにその部分を採用せず，右鑑定書全体の記載内容とその余の精神鑑定の結果，並びに記録により認められる被告人の犯行当時の病状，犯行前の生活状態，犯行の動機・態様等を総合して，被告人が本件犯行当時精神分裂病の影響により心神耗弱の状態にあつたと認定したのは，正当として是認することができる。」と判示した（最決昭和59・7・3刑集38巻8号2783頁）。

6 最決昭和58・9・13裁集刑232号95頁

[事　案]

覚せい剤中毒で窃盗癖のある被告人が犯した窃盗の事実について，原審の鑑定人2名は幻聴を認め，それぞれ心神喪失，心神耗弱の鑑定を行ったが，原判決は幻聴を認めず，完全責任能力を肯定した。

[決定理由]

「被告人本人及び弁護人Aの各上告趣意は，いずれも，原判決が被告人の犯行当時の精神状態に関する鑑定結果を否定し被告人の刑事責任能力を肯定したことは重大な事実誤認であるというのであって，刑訴法四〇五条の上告理由にあたらない。

なお，被告人の精神状態が刑法三九条にいう心神喪失又は心神耗弱に該当するかどうかは法律判断であって専ら裁判所に委ねられるべき問題であることはもとより，その前提となる生物学的，心理学的要素についても，右法律判断との関係で究極的には裁判所の評価に委ねられるべき問題であるところ，記録によれば，本件犯行当時被告人がその述べているような幻聴に襲われたということは甚だ疑わしいとしてその刑事責任能力を肯定した原審の判断は，正当として是認することができる。」

[解　説]

1　本決定は，責任能力判断，心神喪失・心神耗弱の意義に関する理解に

ついて重要な判断を示している。まず，本決定によれば，被告人の精神状態が心神喪失・心神耗弱に当たるかどうかは法律判断であって，専ら裁判所に委ねられるべき問題である。これは，心神喪失・心神耗弱は法律概念であるから理論的には当然のことであるということができるし，とくに，弁識能力・制御能力がどの程度制限されているときに，心神耗弱となるか，さらには心神喪失となるかは，責任能力制度，さらには責任概念の理解から解決されるべき問題だからである。判例5でもそのことへの言及があったのはすでに見たところである。

2　さらに重要なことは，本決定は，責任能力判断の前提となる生物学的要素，心理学的要素についても，究極的には裁判所の評価に委ねられるべき問題だとしている点である。このことの意味を本件事案に即してみると，次のようになる。すなわち，本件の被告人について心神喪失・心神耗弱の判断が鑑定人によってなされたのは，被告人に幻聴があったことがその根拠となっているが，幻聴があったことは被告人の供述に基づいて認められている。ところが，被告人の供述の信用性は，他の者の供述と同様に，裁判所の評価に服するのであり，被告人の供述の信用性が否定され，幻聴があったと認められなくなれば，責任能力判断は異なったものとなりうることになる。このような意味で，被告人の責任能力判断の前提となる心理学的要素，さらには生物学的要素についても，結局は裁判所の証拠評価を踏まえた裁判所の判断に委ねられるべき問題だということになるのである。

7　最判平成20・4・25刑集62巻5号1559頁

[事　案]
判決理由参照

[判決理由]
「第1　本件の事実関係等と原判断
1　原判決の認定及び記録によれば，本件の事実関係等は次のとおりである。
（1）被告人は，発症時期が平成8年4月ころにさかのぼると見られる統合

失調症により，平成14年2月ころからは，人のイメージが頭の中に出てきてそれがものを言うという幻視・幻聴や，頭の中で考えていることを他人に知られていると感じるなどの症状が現れるようになった。そのような異常体験の中でも，被告人が平成3年11月から平成6年4月まで稼働していた塗装店の経営者（本件被害者。以下「被害者」という。）が「ばかをからかってると楽しいな。」などと被告人をからかったり，「仕事で使ってやるから電話しろ。」などと話しかけてくる幻視・幻聴が特に頻繁に現れ，これに対し，被告人が，その呼び掛けに応じて被害者に電話をして再就職を申し出ると，同人からそれを断られ，またそのすぐ後に電話しろという声が聞こえたことから電話を掛けるということを繰り返すなどしたことがあった。被告人は，このような幻視・幻聴が続く中で，被害者が自分のことをばかにしていると憤りを覚えるようになり，平成15年1月か2月ころには，酔った上，交際相手の女性の前で，被害者を殴りに行くなどと言い出し，同女にたしなめられて思いとどまったということがあった。

　(2) 被告人は，平成15年6月24日，朝から「仕事に来い。電話をくれ。」と言う被害者の声が聞こえ，新しく決まったアルバイト先に初めて出勤するために地下鉄に乗った際にも，頭の中に被害者の顔が現れ，何度も「こいつは仕事に行きたくねえんだ。」などと話す声が聞こえたため，被害者が被告人の仕事に行くのを邪魔しようとしていると腹を立て，被害者を殴って脅かしてやろうと思い，前記塗装店に向かった。しかし，被告人は，同店付近で被害者が現れるのを待っていたところ，頭の中に昔の知合いのホステスが出てきて，「純ちゃんが怒ってるから早く出てきなさいよ。」などと被害者に声を掛けている幻聴が聞こえるなどしたため，自分の行動が人に見られていると感じてその日は被害者を殴るのをやめ，そのまま帰宅した。その後，被告人は，本件当日である同月27日までの間，被害者や今まで働いた職場の者らが頭の中に頻繁に出てくる幻視・幻聴に混乱し，仕事に行く気になれず，自宅にこもっていた。

　(3) 同月27日も，被害者が頭の中に現れ，「仕事に来い。電話しろ。」と前記塗装店での仕事を誘う声が聞こえ，同塗装店に電話を掛けて呼出し音を1回させてからすぐ切るということを2回ほどしたが，被害者に対する腹立

ちが収まらず，被害者を二，三発殴って脅し，自分をばかにするのをやめさせようなどと考え，同日午後6時ころ，自転車で自宅を出発し，上記塗装店から徒歩で約5分の距離にあって，被告人がパチンコに行く際に自転車をとめる場所で自転車を降り，そこから歩いて同塗装店に向かった。

(4) 被告人が同塗装店の通用口から店内に入り，作業場，事務室を経て社長室に至ると，被告人を見た被害者がどうしたのかという感じでへらへら笑っているように思え，被告人は，被害者の顔面等を数発殴った上，店外に逃げ出した被害者を追い掛け，路上で更にその顔面を1発殴った。そして，あお向けに倒れた被害者を見て，ふざけてたぬき寝入りをしているのだと思い，その太もも付近を足で突くようにけった。しかし，通行人が来たのでそれ以上の暴行を加えることなく，その場を立ち去った。被害者は，被告人による上記一連の暴行により頭部を同店備品，路面等に打ち付け，よって，同年7月3日午後7時50分ころ，搬送先の病院において，外傷性くも膜下出血により死亡した（以下，被告人の被害者に対する上記一連の暴行を，「本件行為」又は「本件犯行」という。）。

(5) 被告人は，本件行為後，交際相手の女性の家に行き，一緒に食事を取るなどした後，自宅に戻ったが，同年6月28日，被害者が重体であるという新聞記事を見るなどして怖くなり，自首した。

(6) なお，被告人は，精神科医の診療を受けていたが，統合失調症と診断されたことはなく，被告人の同居の実母，交際相手も，被告人が統合失調症等の精神疾患にり患していると疑ったことはなかった。

2 被告人の本件行為当時の精神状態については，原審までに，以下のような鑑定人ないし専門家の意見が証拠として取り調べられている。

(1) 捜査段階でいわゆる簡易精神鑑定を担当した医師Aは，その作成に係る精神衛生診断書（以下「A鑑定」という。）において，被告人は，本件行為当時，統合失調症による幻覚妄想状態の増悪期にあり，心神喪失の可能性は否定できないが，本件行為に至る行動経過は合目的的であり，かつ，著明な残遺性変化がないことなどから，是非弁別能力と行動制御能力を完全に喪失していたとはいい得ないとして，心神耗弱相当であるとの所見を示している。

(2)　他方，第1審で裁判所から被告人の精神鑑定を命じられた医師Bは，その作成に係る鑑定書及び公判廷における証言（以下「B鑑定」という。）において，被告人は，本件行為当時，統合失調症の激しい幻覚妄想状態にあり，直接その影響下にあって本件行為に及んだもので，心神喪失の状態にあったとする。そして，被告人が，一方で現実生活をそれなりにこなし，本件行為の前後において合理的に見える行動をしている点は，精神医学では「二重見当識」等と呼ばれる現象として珍しくはなく，本件行為に至る過程で，被告人が一定の合理的な行動を取っていたことと被告人が統合失調症による幻覚妄想状態の直接の影響下で本件行為に及んだことは矛盾しないという。

　(3)　また，原審で，医師Cは，上記(1)(2)を含む検察官から提供された一件記録を検討した意見として，原審公判廷における証言及びその意見書（以下「C意見」という。）において，被告人の本件行為当時の症状は統合失調症が慢性化して重篤化した状態ではなく，心神耗弱にとどまるとの所見を示している。

　(4)　さらに，原審で裁判所から被告人の精神鑑定を命じられた医師Dは，上記(1)ないし(3)の各鑑定及び意見を踏まえ，さらに，被告人に対する診察や諸検査を行った上，その作成に係る鑑定書及び公判廷における証言（以下「D鑑定」という。）において，次のように述べている。すなわち，被告人は統合失調症にり患しており，急性期の異常体験が活発に生じる中で次第に被害者を「中心的迫害者」とする妄想が構築され，被害者は被告人に対し様々なひぼう中傷や就職活動の妨害を働く存在として認識されるようになり，被告人において，それらの妨害的な行為を中止させるため攻撃を加えたことにより本件行為は生じたと考えられ，幻覚妄想に直接支配された行為とはいえないが，統合失調症が介在しなければ本件行為は引き起こされなかったことは自明である。被告人は，一方では「人に対して暴力を振るいけがさせたり，殺したりすることは悪いこと」との認識を有していたが，他方では異常体験に基づいて本件暴行を加えており，事物の理非善悪を弁識する能力があったということは困難であり，仮にこれがあったとしても，この弁識に従って行動する能力は全く欠けていたと判断される。

　3　(1)　第1審判決は，上記B鑑定に依拠し，本件行為は激しい幻覚妄想

に直接支配されたものであり，被告人は本件行為当時心神喪失の状態にあったとして被告人に無罪を言い渡した。これに対し，検察官が控訴し，原判決は，被告人は心神耗弱にとどまるとして，第1審判決を事実誤認を理由に破棄し，被告人に対し懲役3年を言い渡した。

（2）原判決の理由の要旨は次のようなものである。すなわち，被害者を二，三発殴って脅し，自分をばかにするのをやめさせようなどと考えたという動機の形成，犯行に至るまでの行動経過，こぶしで数発殴ったという犯行態様，あるいは，通行人が来たことから犯行現場からすぐに立ち去ったという経緯には，特別異常とされる点がなく，これらは，了解が十分に可能である。そして，「電話しろ。」という作為体験はあっても，「殴り付けろ。」という作為体験はなく，幻聴や幻覚が犯行に直接結び付いているとまではいえない。しかも，被告人は，本件犯行及びその前後の状況について，詳細に記憶しており，当時の意識はほぼ清明であるということができる上に，本件犯行が犯罪であることも認識していたと認められる。そして，犯行後に被告人が自首していること，被告人がそれなりの社会生活を送り，仕事をしようとする意欲もあったことなどの諸事情にも照らすと，被告人は，本件犯行時，統合失調症にり患していたにしても，それに基づく心神喪失の状態にあったとは認められず，せいぜい心神耗弱の状態にあったものというべきである。B鑑定及びD鑑定は，いずれも採用することができない。

第2　当裁判所の判断

しかしながら，原判断は，是認できない。その理由は，次のとおりである。

1　B鑑定及びD鑑定の評価について

（1）被告人の精神状態が刑法39条にいう心神喪失又は心神耗弱に該当するかどうかは法律判断であって専ら裁判所にゆだねられるべき問題であることはもとより，その前提となる生物学的，心理学的要素についても，上記法律判断との関係で究極的には裁判所の評価にゆだねられるべき問題である（最高裁昭和58年（あ）第753号同年9月13日第三小法廷決定・裁判集刑事232号95頁）。しかしながら，生物学的要素である精神障害の有無及び程度並びにこれが心理学的要素に与えた影響の有無及び程度については，その診断が臨床

精神医学の本分であることにかんがみれば，専門家たる精神医学者の意見が鑑定等として証拠となっている場合には，鑑定人の公正さや能力に疑いが生じたり，鑑定の前提条件に問題があったりするなど，これを採用し得ない合理的な事情が認められるのでない限り，その意見を十分に尊重して認定すべきものというべきである。

　（2）この観点からB鑑定及びD鑑定を見ると，両医師とも，いずれもその学識，経歴，業績に照らし，精神鑑定の鑑定人として十分な資質を備えていることはもとより，両鑑定において採用されている諸検査を含む診察方法や前提資料の検討も相当なもので，結論を導く過程にも，重大な破たん，遺脱，欠落は見当たらない。また，両鑑定が依拠する精神医学的知見も，格別特異なものとは解されない。そして両者は，本件行為が統合失調症の幻覚妄想状態に支配され，あるいは，それに駆動されたものであり，他方で正常な社会生活を営み得る能力を備えていたとしても，それは「二重見当識」等として説明が可能な現象であって，本件行為につき，被告人が事物の理非善悪を弁識する能力及びこの弁識に従って行動する能力を備えていたことを意味しないという理解において一致している。このような両鑑定は，いずれも基本的に高い信用性を備えているというべきである。

　（3）しかるに，原判決は，両鑑定が，被告人に正常な精神作用の部分があることについて「二重見当識」と説明するだけでこれを十分検討していないとして，その信用性を否定している。しかし，両鑑定は，本件行為が，被告人の正常な精神作用の領域においてではなく，専ら病的な部分において生じ，導かれたものであることから，正常な精神作用が存在していることをとらえて，病的体験に導かれた現実の行為についても弁識能力・制御能力があったと評価することは相当ではないとしているにとどまり，正常な部分の存在をおよそ考慮の対象としていないわけではないし，「二重見当識」により説明されている事柄は，精神医学的に相応の説得力を備えていると評し得るものである。また，原判決は，D鑑定については，前提事実に誤りがあるとも指摘するが，当たらないものである。

　そうすると，以上のような理由から前記（2）のように基本的に信用するに足りる両鑑定を採用できないものとした原判決の証拠評価は，相当なもの

とはいえない。

2 諸事情による総合判断について

(1) 被告人が犯行当時統合失調症にり患していたからといって，そのことだけで直ちに被告人が心神喪失の状態にあったとされるものではなく，その責任能力の有無・程度は，被告人の犯行当時の病状，犯行前の生活状態，犯行の動機・態様等を総合して判定すべきである（最高裁昭和58年（あ）第1761号同59年7月3日第三小法廷決定・刑集38巻8号2783頁）。したがって，これらの諸事情から被告人の本件行為当時の責任能力の有無・程度が認定できるのであれば，原判決の上記証拠評価の誤りは，判決に影響しないということができる。そこで，更にこの観点から検討する。

(2) 信用に値するB鑑定及びD鑑定に関係証拠を総合すれば，本件行為は，かねて統合失調症にり患していた被告人が，平成15年6月24日ころから急性に増悪した同症による幻聴，幻視，作為体験のかなり強い影響下で，少なくともこれに動機づけられて敢行されたものであり，しかも，本件行為時の被告人の状況認識も，被害者がへらへら笑っていたとか，こん倒した被害者についてふざけてたぬき寝入りをしているのだと思ったなどという正常とはいえない，統合失調症に特有の病的色彩を帯びていたものであることに照らすと，本件行為当時，被告人は，病的異常体験のただ中にあったものと認めるのが相当である。

(3) 他方において，原判決が説示するように，本件行為の動機の形成過程は，その契機が幻聴等である点を除けば，了解が可能であると解する余地がある。また，被告人が，本件行為及びその前後の状況について，詳細に記憶しており，その当時の意識はほぼ清明であること，本件行為が犯罪であることも認識し，後に自首していること，その他，被告人がそれなりの社会生活を送り，就労意欲もあったことなど，一般には正常な判断能力を備えていたことをうかがわせる事情も多い。

しかしながら，被告人は，同種の幻聴等が頻繁に現れる中で，しかも訂正が不可能又は極めて困難な妄想に導かれて動機を形成したと見られるのであるから，原判決のように，動機形成等が了解可能であると評価するのは相当ではないというべきである。また，このような幻覚妄想の影響下で，被告人

は，本件行為時，前提事実の認識能力にも問題があったことがうかがわれるのであり，被告人が，本件行為が犯罪であることも認識していたり，記憶を保っていたりしても，これをもって，事理の弁識をなし得る能力を，実質を備えたものとして有していたと直ちに評価できるかは疑問である。その他，原判決が摘示する被告人の本件前後の生活状況等も，被告人の統合失調症が慢性化した重篤な状態にあるとはいえないと評価する余地をうかがわせるとしても，被告人が，上記（2）のような幻覚妄想状態の下で本件行為に至ったことを踏まえると，過大に評価することはできず，少なくとも「二重見当識」によるとの説明を否定し得るようなものではない。

（4）そうすると，統合失調症の幻覚妄想の強い影響下で行われた本件行為について，原判決の説示する事情があるからといって，そのことのみによって，その行為当時，被告人が事物の理非善悪を弁識する能力又はこの弁識に従って行動する能力を全く欠いていたのではなく，心神耗弱にとどまっていたと認めることは困難であるといわざるを得ない。

3　結論

以上のとおり，本件記録に徴すると，被告人が心神耗弱の状態にあったとして限定責任能力の限度で傷害致死罪の成立を認めた原判決は，被告人の責任能力に関する証拠の評価を誤った違法があり，ひいては事実を誤認したものといわざるを得ない。これが判決に影響することは明らかであって，原判決を破棄しなければ著しく正義に反するものと認められる。

ところで，B鑑定及びD鑑定は，統合失調症にり患した者の病的体験の影響下にある認識，判断ないし行動は，一方で認められる正常な精神作用により補完ないし制御することは不可能であるという理解を前提とするものと解されるが，これと異なる見解の有無，評価等，この問題に関する精神医学的知見の現状は，記録上必ずしも明らかではない。また，被告人は，本件以前にも，被害者を殴りに行こうとして，交際相手に止められたり，他人に見られていると思って思いとどまったりしているほか，本件行為時にも通行人が来たため更なる攻撃を中止するなどしており，本件行為自体又はこれと密接不可分な場面において，相応の判断能力を有していたと見る余地のある事情が存するところ，これをも「二重見当識」として説明すべきものなのか，別

の観点から評価検討すべき事柄なのかについて，必ずしも明らかにはされていない。さらに，被告人は本件行為の翌日に自首するなど本件行為後程ない時点では十分正常な判断能力を備えていたとも見られるが，このことと行為時に強い幻覚妄想状態にあったこととの関係も，B鑑定及びD鑑定において十分に説明されているとは評し難い。本件は，被告人が正常な判断能力を備えていたように見える事情も相当程度存する事案であることにかんがみると，本件行為当時の被告人の責任能力を的確に判断するためには，これらの点について，精神医学的知見も踏まえて更に検討して明らかにすることが相当であるというべきであり，当裁判所において直ちに判決するのに適しているとは認められない。」

解説

1　本判決は，まず，判例6を引用して，「被告人の精神状態が刑法39条にいう心神喪失又は心神耗弱に該当するかどうかは法律判断であって専ら裁判所にゆだねられるべき問題であることはもとより，その前提となる生物学的，心理学的要素についても，上記法律判断との関係で究極的には裁判所の評価にゆだねられるべき問題である」とする。その上で，重要なのは，「生物学的要素である精神障害の有無及び程度並びにこれが心理学的要素に与えた影響の有無及び程度については，その診断が臨床精神医学の本分であることにかんがみれば，専門家たる精神医学者の意見が鑑定等として証拠となっている場合には，鑑定人の公正さや能力に疑いが生じたり，鑑定の前提条件に問題があったりするなど，これを採用し得ない合理的な事情が認められるのでない限り，その意見を十分に尊重して認定すべきものというべきである。」としている点である。責任能力判断，その前提となる要素については，判例6の解説でも触れたように，裁判所の評価にゆだねられるべき問題だとしても，専門家の鑑定意見を排斥するには，それを採用しえない合理的な事情が必要であり，そうでない限り，その意見は十分に尊重されるべきことは当然であると思われる。

そして，本判決は，原判決がその信用性を否定したB鑑定及びD鑑定について検討して，「両鑑定は，いずれも基本的に高い信用性を備えているとい

うべきである」とし、「原判決の証拠評価は、相当なものとはいえない」としている。

2　責任能力の判断は、判例5及び同解説中に引用した最決昭和59・7・3刑集38巻8号2783頁で明らかなように、「被告人が犯行当時統合失調症にり患していたからといって、そのことだけで直ちに被告人が心神喪失の状態にあったとされるものではなく、その責任能力の有無・程度は、被告人の犯行当時の病状、犯行前の生活状態、犯行の動機・態様等を総合して判定すべきである」。本判決も最決昭和59・7・3を引用して、この判断方法を踏襲しているのである。

原判決は、「動機の形成、犯行に至るまでの行動経過、……犯行態様、あるいは、通行人が来たことから犯行現場からすぐに立ち去ったという経緯には、特別異常とされる点がなく、これらは、了解が十分に可能である」こと、「『電話しろ。』という作為体験はあっても、『殴り付けろ。』という作為体験はなく、幻聴や幻覚が犯行に直接結び付いているとまではいえない」こと、「被告人は、本件犯行及びその前後の状況について、詳細に記憶しており、当時の意識はほぼ清明で……本件犯行が犯罪であることも認識していたと認められる」こと、「犯行後に被告人が自首していること、被告人がそれなりの社会生活を送り、仕事をしようとする意欲もあったことなどの諸事情」から、「被告人は、本件犯行時、統合失調症にり患していたにしても、それに基づく心神喪失の状態にあったとは認められず、せいぜい心神耗弱の状態にあった」としたのである。

これに対して、本判決は、「被告人は、同種の幻聴等が頻繁に現れる中で、しかも訂正が不可能又は極めて困難な妄想に導かれて動機を形成したと見られるのであるから、原判決のように、動機形成等が了解可能であると評価するのは相当ではない」こと、「幻覚妄想の影響下で、被告人は、本件行為時、前提事実の認識能力にも問題があったことがうかがわれるのであり、被告人が、本件行為が犯罪であることも認識していたり、記憶を保っていたりしても、これをもって、事理の弁識をなし得る能力を、実質を備えたものとして有していたと直ちに評価できるかは疑問である」こと、「原判決が摘示する被告人の本件前後の生活状況等も、被告人の統合失調症が慢性化した重篤な

状態にあるとはいえないと評価する余地をうかがわせるとしても，被告人が，上記（2）のような幻覚妄想状態の下で本件行為に至ったことを踏まえると，過大に評価することはできず，少なくとも「二重見当識」によるとの説明を否定し得るようなものではない」ことから，「行為当時，被告人が事物の理非善悪を弁識する能力又はこの弁識に従って行動する能力を全く欠いていたのではなく，心神耗弱にとどまっていたと認めることは困難である」としたのである。とくに，「被告人が，本件行為が犯罪であることも認識していたり，記憶を保っていたりしても，これをもって，事理の弁識をなし得る能力を，実質を備えたものとして有していたと直ちに評価できるかは疑問である」としている点に注目したい。

　3　差戻し後の控訴審判決（東京高判平成21・5・25判時2049号150頁）は，再度，被告人に心神耗弱を認め，同判決に対しては上告がなされている。

Ⅳ——原因において自由な行為

8　最決昭和43・2・27刑集22巻2号67頁

[事　案]

　被告人は，自動車を運転して酒を飲みにバーに行き，飲み終れば酔って再び自動車を運転することを認識しながらビールを20本位飲んだ後，A所有の自動車を自分のものと取り違え，酒に酔った状態で自動車を運転した。第1審判決は被告人を心神耗弱状態にあったとしたが，原判決は39条2項の適用を否定した。

[決定理由]

　「本件のように，酒酔い運転の行為当時に飲酒酩酊により心神耗弱の状態にあったとしても，飲酒の際酒酔い運転の意思が認められる場合には，刑法三九条二項を適用して刑の減軽をすべきではないと解するのが相当である。」

解説

1 本件事案では，心神耗弱状態で犯した酒酔い運転の罪について刑法39条2項を適用して刑の減軽をなすべきかが問題となっている。道路交通法の酒酔い運転の罪は，酒に酔った状態で自動車を運転することが危険であるから，それを処罰の対象とするものである。酩酊状態が進み，心神耗弱状態になれば，運転行為はより危険であると考えられるから，それにもかかわらず刑法39条2項を適用して刑の減軽を認めるのは背理であるようにも考えられる。このような理解からは，酒酔い運転の罪は刑法39条の例外を定めるものだとの解釈（刑法8条参照）が生じうるが，本決定はそうした理解に立っていない。刑法総則の規定，ことに犯罪の成立要件に係る規定は，犯罪であるために充たされるべき要件を定めるものであるから，基本的に例外を認めるべきではないからである。とくに，責任主義という刑法の基本原則に係る刑法39条については例外を認めるべきではないであろう。こうして，本決定は，酒酔い運転の罪についても刑法39条の適用がありうることを前提とした上で，検討を加えているのである。

2 本件事案では，酩酊による一時的な心神耗弱状態が被告人自身の飲酒行為によりもたらされている。このような事案については，一時的な心神喪失・心神耗弱状態が行為者自身の行為により招致されているところから，責任能力の欠如又は減弱を認め無罪又は刑の減軽を肯定することには疑問があるとされ，完全な責任を肯定するための理論構成が検討されてきた。実行行為時には心神喪失・心神耗弱（不自由）であっても，その原因となった飲酒等の行為時（これを原因行為といい，通常実行行為とされる行為を結果行為という）には完全な責任を問いうる（自由である）ところから，そのような理論構成は「原因において自由な行為」と呼ばれてきたのである。本決定も原因において自由な行為としての責任を肯定したものといえる。

原因において自由な行為については，大別して二つの理論構成が主張されている。一つの立場は，実行行為自体を原因行為にまで遡らせる見解（構成要件モデル）である。すなわち，原因行為である飲酒等の行為が，自己の心神喪失・心神耗弱状態下の行為を利用して犯罪を実現すると解するものであり，心神喪失・心神耗弱状態下の自己の行為を利用する間接正犯類似の構成

を採るものといえる。このような見解によれば，原因において自由な行為は原因行為自体を実行行為と見ることができる限度で成立することになる。また，通常は実行行為とされる結果行為ではなく，通常は実行行為以前の行為にすぎない原因行為を実行行為として完全な責任を問うためには，原因行為が実行行為と解しうるばかりではなく，原因行為が実行行為であることの認識（実行行為は構成要件要素であり，故意の認識対象である）が必要であり，それを担保するものとして，原因行為により心神喪失・心神耗弱状態がもたらされること（これにより，原因行為の実行行為性が基礎づけられるからである）の認識が必要となる。このことを，結果惹起の認識・予見に加えて，心神喪失・心神耗弱状態惹起の認識・予見が必要となるという意味で「二重の故意」の要件と呼んでいる（間接正犯の場合に，通常は実行行為でない行為を実行行為とする事情の認識・予見が要求されることと同じである）。もう一つの立場は，実行行為はあくまでも結果行為であり，原因行為にまで遡ってそれに対する責任を追及しようとする見解（責任モデル）である。実行行為を行ったことについての非難可能性を原因行為にまで遡って認めようとするものといえる。

　3　本決定は，原因行為時に酒酔い運転の意思が認められるから，39条2項を適用して刑の減軽をすべきでないとしている。自らの意思で飲酒した本件事例においては，飲酒時に犯罪行為をなす意思がある以上，それをなしたことについて非難することができるというものと解される。注目すべきは，心神耗弱状態になる認識・予見に言及がないことであり，この意味で，本決定は構成要件モデルを採っていないこと，責任モデルを採るものではないかと思われることを指摘することができる。

9　大阪高判昭和56・9・30高刑集34巻3号385頁

[事　案]

判決理由参照

[判決理由]

　「論旨は，原判示の各犯行当時被告人は心神喪失の状態であつたのに，責任能力を認めた原判決には事実の誤認があるというのである。

IV 原因において自由な行為　197

　所論にかんがみ記録を調査して検討するに，被告人は昭和五二年一二月一〇日ころから連日にわたつて多量の飲酒を重ねるうち，一六日夜以降誰かが来ているとか誰かに追われているとか口走るようになり，一七日には銛を振り回し，一八日には妻に対し浮気をしていると怒鳴つて庖丁で襲いかかり，一九日には泥棒に入られたと警察に連絡し，また水中銃で撃たれるなどと言いながら暴れ回るなどしたため，同日夜家族から通報を受けた警察官に保護されるに至つたことが認められ，被告人の記憶の程度をみると，一五日夕刻ころまでの行動についてはほぼ明確であるけれども，その後はきわめて断片的であつて，覚せい剤に関しては，一九日夜警邏用自動車内で覚せい剤を警察官に渡した事実を覚えているだけで，譲り受け及び自己使用の日時・場所は被告人の供述によつては明らかではない。当時の被告人の精神状態について考察すると，原審鑑定人A作成の鑑定書及び同人の原審証言によれば，連日の大量飲酒の結果，昭和五二年一二月一六日夜ころ酒精精神病の一形態である酒客急性幻覚病にかかり，一七日深夜から翌未明にかけて大阪市内西成地区を徘徊中，幻覚妄想に惑乱され妄動したなかで覚せい剤を受け取りこれを使用したと推定でき，一八，九日には錯乱状を帯びるまでになつたもので，理非弁別力を欠いたきわめて高度異常な精神状態であつたというのであり，これに対し原審鑑定人B作成の鑑定書及び同人の原審証言によると，昭和五二年一二月一五日までは単純酩酊による健忘を認めるものの，理非善悪を弁別する能力は冒されておらず，一六日以降は覚せい剤による急性中毒症にアルコールによる病的酩酊が付加され，軽度の意識障害を伴つた急性幻覚妄想状態にあり，覚せい剤使用に対する抑制力は効かなかつたというのである。右のように，両鑑定は覚せい剤使用の時期においても所見を異にしており，両鑑定の当否を判断するには，まず使用の時期を認定しなければならないが，この点についてみると，被告人は昭和五二年二月二四日仮出獄したのち本件ころまで覚せい剤を使用した形跡がなかつたのに，同年一二月一六日または翌一七日の朝妻が居室で注射器を発見しており，右注射器から覚せい剤反応があらわれていること，被告人が一六日に外出した様子はなく，一五日夕刻ころには出かけているがその行先が不明であつて，このころから記憶がきわめて断片的になつていること，同月二一日の取調べの際，被告人の右

腕内側に少し変色して固くなつている「たこ」状注射痕のほか比較的新しい注射痕が三か所，左腕に最近注射したと思われる注射痕が六か所みつかつたこと（被告人は右手と同程度に左手も利く。）を総合すると，被告人は一五日夕刻すぎに覚せい剤を譲り受け，そのころから頻繁に使用したものと認められる。A鑑定が覚せい剤入手時期を前示のように一七日深夜から翌未明までの間としたのは，被告人が前後の脈絡もなく断片的に記憶している事実から大胆に推論したものであつて，それ自体に無理があり，右認定に照らしても失当であるのに対し，B鑑定は覚せい剤入手・使用の時期とも右の認定と符合している。のみならず，酒客急性幻覚病においては手指振戦や禁断症状がみられるのに，被告人にはこのような症状が窺われないとするB鑑定に徴しても，A鑑定には疑問があり，結局特段不合理な点の見当たらないB鑑定に従わざるを得ない。なお，弁護人は，当審において，被告人は昭和五二年一二月一〇日から一四日までの間は単純酩酊，一五日は複雑酩酊，一六日以降は単純酩酊ないし複雑酩酊の繰り返しに加えて覚せい剤中毒性精神障害であつたと主張するが，独自の見解というほかなく採用できない。

　さて，原判示第一事実は，昭和五二年一二月中旬ころ覚せい剤を使用したというものであるが，原審における訴訟の全経過にかんがみると，右は最終の使用事実を指すものであることが明らかであり，前示のような覚せい剤の入手時期及び使用状況を考慮すれば，一六日以降であると認められるところ，この時期における被告人は，覚せい剤による急性中毒症にアルコールによる病的酩酊が付加され，少なくとも心神耗弱状態にあつたといわねばならない。原判決は，被告人は覚せい剤使用に対する抑制力を失つておらず，それが著しく減弱してもいなかつたとするけれども，B鑑定に徴し相当でない。しかしながら，被告人は反復して覚せい剤を使用する意思のもとに，昭和五二年一二月一五日夕刻すぎ四・八一グラムを上回る量を譲り受けて注射したのであつて，右の一部を使用した原判示第一の所為は右の犯意がそのまま実現されたものということができ，譲り受け及び当初の使用時には責任能力が認められるから，実行行為のときに覚せい剤等の影響で少なくとも心神耗弱状態にあつても，被告人に対し刑法三九条を適用すべきではないと考える。原判示第二事実についても同様であつて，犯行日時である昭和五二年一

二月一九日午後九時半すぎころは少なくとも心神耗弱状態にあり，原判決は相当でないが，被告人は覚せい剤の使用残量を継続して所持する意思のもとに所持をはじめたものであり，責任能力があつた当時の犯意が継続実現されたものといえるから，これまた刑法三九条を適用すべきではない。そうすると，被告人に責任能力を認めた原判決は結論において正当であつて，原判決には所論のような判決に影響を及ぼすべき事実誤認はなく，論旨は理由がない。」

解説

1　本件事案では，覚せい剤の使用・所持の時点では，覚せい剤の影響で心神耗弱状態であった被告人について，完全な責任が問えるかが問題となっている。本判決は，責任能力が認められる時点で反復して覚せい剤を使用し，又は，覚せい剤の使用残量を継続して所持する意思があり，「犯意がそのまま実現された」，「責任能力があつた当時の犯意が継続実現された」といえるので刑法39条を適用すべきではないとしている。これは，原因行為時に犯罪行為をなす意思があり，その意思が当該犯罪行為へと実現されている場合には，完全な責任を問うことができるとする考えであるということができよう。ここでは，心神耗弱状態になることの認識・予見は問題とされていないから，本判決も判例 8 と同様に，構成要件モデルではなく，責任モデルに依拠するものと解することができるように思われる。

10　東京高判昭和54・5・15判時937号123頁

[事　案]

　被告人は，Aを裁縫用洋鋏で滅多突きにして傷害を負わせて失血死に至らせたが，加害行為開始後その途中において心神耗弱状態に陥った。

[判決理由]

　「所論は被告人は犯行時心神耗弱の状態にあった旨主張する。
　この点に関する弁護人の原審における主張は，被告人は犯行開始時には意図的に防衛行為に出たものであるが，それが中途から心神喪失乃至心神耗弱

におちいったものであるというのであり，原認定は，鑑定人Aの鑑定結果等を参酌し，被告人は犯行開始後その中途において情動性朦朧状態となり，その段階で心神耗弱の状態に転じたが，少なくとも実行開始時において責任能力に欠けるところがない以上は刑法三九条二項を適用すべきものではない旨判示した。

　まず，被告人が犯行開始後その中途において心神耗弱の状態におちいったものの，いまだ心神喪失にはいたらなかった旨の原認定は，前記鑑定結果にも沿うものであって，これを肯認することができる。そしてまた，かかる場合に刑法三九条二項が適用されない旨の原判断も，本件の具体的事案に即してなおこれを是認すべきものであると考える。即ち，本件事実関係に見る被告人の実行開始時の行為は，鋭利な洋鋏をもって相手方の上体部等を数回連続してそれもかなりの力で突き刺すというものであり，当然その加害の程度も重大である。すなわち，被告人はその責任能力に特段の減弱のない状態において既に未必的殺意をもって積極的に重大な加害行為に及んだものであって，以後の実行行為は右殺意のおのずからなる継続発展として，かつ主としては右と同じ態様の加害行為をひたすら反覆継続したという関係なのである。本件犯行行為中右開始当初の部分が，被告人に対する本件行為全体の非難可能性の有無，程度を判定するうえに無視して差支えないほどの，或は見るべき意味をもたない程の軽微僅少なものであるとはとうていいえない。そしてまた，被告人が行為中途でおちいった情動性朦朧状態も，それは被告人が相手方に対して意図的に右のような重大な加害を開始してしまったことによる激しい精神的昂奮が少なからず起因しているものであることは容易に窺知できるところであり，それならば，その精神的昂奮状態は被告人において自ら招いた面が多いという関係もそこに認められるのである。被告人に対し非難可能性の減弱を認めるべき実質的根拠はますます薄弱とならざるを得ない。

　結局，この点に関する原判断はこれを肯認するに足り，被告人の心神耗弱の事実は本件においては量刑上の事情として参酌されるにとどまるものである。」

解　説

　1　原判決は，実行行為開始時に責任能力がある以上，その後途中で心神耗弱状態になったとしても39条2項を適用すべきではないとしていた。本判決もその結論を是認しているが，以下の理由を示している点が注目される。すなわち，①責任能力がある状態で未必的殺意をもって積極的に重大な加害行為に及び，以後の実行行為は殺意の継続発展として，主として同じ態様の加害行為を反復継続したものである。②実行開始当初の部分が非難可能性の有無・程度を判定する上で無視してよいような軽微僅少なものとはいえない。③精神的昂奮状態は被告人において自ら招いた面が多い。こうして被告人に非難可能性の減弱を認めるべき実質的根拠はますます薄弱となる，というのである。

　2　殺意に基づく加害行為が責任能力ある状態で開始された場合には，その継続として被害者を死亡させるに至れば，客観的な殺人罪の構成要件該当性はあり，当初に故意がある以上，殺人罪は成立することになると考えることが可能である。上記①はこのような殺人罪の客観的な構成要件該当性を認める上で意義を有する事情といえよう。そして，この場合には，心神耗弱状態での加害行為によって死の結果が生じたとしても，そのことはせいぜい故意を阻却しない因果関係の錯誤にすぎないことになる。しかしながら，このことは加害行為自体が心神喪失状態の原因となった場合にはそのまま妥当しうるとしても，そうでない場合には，原因において自由な行為の考慮が必要となるのではないかがなお問題となりうる。本判決は，②③の事情を挙げて，責任非難が減少しないことを指摘していると解される。このことは，原因において自由な行為としての，責任非難の考慮による処罰の基礎付けをも意識したものと解することができよう。

V―まとめ

　判例は違法性の意識は故意犯の成立要件ではないという立場を依然として維持しているが，下級審裁判例には違法性の意識を欠くについて相当の理由がある場合には（故意がないという理由で）犯罪の成立を否定したものがあり，

最高裁にも影響を及ぼしているとの見方ができないではない。今後の最高裁の動きを注視することが必要である。

　責任能力は，その前提となる生物学的要件及び心理学的要件を含め，裁判所の判断に委ねられており，また，それは「犯行当時の病状，犯行前の生活状態，犯行の動機・態様等を総合して」行われる。判例5，6，7等の判例に留意すべきである。

　原因において自由な行為を認めるに当たり，判例は責任能力がある時点での犯罪遂行意思が実現しているかを問題とする傾向にある。いずれにしても，いわゆる二重の故意は要求されておらず，したがって，構成要件モデルではなく責任モデルに近い考え方に基づいているものと解される。

第8章―未遂犯

［実行の着手］
- **1** 最決平成 16・3・22 刑集 58 巻 3 号 187 頁
- **2** 最決昭和 40・3・9 刑集 19 巻 2 号 69 頁
- **3** 最決昭和 45・7・28 刑集 24 巻 7 号 585 頁

［不能犯］
- **4** 大判大正 6・9・10 刑録 23 輯 999 頁
- **5** 最判昭和 37・3・23 刑集 16 巻 3 号 305 頁
- **6** 大判大正 3・7・24 刑録 20 輯 1546 頁

［中止犯］
- **7** 東京高判昭和 62・7・16 判時 1247 号 140 頁
- **8** 最決昭和 32・9・10 刑集 11 巻 9 号 2202 頁

I ― はじめに

　刑法43条・44条が定める未遂犯は，犯罪構成要件が完全に充足されなくても，なお処罰の対象となる場合であり，犯罪構成要件を完全に充足する既遂犯の処罰をいわば前倒ししたものという意味を有している。ここでは，主として3点の解釈問題がある。

　まず第1に，犯罪実現に向けた過程のどの段階で未遂が成立するのかということが問題となる。刑法43条は未遂を「犯罪の実行に着手してこれを遂げなかった」と規定しており，「実行に着手」したことが未遂の成立に必要であると解される。そこで，未遂の成立時期は「実行の着手」がいつ認められるかとして議論されてきた。主要な犯罪の多くは未遂を処罰するが，未遂以前の予備・陰謀は原則として処罰の対象とならないので，「実行の着手」が可罰的領域と不可罰の領域のいわば分水嶺となっている。したがって，「実行の着手」をいつ認めるかは実際上極めて重要な問題となるのである。

　第2に問題となるのが，外形上，あるいは段階的には「実行の着手」が認められそうな行為について，およそ既遂に至る可能性がないことから未遂の

成立が否定されること（これを不能犯と呼ぶが，犯罪ではなく，処罰の対象とはならない行為である）が認められているが，それはどのように判断されるべきなのかということである。既遂をもたらす危険が認められるかが判断基準と理解されているが，その危険をどのように判断するかが問題となる。

第3の問題は，刑法43条但書が定める「自己の意思により犯罪を中止した」場合である，中止犯（中止未遂ともいう）である。どのような場合に「犯罪を中止した」といえるか，どのような場合にそれが「自己の意思により」といえるかが問題となる。

以下では，順次これらの問題について取り扱うことにする。

II—実行の着手

1　最決平成16・3・22刑集58巻3号187頁

[事　案]

決定要旨参照

[決定要旨]

「所論にかんがみ，殺人罪の成否について職権で判断する。

1　1, 2審判決の認定及び記録によると，本件の事実関係は，次のとおりである。

(1) 被告人Aは，夫のVを事故死に見せ掛けて殺害し生命保険金を詐取しようと考え，被告人Bに殺害の実行を依頼し，被告人Bは，報酬欲しさからこれを引受けた。そして，被告人Bは，他の者に殺害を実行させようと考え，C，D及びE（以下「実行犯3名」という。）を仲間に加えた。被告人Aは，殺人の実行の方法については被告人Bらにゆだねていた。

(2) 被告人Bは，実行犯3名の乗った自動車（以下「犯人使用車」という。）をVの運転する自動車（以下「V使用車」という。）に衝突させ，示談交渉を装ってVを犯人使用車に誘い込み，クロロホルムを使ってVを失神させた上，最上川付近まで運びV使用車ごと崖から川に転落させてでき死させるという

計画を立て，平成7年8月18日，実行犯3名にこれを実行するよう指示した。実行犯3名は，助手席側ドアを内側から開けることのできないように改造した犯人使用車にクロロホルム等を積んで出発したが，Vをでき死させる場所を自動車で1時間以上かかる当初の予定地から近くの石巻工業港に変更した。

(3) 同日夜，被告人Bは，被告人Aから，Vが自宅を出たとの連絡を受け，これを実行犯3名に電話で伝えた。実行犯3名は，宮城県石巻市内の路上において，計画どおり，犯人使用車をV使用車に追突させた上，示談交渉を装ってVを犯人使用車の助手席に誘い入れた。同日午後9時30分ころ，Dが，多量のクロロホルムを染み込ませてあるタオルをVの背後からその鼻口部に押し当て，Cもその腕を押さえるなどして，クロロホルムの吸引を続けさせてVを昏倒させた（以下，この行為を「第1行為」という。）。その後，実行犯3名は，Vを約2Km離れた石巻工業港まで運んだが，被告人Bを呼び寄せた上でVを海中に転落させることとし，被告人Bに電話をかけてその旨伝えた。同日午後11時30分ころ，被告人Bが到着したので，被告人B及び実行犯3名は，ぐったりとして動かないVをV使用車の運転席に運び入れた上，同車を岸壁から海中に転落させて沈めた（以下，この行為を「第2行為」という。）。

(4) Vの死因は，でき水に基づく窒息であるか，そうでなければ，クロロホルム摂取に基づく呼吸停止，心停止，窒息，ショック又は肺機能不全であるが，いずれであるかは特定できない。Vは，第2行為の前の時点で，第1行為により死亡していた可能性がある。

(5) 被告人B及び実行犯3名は，第1行為自体によってVが死亡する可能性があるとの認識を有していなかった。しかし，客観的にみれば，第1行為は，人を死に至らしめる危険性の相当高い行為であった。

2 上記1の認定事実によれば，実行犯3名の殺害計画は，クロロホルムを吸引させてVを失神させた上，その失神状態を利用して，Vを港まで運び自動車ごと海中に転落させてでき死させるというものであって，第1行為は第2行為を確実かつ容易に行うために必要不可欠なものであったといえること，第1行為に成功した場合，それ以降の殺害計画を遂行する上で障害とな

るような特段の事情が存しなかったと認められることや，第１行為と第２行為との間の時間的場所的近接性などに照らすと，第１行為は第２行為に密接な行為であり，実行犯３名が第１行為を開始した時点で既に殺人に至る客観的な危険性が明らかに認められるから，その時点において殺人罪の実行の着手があったものと解するのが相当である。また，実行犯３名は，クロロホルムを吸引させてＶを失神させた上自動車ごと海中に転落させるという一連の殺人行為に着手して，その目的を遂げたのであるから，たとえ，実行犯３名の認識と異なり，第２行為の前の時点でＶが第１行為により死亡していたとしても，殺人の故意に欠けるところはなく，実行犯３名については殺人既遂の共同正犯が成立するものと認められる。そして，実行犯３名は被告人両名との共謀に基づいて上記殺人行為に及んだものであるから，被告人両名もまた殺人既遂の共同正犯の罪責を負うものといわねばならない。したがって，被告人両名について殺人罪の成立を認めた原判断は，正当である。」

解　説

1　本件（第5章判例 9）では，クロロホルムを吸引させて失神させる行為（第１行為）の後に，失神した被害者を自動車ごと海中に転落させて（第２行為）溺死させるという犯人の被害者殺害計画に基づいた行為について，どの段階で殺人未遂が成立するか（殺人罪の実行の着手があったか）が問題とされている。人の死を直接生じさせるためになす行為は第２行為であるが，本決定は，第１行為を開始した時点で殺人罪の実行の着手を認めているのである[1]。すなわち，実行の着手を認めるためには，結果を直接惹起する行為に出たことは必ずしも必要ではなく，それ以前の行為の段階で認められることがあることになる。

2　本決定は，第１行為は第２行為に「密接な行為」であり，第１行為の開始時点で「殺人に至る客観的な危険性が明らかに認められる」という理由で，第１行為の開始時点で殺人罪の実行の着手があったとしている。すなわち，「客観的な危険性」が実行の着手を認める根拠であるといえよう。そし

---

[1] なお，実際には第１行為によって被害者が死亡していたとしても，故意を阻却しない因果関係の錯誤として処理されることについては，第5章判例 9 の解説を参照。

て，その危険性は実行の着手が認められる行為（第1行為）が結果を直接惹起するための行為（第2行為）に「密接な行為」であることによって，さらに限定的に理解されているのである。このような，第1行為の第2行為に対する「密接」性は，本決定では，①第1行為は第2行為を確実かつ容易に行うために必要不可欠なものであったといえること，②第1行為に成功した場合，それ以降の殺害計画を遂行する上で障害となるような特段の事情が存しなかったと認められること，③第1行為と第2行為との間の時間的場所的近接性により認められている。これらの事情からすると，第1行為を開始する時点において，第2行為がその後行われて殺人に至る客観的危険性を認めることができるといえよう。

このようにして，実行の着手は，結果を直接惹起する行為（第2行為）より以前の行為（第1行為）の段階で，結果惹起に至る危険性を理由として認められているが，そのような第1行為は第2行為との「密接」性が要求されることによって，かなり限定的に理解されているということができる。

2　最決昭和40・3・9刑集19巻2号69頁

[事　案]

被告人は，某日午前0時40分頃，電気器具商A方店舗内において，窃盗の目的で，小型懐中電燈を使用して現金が置いてあると思われる同店舗内東側隅の煙草売場に近づき，金員を物色しようとしていた際，たまたま銭湯に行っていたAが帰宅して来たため，一旦右煙草売場後側の陳列棚のかげに身を隠したが，同人が出入口のガラス戸の一部が破られているのに気付き，不審に思い，奥の間より妻Bを伴って引き返し，ひそんでいた被告人を発見し「泥棒や。」と騒ぎ出したので，被告人は逮捕を免れるため，所携の果物ナイフを取り出すや被告人を取り押えようとしていた同人の左前胸部四個所を突き刺し，更に右Bの顔面を手拳で強打する等の暴行を加え，格闘の末同家奥の裏庭からへいを越えて逃走したが，右暴行によりAを間もなく同所において出血失血死するに至らしめ，Bに対しては治療約2週間を要する歯牙動揺の傷害を負わせた。

[決定要旨]

 「被告人は昭和三八年一一月二七日午前零時四〇分頃電気器具商たる本件被害者方店舗内において，所携の懐中電燈により真暗な店内を照らしたところ，電気器具類が積んであることが判つたが，なるべく金を盗りたいので自己の左側に認めた煙草売場の方に行きかけた際，本件被害者らが帰宅した事実が認められるというのであるから，原判決が被告人に窃盗の着手行為があつたものと認め，刑法二三八条の「窃盗」犯人にあたるものと判断したのは相当である。」

解　説

1　本件は，電気器具商である被害者方店舗に侵入した被告人が，現金を窃取しようと，現金が置いてあると思われるタバコ売り場に行きかけた時点で，窃盗の実行の着手が肯定されている。本件でも，判例 1 と同様に，法益侵害を直接惹起する行為（窃盗の場合には，対象物の占有を移転する行為）以前の行為の段階で窃盗の実行の着手が認められている。本件以外にも，財物を物色する行為の時点で窃盗の実行の着手があるとした判例（最判昭和23・4・17刑集2巻4号399頁），金品物色のためタンスに近寄った時点で窃盗の実行の着手があるとした判例（大判昭和9・10・19刑集13巻1473頁）が存在している。これに対して，窃盗目的で他人の家に侵入しただけでは未だ窃盗の実行の着手は認められない（東京高判昭和24・12・10高刑集2巻3号292頁）[2]。

　住居侵入窃盗の事案においては，対象物の占有を移転する行為に着手しなくとも，それに密接な行為である物色行為やそのためにタンス等に接近する行為の時点で，判例 1 の基準に照らしても，窃盗の実行の着手を肯定することができるであろう。

2　本件でタバコ売り場に行きかけた時点で窃盗の実行の着手が認められるかが問題となったのは，もしもその時点で窃盗未遂が成立するのであれ

---

[2] これに対して，土蔵内の物品を窃取する目的で土蔵へ侵入しようとした時点で窃盗の実行の着手を認めた判決（名古屋高判昭和25・11・14高刑集3巻4号748頁）がある。なお，駐車中の自動車内から金員を窃取しようとドアの鍵穴にドライバーを差し込んで開けて，金員を窃取しようとした時点で，窃盗の実行の着手が認められる（東京地判平成2・11・15判時1373号144頁）。

ば，そこに現れたA及びBに対する暴行が事後強盗罪（刑法238条）となり，そしてAを死亡させ，Bに傷害を負わせたことが，強盗致死罪，強盗致傷罪（刑法240条）となるからである。なお，A・Bに対する暴行が財物奪取の目的でなされたものであれば，それ自体，強盗罪の実行行為として評価しうるが，本件のように，逮捕を免れる目的で暴行を行ったときは，事後強盗罪の成否の問題となる。このようにして，窃盗の実行の着手が問題となる事例では，より重い別罪（事後強盗罪，強盗致死傷罪）の成否が問題となることがまま見られるのである。

3 最決昭和45・7・28刑集24巻7号585頁

[事　案]
決定理由参照

[決定理由]
「原判決ならびにその維持する第一審判決の各判示によれば，被告人は，昭和四三年一月二六日午後七時三〇分頃，ダンプカーに友人のPを同乗させ，ともに女性を物色して情交を結ぼうとの意図のもとに防府市内を徘徊走行中，同市八王寺一丁目付近にさしかかった際，一人で通行中のA（当時二三歳）を認め，「車に乗せてやろう。」等と声をかけながら約一〇〇メートル尾行したものの，相手にされないことにいら立ったPが下車して，同女に近づいて行くのを認めると，付近の同市佐波一丁目赤間交差点西側の空地に車をとめて待ち受け，Pが同女を背後から抱きすくめてダンプカーの助手席前まで連行して来るや，Pが同女を強いて姦淫する意思を有することを察知し，ここにPと強姦の意思を相通じたうえ，必死に抵抗する同女をPとともに運転席に引きずり込み，発進して同所より約五，〇〇〇メートル西方にある佐波川大橋の北方約八〇〇メートルの護岸工事現場に至り，同所において，運転席内で同女の反抗を抑圧してP，被告人の順に姦淫したが，前記ダンプカー運転席に同女を引きずり込む際の暴行により，同女に全治まで約一〇日間を要した左膝蓋部打撲症等の傷害を負わせたというのであつて，かかる事実関係のもとにおいては，被告人が同女をダンプカーの運転席に引きず

り込もうとした段階においてすでに強姦に至る客観的な危険性が明らかに認められるから，その時点において強姦行為の着手があつたと解するのが相当であり，また，Aに負わせた右打撲症等は，傷害に該当すること明らかであつて（当裁判所昭和三八年六月二五日第三小法廷決定，裁判集刑事一四七号五〇七頁参照），以上と同趣旨の見解のもとに被告人の所為を強姦致傷罪にあたるとした原判断は，相当である。」

解説

1 本件では，強姦目的で被害者をダンプカーに引きずり込もうとした段階で，「強姦に至る客観的な危険性」が認められるとして強姦罪の実行の着手が認められている。この段階における犯人の暴行は直接姦淫するために行われたものではない。その意味で，本件でも，直接法益侵害を惹起する行為以前の行為について実行の着手が肯定されていることになるのである。本件において姦淫はダンプカーの車内で行われたのであるが，被害者がダンプカー車内に引きずり込まれれば，それによって姦淫の高度な危険性がすでに認められるから，判例 **1** の基準に照らしても，実行の着手を認めることが許されよう。

2 本件では結局ダンプカーの車内で姦淫が実際に行われているから強姦罪は既遂となっている。それなのに，被害者をダンプカーに引きずり込もうとした段階で実行の着手が認められるかが問題となっているのは，その際の暴行によって被害者に傷害を生じさせた犯人について，強姦致傷罪が成立するかが問題となるからである。もしもその段階で強姦罪の実行の着手が認められれば，単に強姦罪と傷害罪が成立するにすぎないのではなく，それよりも重い強姦致傷罪（刑法181条2項）が成立することになる。こうして，強姦が既遂であるにもかかわらず，なお実行の着手の有無が問題とされることになるのである。

Ⅲ—不能犯

4 大判大正6・9・10刑録23輯999頁

[事　案]
判決理由参照

[判決理由]
「第三點原判決ハ罪ト爲ラサル事項ニ對シ刑ヲ適用シタル違法アルモノト思考ス原判決ノ摘示シタル事實ニ依レハ「被告 (X) ハYト通シ大正五年十二月二十日Aヲ殺害セント共謀シ同月二十三日A宅ニ於テXカ豫テ使用シ居リタル硫黄粉末五匁ヲ密ニ汁鍋中ニ投シタ食ノ際Yハ之ヲAニ供シテ飲マシメ云云」同月二十六日XハA宅ヘ硫黄粉末ヲ混入セル水藥ヲ携ヘ行キ之ヲ飲マシメタルモ疾苦ヲ増シタルノミニテ豫期ノ効果ヲ奏セサルヨリ翌二十七日意ヲ決シAヲ絞殺シ其殺害ノ目的ヲ達シタリ」ト云フニ在リテ被告等ハ同一ノ決意ヲ以テ接續シタル殺害行爲ヲ施シ遂ニ其目的ヲ達シタルモノニシテ硫黄粉末ヲ含メル汁又ハ水藥ヲ飲マシタル如キハ接續セル殺害行爲ノ著手行爲ノ一ニ外ナラサルモノニシテ別ニ傷害罪ヲ以テ論スヘキモノニ非ス然ルニ原判決ハ一面ニ於テ殺害行爲アルヲ認メ尚硫黄粉末ヲ以テ疾苦ヲ與ヘタル傷害行爲アリト爲シ之ニ對シ傷害罪ノ法條ヲ適用シタルハ違法ニシテ原判決ハ此點ニ於テ破毀ヲ免レサルモノト思考スト云フニ在リ○因テ按スルニ殺意ヲ以テ二箇ノ異ナレル殺害方法ヲ他人ニ施シタル處第一ノ方法ヲ以テシテハ殺害ノ結果ヲ惹起スルコト絶對ニ不能ニシテ單タ他人ヲ傷害シタルニ止マリ第二ノ方法ヲ用ヰ始メテ殺害ノ目的ヲ達シタルトキハ右二箇ノ行爲カ孰レモ同一ノ殺意ニ出テタリトスルモ第一ノ方法ニ依ル行爲カ殺人罪トシテ純然タル不能犯ニ屬スル場合ニ於テハ殺人罪ニ問擬スヘカラサルハ勿論ニシテ若シ又該行爲ノ結果カ傷害罪ニ該當スルニ於テハ殺人罪トシテハ不能犯ナルモ傷害罪ヲ以テ之ヲ處斷スヘク第二ノ方法ニ依ル殺人罪ノ既遂ト連續犯ノ關係ヲ有スル殺人罪ノ未遂ヲ以テ論スヘキニ非ス今原判決ノ認定セル事實ヲ其

證據説明ニ對照シ之ヲ按スルニ被告兩名ハ殺害ノ意思ヲ以テ二回ニ硫黄紛末ヲ飲食物中若クハ水藥中ニ混和シ之ヲＹノ内縁夫タルＡニ服用セシメ之ヲ毒殺セント爲シタルモ其方法カ絶對ニ殺害ノ結果ヲ惹起スルニ足ラス目的ヲ達スル能ハサルニ因リ更ニ當初ノ殺意ヲ遂行スルカ爲ニ被告Ｘハ被告Ｙノ教唆ニ應シＡヲ絞殺シタリト云フニ在リ一箇ノ殺意ヲ繼續實行シタル事實ナルモ第一ノ方法カ殺害ノ目的ヲ達スルニ付キ絶對不能ニシテ第一ノ行爲カ殺人罪トシテ不能ニ屬スル以上ハ其結果タル傷害罪ノミヲ論スル場合ニ於テ右傷害罪ハ罪名ヲ異ニセル第二ノ方法ニ依リテ行ヒタル殺人罪トハ全然連續犯ノ關係ヲ有セサルモノト謂ハサルヘカラス故ニ原判決ニ於テ最初二回ニ連續シテ硫黄粉末ヲ施用シＡヲ殺害セントシタルモ其方法絶對不能ニ屬シ單タ之ヲ傷害シタルニ止リタル事實ヲ認メ之ヲ原判示殺人既遂罪ノ連續行爲ノ一部タル殺人未遂罪ト爲サス別ニ其結果タル傷害罪ノ事實ニ對シテ刑法第二百四條第五十五條ヲ適用處斷シタルハ相當ニシテ所論ノ如ク擬律錯誤ノ違法アルモノニアラス本論旨ハ理由ナシ」

解　説

1　本件は，被告人Ｘ・Ｙが被害者Ａを殺害しようと，飲食物や水薬の中に硫黄粉末を混入してそれを服用させたが，被害者が死亡しなかったので，ついに絞殺して目的を遂げたという事案である。本判決では，これらの一連の行為のうち，硫黄粉末を服用させる行為について，「殺害ノ目的ヲ達スルニ付キ絶對不能」であるという理由で不能犯とされている。ここにいう「絶對不能」の判断は，一般人がどう思うかといったことではなく，科学的知識を基礎として客観的になされていると理解することができるであろう。なぜなら，もしも，一般人の判断が基準となるのであれば，被告人Ｘ・Ｙがそうであったように，被害者を死亡させることが可能であると判断した可能性が高いと思われるからである。こうして，本判決では，結果惹起の客観的可能性・危険性が認められるかが不可罰となる不能犯と可罰的な未遂犯を区別する判断基準とされていると解することができることになる。

2　本件で硫黄粉末を服用させる行為が不能犯かが問題となったのは，もしそれが殺人未遂となるのであれば，被害者を殺害する目的で行われた一連

の行為が連続犯（現在では廃止されている。廃止前の刑法旧55条は「連続シタル数個ノ行為ニシテ同一ノ罪名ニ触ルルトキハ一罪トシテ之ヲ処断ス」と規定していた）として科刑上一罪とされることになるからである。これに対して，本判決は，硫黄粉末を服用させる行為は殺人としては不能犯であるが，傷害罪は成立するとした。その結果として，硫黄粉末を服用させる行為（この複数回の行為は連続犯となる）と，その後になされた絞殺とは連続犯の関係にはないことになり，したがって併合罪の関係となるものと解されることになるのである。

5　最判昭和37・3・23刑集16巻3号305頁

[事　案]

　被告人は生命保険をかけた被害者を殺害して保険金を取得しようと考え，同人の静脈内に空気を注射しいわゆる空気栓塞をおこさせてこれを殺害することを図り，同人の両腕の静脈内に1回ずつ蒸溜水5ccとともに空気合計30ccないし40ccを注射したが，致死量に至らなかったため殺害の目的を遂げなかった。

[判決理由]

　「なお，所論は，人体に空気を注射し，いわゆる空気栓塞による殺人は絶対に不可能であるというが，原判決並びにその是認する第一審判決は，本件のように静脈内に注射された空気の量が致死量以下であつても被注射者の身体的条件その他の事情の如何によつては死の結果発生の危険が絶対にないとはいえないと判示しており，右判断は，原判示挙示の各鑑定書に照らし肯認するに十分であるから，結局，この点に関する所論原判示は，相当であるというべきである。」

[解　説]

　1　本件は，被害者の静脈中に空気を注射して同人を空気栓塞により死亡させようとしたが，注射した空気の量が致死量以下であったため目的を遂げなかったという事案である。本判決は殺人未遂の成立を肯定しているが，注目すべきなのはその判断方法である。本判決は，一般人が危険と感じるかと

いう判断方法ではなく，「被注射者の身体的条件その他の事情の如何によつては死の結果発生の危険が絶対にないとはいえない」といったより客観的な判断方法によっていることが窺われる。これは判例 4 にも現れていたことであるが，いわゆる方法の不能が問題となる事例については，同様の観点から判断を行っている判例・裁判例が目につくところである。覚せい剤製造未遂事案において，そもそも原料が不真正であった場合に未遂の成立を否定し（東京高判昭和37・4・24高刑集15巻4号210頁），製造方法に科学的根拠があり，使用した触媒の量が不足していたため製造に至らなかった場合に未遂の成立を肯定している（最決昭和35・10・18刑集14巻12号1559頁）のがその例である。

　2　なお，下級審裁判例の中には，行為時の事前の立場からみた一般人の危険感を判断基準とする有力な学説の影響を受けてか，同様の基準によって判断を行ったものも見られる。警察官が腰に着装している拳銃を奪って同人の脇腹に当てて引き金を引いたが，実弾が装てんされていなかったために殺害の結果が生じなかった（多忙のため実弾の装てんを失念していた）という事案について殺人未遂の成立を肯定した判決（福岡高判昭和28・11・10判特26号58頁）がその例である。

6　大判大正3・7・24刑録20輯1546頁

[事　案]

　判決理由参照

[判決理由]

　「原判決ヲ査スルニ原院ハ被告カ市内青山墓地ヲ通行セルAヲ引倒シ其懐中物ヲ奪取セントシタル事實ヲ認メナカラAカ懐中物ヲ所持シ居リタル事實ノ證據ヲ示ササルコト寔ニ所論ノ如シ然レトモ通行人カ懐中物ヲ所持スルカ如キハ普通豫想シ得ヘキ事實ナレハ之ヲ奪取セントスル行爲ハ其結果ヲ發生スル可能性ヲ有スルモノニシテ實害ヲ生スル危険アルヲ以テ行爲ノ當時偶々被害者カ懐中物ヲ所持セサリシカ爲メ犯人カ其奪取ノ目的ヲ達スル能ハサリシトスルモ开ハ犯人意外ノ障礙ニ因リ其著手シタル行爲カ豫想ノ結果ヲ

生セサリシニ過キスシテ未遂犯ヲ以テ處斷スルニ妨ケナキモノナルヲ以テ本件ニ於テ被害者Ａカ懷中物ヲ所持シ居リタルト否トハ強盜未遂犯ノ構成ニ何等影響ヲ及ホスモノニ非ス」

解説

1 本件で問題となっているのは，強盗の被害者が財物を所持していなかった場合でも，強盗未遂が成立するのかということである。本判決は，「通行人カ懷中物ヲ所持スルカ如キハ普通豫想シ得ヘキ事實ナレハ之ヲ奪取セントスル行爲ハ其結果ヲ發生スル可能性ヲ有スルモノニシテ實害ヲ生スル危險アル」として，これを肯定している。「普通豫想シ得ヘキ」かどうかを判断基準とすることは，行為時の事前の立場から一般人が危険を感じるかという基準に近いものであるということができよう。このような基準をよりはっきり示した下級審裁判例として，死体に対する殺人未遂の成立を認めた判決がある（広島高判昭和36・7・10高刑集14巻5号310頁）。

方法の不能の事例では，被告人が採った方法が結果を生じさせることが可能なものかを判断するに当たり，科学的な知識がどうしても必要となるため，一般人の判断を基準として用いることは困難であると考えられる（一般人があえて判断しても，「わからない」ということになりそうである）のに対して，客体の不能の事例，とくに客体の不存在の事例では，そのような科学的知識が問題となることはない。客体が存在しなければ結果は発生しようがないともいえるが，そうした事例を一切不能犯として不可罰とするのは結論の妥当性の点で疑問が生じるであろう。スリの被害者が，財布を反対側のポケットに入れていたため難を免れた場合に窃盗未遂の成立を否定することには疑問が大きいであろうし，さらに，被害者がたまたま直前に財布を落としていた，あるいは自宅に置き忘れていたため所持していなかったという場合であっても，窃盗未遂の成立を否定することには疑問が生じうると思われるからである。

IV—中止犯

7 東京高判昭和62・7・16判時1247号140頁

[事 案]

　被告人は，暴力団構成員であるところ，昭和61年某日夜，自宅において飲酒中，東京都墨田区江東橋《番地略》のMハイムでミュージックパブ「C」を経営するAから，かつて暴力団関係者であるとの理由で店への出入りを断られた一件を思い起こし，かれこれ考えているうちに，次第に同人に対する憤慨の念が高まり，ついに翌日午前3時ころ，同人を殺害しようと決意したうえ，自宅の台所から刃渡り約29・3センチメートルの牛刀1丁を持ち出して，「C」に赴き，同日午前3時30分ころ，同人をMハイム前路上に連れ出して，「この野郎，殺してやる。」などと怒号しながら牛刀を振り上げ，身の危険を感じて逃げ出した同人を追い掛けて，同区江東橋《番地略》付近の路上に至った際，転倒して起き上がろうとしていた同人の左側頭部付近を目掛け，右手に持った同牛刀を振り下ろして切りつけたが，とっさにこれを左腕で防いだ同人から，両腰付近に抱きつくように取りすがられ，「勘弁して下さい。私が悪かった。命だけは助けて下さい。」などと哀願され，犯行を中止したため，同人に全治約2週間の左前腕切傷を負わせたにとどまり，殺害の目的を遂げなかった。

[判決理由]

　「職権をもって，原判決を調査するに，原判決が，その罪となるべき事実において，被告人は殺意をもって，前記牛刀でAの左側頭部付近を切りつけたが，とっさに同人がこれを左腕で防ぐなどしたため，同人に全治約二週間の左前腕切傷を負わせたにとどまり，殺害の目的を遂げなかった旨認定し，かつ，その法令の適用において，殺人未遂に関する法条を適用し，所定刑中有期懲役刑に選択しただけで，中止未遂及び法律上の減軽に関する刑法四三条但書及び六八条三号を適用していないことに徴すると，原判決は，被

告人のAに対する右の一撃によって殺人の実行行為は終了したが，同人の防御などの障害により，殺害の結果が発生しなかったとして，本件がいわゆる実行未遂で，しかも障害未遂に当たる事案であると認定していることが明らかである。

しかし，前記の被告人の捜査段階における供述にもあるように，被告人は，Aを右牛刀でぶった切り，あるいはめった切りにして殺害する意図を有していたものであって，最初の一撃で殺害の目的が達せられなかった場合には，その目的を完遂するため，更に，二撃，三撃というふうに追撃に及ぶ意図が被告人にあったことが明らかであるから，原判示のように，被告人が同牛刀でAに一撃を加えたものの，その殺害に奏功しなかったという段階では，いまだ殺人の実行行為は終了しておらず，従って，本件はいわゆる着手未遂に該当する事案であるといわねばならない。

そして，いわゆる着手未遂の事案にあっては，犯人がそれ以上の実行行為をせずに犯行を中止し，かつ，その中止が犯人の任意に出たと認められる場合には，中止未遂が成立することになるので，この観点から，原判決の掲げる証拠に当審における被告人質問の結果なども参酌して，本件を考察すると，原判示のように，被告人は確定的殺意のもとに，Aの左側頭部付近を目掛けて，右牛刀で一撃し，これを左腕で防いだ同人に左前腕切傷の傷害を負わせたが，その直後に，同人から両腰付近に抱きつくように取りすがられて，「勘弁して下さい。私が悪かった。命だけは助けて下さい。」などと何度も哀願されたため，かわいそうとのれんびんの情を催して，同牛刀で更に二撃，三撃というふうに追撃に及んで，殺害の目的を遂げることも決して困難ではなかったのに，そのような行為には出ずに犯行を中止したうえ，自らも本件の所為について同人に謝罪し，受傷した同人に治療を受けさせるため，通り掛かりのタクシーを呼び止めて，同人を病院に運んだことなどの事実が明らかである。

右によると，たしかに，Aが被告人の一撃を防御したうえ，被告人に取りすがって謝罪し，助命を哀願したことが，被告人が殺人の実行行為を中止した契機にはなっているけれども，一般的にみて，そのような契機があったからといって，被告人のように強固な確定的殺意を有する犯人が，その実行行

為を中止するものとは必ずしもいえず，殺害行為を更に継続するのがむしろ通例であるとも考えられる。

　ところが，被告人は前記のように，Aの哀願にれんびんの情を催して，あえて殺人の実行行為を中止したものであり，加えて，被告人が前記のように，自らもAに謝罪して，同人を病院に運び込んだ行為には，本件所為に対する被告人の反省，後悔の念も作用していたことが看取されるのである。

　以上によると，本件殺人が未遂に終ったのは，被告人が任意に，すなわち自己の意思によって，その実行行為をやめたことによるものであるから，右の未遂は，中止未遂に当たるといわねばならない。」

解説

　1　本件では，被害者を殺害する目的で頭部付近を狙って牛刀を振り下ろして切り付けたところ，同人の左腕に傷を負わせたが，被害者から哀願されたためにそれ以上の加害行為に出ることをやめた被告人について殺人の中止未遂（中止犯）が成立するかが問題となっている。中止犯の解釈上問題となるのは，「犯罪を中止した」か，それが「自己の意思」によるかである。

　2　本判決は，「最初の一撃で殺害の目的が達せられなかった場合には，その目的を完遂するため，更に，二撃，三撃というふうに追撃に及ぶ意図が被告人にあったことが明らかであるから，原判示のように，被告人が同牛刀でAに一撃を加えたものの，その殺害に奏功しなかったという段階では，いまだ殺人の実行行為は終了しておらず，従って，本件はいわゆる着手未遂に該当する事案であるといわねばならない」とし，「いわゆる着手未遂の事案にあっては，犯人がそれ以上の実行行為をせずに犯行を中止し，かつ，その中止が犯人の任意に出たと認められる場合には，中止未遂が成立することになる」として，追撃を止めた被告人について，「犯罪を中止した」ことを認めている。牛刀による一撃を終えているにも拘らず，殺人の実行行為は終了しておらず，したがって着手未遂であり，それ以上の実行行為に出ないだけで犯罪の中止が認められるというのである。

　殺害の目的をもって牛刀で一撃を加えれば，追撃の意図があったか否かに関わりなく，殺人の実行行為が1回行われたこと，ただし殺害の目的を達す

ることができなかったことは否定しがたい。この意味では，実行行為を1回終えているのだから着手未遂ではなく，実行未遂の場合に当たることになる。それにも拘らず，本判決は，実行行為が継続している以上なお着手未遂だとするのである。しかしながら，実行行為をさらに継続する意図があったとしても，すでに当初の一撃で死因となりうる傷害を生じさせていたような場合に，なお着手未遂であり，それ以上の実行行為を行わないだけで犯罪の中止を認めることは，結論として疑問であり，本判決もそのような場合までを想定しているとは考えられない。あくまでも本件では，牛刀による一撃によって未だ死の危険が生じていない事案であることが重要であると思われる[3]。

本判決は，実行行為が1回行われ，それによる結果惹起に失敗した場合であっても，さらに実行継続の意思と可能性がある限り，中止犯の成立可能性を肯定するという意味で，中止犯の成立範囲を拡張的に捉えている。このことは，同一態様の加害行為が反復継続して行われるような場合を考えれば，妥当な理解であるといえる。このことを前提とした上で，未だ死の危険が犯人の実行継続から独立して生じているのでない場合には，死の危険は犯人の実行継続の可能性から生じるのであるから，実行継続を止めることによって，その危険を消滅させることが可能である。この意味で，本件事案のような場合には，実行継続の不作為によって犯罪を中止したということができることになるのである。

本判決が，本件事案の場合，着手未遂であり，それ以上の実行行為を行わないことによって犯罪を中止したといえるとしているのは，本件事案で生じたといえる既遂惹起の危険は実行の不作為によって消滅させることができることを理由とすると理解することができる。本件は着手未遂の事案であるというのはそのような観点から理解することが適当であろう。つまり，どのような方法で未遂の危険を消滅させることができるかという観点から，着手未遂＝実行の不作為による危険の消滅，終了未遂＝積極的な結果回避措置による危険消滅，という区別が行われていると考えられるのである。本件行為そ

---

[3] 日本刀による一撃の後中止した事案で中止犯の成立を認めた東京高判昭和51・7・14判時834号106頁は，死の危険はなかったとしている。

れ自体の検討によって着手未遂との結論が出されているわけではないといえるのである（そのような理解は，すでに述べたように，実行行為が1回終了している以上，誤りだとすらいいうる）。

　3　本判決は，被害者の哀願によって犯罪を中止したことが，「自己の意思」によるといえるとした。本判決がこのようなことを認めたのは，本件で犯罪中止の契機となった事態（被害者の哀願）があっても，一般的には犯罪の実行を継続することがむしろ想定されるのに，犯人が犯罪を中止していること，さらに，犯人が被害者に憐憫の情をもよおし，反省・後悔の念も作用していることをその理由としている。とくに，前者の点は判例における判断基準として注目されるところであり，次の判例 8 でさらに検討することにしたい。

8　最決昭和32・9・10刑集11巻9号2202頁

[事　案]
　決定理由参照

[決定理由]
　「原判決の認定するところとその挙示する証拠によれば，本件の事実関係は，被告人はかねて賭博等に耽つて借財が嵩んだ結果，実母Aや姉B等にも一方ならず心配をかけているので苦悩の末，服毒自殺を決意すると共に，自己の亡き後に悲歎しながら生き残るであろう母親の行末が不憫であるからむしろ同時に母をも殺害して同女の現世の苦悩を除いてやるに如かずと考え，昭和二八年一〇月一八日午前零時頃自宅六畳間において電燈を消して就寝中の同女の頭部を野球用バットで力強く一回殴打したところ，同女がうーんと呻き声をあげたので早くも死亡したものと思い，バットをその場に置いたまま自己が就寝していた隣室三畳間に入つたが，間もなく同女がXXと自己の名を呼ぶ声を聞き再び右六畳間に戻り，同女の頭部を手探ぐりし電燈をつけて見ると，母が頭部より血を流し痛苦していたので，その姿を見て俄かに驚愕恐怖し，その後の殺害行為を続行することができず，所期の殺害の目的を遂げなかったというのである。右によれば，被告人は母に対し何ら怨恨等の

害悪的感情をいだいていたものではなく、いわば憐憫の情から自殺の道伴れとして殺害しようとしたものであり、従ってその殺害方法も実母にできるだけ痛苦の念を感ぜしめないようにと意図し、その熟睡中を見計い前記のように強打したものであると認められる。しかるに、母は右打撃のため間もなく眠りからさめ意識も判然として被告人の名を続けて呼び、被告人はその母の流血痛苦している姿を眼前に目撃したのであつて、このような事態は被告人の全く予期しなかつたところであり、いわんや、これ以上更に殺害行為を続行し母に痛苦を与えることは自己当初の意図にも反するところであるから、所論のように被告人において更に殺害行為を継続するのがむしろ一般の通例であるというわけにはいかない。すなわち被告人は、原判決認定のように、前記母の流血痛苦の様子を見て今さらの如く事の重大性に驚愕恐怖するとともに、自己当初の意図どおりに実母殺害の実行完遂ができないことを知り、これらのため殺害行為続行の意力を抑圧せられ、他面事態をそのままにしておけば、当然犯人は自己であることが直に発覚することを怖れ、原判示のように、ことさらに便所の戸や高窓を開いたり等して外部からの侵入者の犯行であるかのように偽装することに努めたものと認めるのが相当である。右意力の抑圧が論旨主張のように被告人の良心の回復又は悔悟の念に出でたものであることは原判決の認定しないところであるのみならず、前記のような被告人の偽造行為に徴しても首肯し難い。そして右のような事情原因の下に被告人が犯行完成の意力を抑圧せしめられて本件犯行を中止した場合は、犯罪の完成を妨害するに足る性質の障がいに基くものと認むべきであつて、刑法四三条但書にいわゆる自己の意思により犯行を止めたる場合に当らないものと解するを相当とする。されば、原判決が本件被告人の所為を中止未遂ではなく障がい未遂であるとしたのは、以上と理由を異にするが、結論においては正当である。」

解説

1 本決定は、被告人による犯罪の中止は「自己の意思」によるものとは認めがたいという理由から殺人の中止犯の成立を否定している。注目されるのはその判断の仕方、基準である。

本件で犯罪を中止する契機となった事態（被害者である母が流血痛苦している姿を見て，驚愕恐怖したこと）は，「被告人において更に殺害行為を継続するのがむしろ一般の通例である」といえるものではないということが，本決定が犯罪中止は自己の意思によるものとはいえないとした主要な理由である（さらに，良心の回復又は悔悟の念に出たものであるともいえないとしている）。すなわち，本決定は，犯罪行為を継続するのが「一般の通例」であるにもかかわらず，犯人が犯行の継続を中止した場合に，それが「自己の意思」によるといえるとする理解を前提としていると解されるのである。言い換えれば，「犯罪の完成を妨害するに足る性質の障がい」に基づいて犯罪を中止した場合には，それは「自己の意思」によるものとはいえないことになる。このような基準は判例 7 でもみられたところであり，他の下級審裁判例でもみられるところである[4]。

V—まとめ

未遂犯で問題となる3点の解釈問題のうち，第1の実行の着手について，判例は，結果を直接惹起する行為以前の行為の段階で，結果惹起の危険性を根拠として，これを肯定することを認めているが，そうした行為に要求される結果惹起の危険性は結果を直接惹起する行為との「密接」性の要件によって限定的に理解されているといえる。

第2に問題となる不能犯については，判例の理解は方法の不能事例と客体の不能事例とで若干様相を異にしているといえる。方法の不能事例では，科学的な知識をも基礎において，既遂惹起の危険性は客観的に判断されているが，客体の不能事例では，行為の時点において事前にみた一般人の危険感と近い基準がとられていると理解することができる。

第3の問題である中止犯では，犯罪を中止したか，それが「自己の意思」に基づいているかが問われることになるが，犯罪の中止の有無は，いかなる行為（単なる実行継続の不作為か，積極的な結果回避措置か）で既遂惹起の危険を解

---

[4] 東京高判昭和39・8・5高刑集17巻5号557頁，福岡高判昭和61・3・6高刑集39巻1号1頁，浦和地判平成4・2・27判タ795号263頁など参照。

消・消滅することができるかによってそれが異なって判断されている。さらに，その中止が「自己の意思」によるかは，主として，中止の契機となった事態が一般に犯罪の実行を思いとどまらせるようなものかによって判断されており，そうでないのに犯人が犯罪を中止したとき，それが「自己の意思」によるものと判断されているといえるのである。

第9章―共　犯

［共犯の因果性］
1　最判昭和 25・7・11 刑集 4 巻 7 号 1261 頁
2　東京高判平成 2・2・21 判タ 733 号 232 頁

［間接正犯と共犯の従属性］
3　最決昭和 58・9・21 刑集 37 巻 7 号 1070 頁
4　最決平成 13・10・25 刑集 55 巻 6 号 519 頁

［共同正犯の成立］
5　最大判昭和 33・5・28 刑集 12 巻 8 号 1718 頁
6　最決平成 15・5・1 刑集 57 巻 5 号 507 頁
7　最決昭和 57・7・16 刑集 36 巻 6 号 695 頁
8　最決平成 17・7・4 刑集 59 巻 6 号 403 頁
9　最決平成 4・6・5 刑集 46 巻 4 号 245 頁

［共犯と身分］
10　最判昭和 32・11・19 刑集 11 巻 12 号 3073 頁

［承継的共犯］
11　大判昭和 13・11・18 刑集 17 巻 839 頁
12　大阪地判平成 9・8・20 判タ 995 号 286 頁

［共犯関係の解消］
13　最決平成元・6・26 刑集 43 巻 6 号 567 頁
14　最判平成 6・12・6 刑集 48 巻 8 号 509 頁

［過失犯の共同正犯］
15　東京地判平成 4・1・23 判時 1419 号 133 頁

［不作為による共犯］
16　札幌高判平成 12・3・16 判時 1711 号 170 頁

［必要的共犯］
17　最判昭和 43・12・24 刑集 22 巻 13 号 1625 頁

I―はじめに

　複数の行為者が関与して犯罪が実現された場合，それを刑法でどのように規律し，処罰するかを取り扱うのが共犯論である。ここには理論的にも実際的にも検討を要する問題が多い。共犯の処罰根拠とは何か（これについては，共犯も法益侵害を惹起したから処罰されるとする因果的共犯論・惹起説が通説的地位を占

めている）から始まり，教唆・幇助は正犯のどのような成立要件に従属するのかという共犯の従属性，共同正犯はどのような要件で成立するのか，さらには教唆・幇助と共同正犯の区別・限界へと問題は広がっている。これらの基礎的な理解を踏まえて，共犯に関するさまざまな解釈問題が解決される必要がある。

以下では，これらの諸問題について順次取り扱うことにしたい。

II—共犯の因果性

1 最判昭和25・7・11刑集4巻7号1261頁

[事　案]

判決理由参照

[判決理由]

「原判決によれば，被告人XはYに対して判示A方に侵入して金品を盗取することを使嗾し，以て窃盗を教唆したものであつて，判示B商会に侵入して窃盗をすることを教唆したものでないことは正に所論の通りであり，しかも，右Yは，判示Z等三名と共謀して判示B商会に侵入して強盗をしたものである。しかし，犯罪の故意ありとなすには，必ずしも犯人が認識した事実と，現に発生した事実とが，具体的に一致（符合）することを要するものではなく，右両者が犯罪の類型（定型）として規定している範囲において一致（符合）することを以て足るものと解すべきものであるから，いやしくも右Yの判示住居侵入強盗の所為が，被告人Xの教唆に基いてなされたものと認められる限り，被告人Xは住居侵入窃盗の範囲において，右Yの強盗の所為について教唆犯としての責任を負うべきは当然であつて，被告人Xの教唆行為において指示した犯罪の被害者と，本犯たるYのなした犯罪の被害者とが異る一事を以て，直ちに被告人Xに判示Yの犯罪について何等の責任なきものと速断することを得ないものと言わなければならない。しかし，被告人Xの本件教唆に基いて，判示Yの犯行がなされたものと言い得るか否か，換言す

れば右両者間に因果関係が認められるか否かという点について検討するに，原判決によれば，Yは被告人Xの教唆により強盗をなすことを決意し，昭和二二年五月一三日午後一一時頃Z外二名と共に日本刀，短刀各一振，バール一個等を携え，強盗の目的でA方奥手口から施錠を所携のバールで破壊して屋内に侵入したが，母屋に侵入する方法を発見し得なかつたので断念し，更に，同人等は犯意を継続し，其の隣家のB商会に押入ることを謀議し，Yは同家附近で見張をなし，Z等三名は屋内に侵入して強盗をしたというのであつて，原判文中に「更に同人等は犯意を継続し」とあることに徴すれば，原判決は被告人Xの判示教唆行為と，Y等の判示住居侵入強盗の行為との間に因果関係ある旨を判示する趣旨と解すべきが如くであるが，他面原判決引用の第一審公判調書中のYの供述記載によれば，Yの本件犯行の共犯者たるZ等三名は，A方裏口から屋内に侵入したが，やがてZ等三名は母屋に入ることができないといつて出て来たので，諦めて帰りかけたが，右三名は，吾々はゴットン師であるからただでは帰れないと言い出し，隣のラヂヲ屋に這入つて行つたので自分は外で待つておつた旨の記載があり，これによればYのB方における犯行は，被告人Xの教唆に基いたものというよりむしろYは一旦右教唆に基く犯意は障碍の為め放棄したが，たまたま，共犯者三名が強硬に判示B商会に押入らうと主張したことに動かされて決意を新たにして遂にこれを敢行したものであるとの事実を窺われないでもないのであつて，彼是綜合するときは，原判決の趣旨が果して明確に被告人Xの判示教唆行為と，Yの判示所為との間に，因果関係があるものと認定したものであるか否かは頗る疑問であると言わなければならない」。

解説

1　教唆犯が成立するためには，教唆行為によって正犯が犯意を新たに抱き，その犯意に基づいて犯罪の実行が行われることが必要である。すなわち，教唆行為と正犯の実行との間にはこのような因果関係が必要となるのである。これが，共犯も構成要件的結果を惹起したことを理由として処罰されると解する因果的共犯論・惹起説の帰結である。

本判決は，被告人XがYに対して行った，A方への住居侵入窃盗を唆す教

唆行為の後に，YらによるB方への住居侵入強盗の事実が生じているが，Xの教唆行為とYらによるB方への住居侵入強盗との間に因果関係を認めることができるかに問題があるとしている。それは，ZらがA方の母屋へ侵入することができないため侵入を断念したが，その後，Y・Zらにおいて新たにB方への住居侵入強盗の意思が形成された場合には，B方への住居侵入強盗の事実は被告人Xの教唆に基づくものとはいえないと解する余地があるからである。このように，教唆が行われ，その後同種の犯罪が実際に実行されているとしても，両者の間に因果関係がない場合には，実際に実行された犯罪についての教唆犯は成立しないことになる。因果的共犯論・惹起説はこのような理解に立つものであり，因果関係の存在によって教唆行為と構成要件的結果とが結びつけられて，当該の構成要件的結果を惹起したとしてそれに係る犯罪の教唆犯の成立を認めることができることになるのである。

2 本件では，教唆行為とB方への住居侵入強盗の事実との間に因果関係が認められるとしても，さらに別の問題がある。それは，被告人XはA方への住居侵入窃盗を教唆したのであるが，実際には，YらによりB方への住居侵入強盗が行われたという点で，被告人には事実の錯誤が生じていることである。この点について，本判決は，「犯罪の故意ありとなすには，必ずしも犯人が認識した事実と，現に発生した事実とが，具体的に一致（符合）することを要するものではなく，右両者が犯罪の類型（定型）として規定している範囲において一致（符合）することを以て足るものと解すべきものである」との立場に立つことをまず明らかにしている[1]。これは，犯人の認識した事実と実際に生じた事実とが構成要件の範囲内で符合すれば故意を認める立場（抽象的法定符合説）に他ならない。このような立場からは，本判決がそうであるように，被害者の相違は問題とならず，窃盗と強盗という罪名の違いについても，両罪名が符合する限度（窃盗）で犯罪が成立することになるのである。したがって，被告人Xには，B方への住居侵入窃盗教唆の限度で刑事責任が問われることになる。

---

[1] 方法の錯誤の事案に関して抽象的法定符合説の立場に立つことを明らかにした最判昭和53・7・28刑集32巻5号1068頁（第5章判例 7 ）は本判決を引用していた。

2　東京高判平成2・2・21判夕733号232頁

[事　案]
　被告人は，Aが被害者から預かっていた宝石の返還を免れるため同人を殺害して強盗殺人罪を犯した際，その幇助をしたとして起訴された。当初Aがビルの地下室で被害者を拳銃により射殺する計画であり，被告人は拳銃の発射音が漏れるのを防ぐため，地下室に目張りを行ったが，その後計画が変更され，Aは被害者を走行中の自動車車内で殺害したのである。被告人は，その際，別の自動車でAの自動車に追従していた。

[判決理由]
　「所論は，要するに，原判決が，その理由中の「争点に対する判断」の三の2項の中で，被告人の地下室における目張り等の行為の因果関係の点に関して，「地下室における目張り行為等は，Aが現実には地下室で犯行に及ばず，車中でこれを実行したのであるから，現実のAの強盗殺人の実行行為との関係では，役に立たなかったものであるが，前記のように，Aとしては，Cばかりではなく，Bにも地下室における準備を期待し，Bも，右地下室でのAとの会話などを踏まえ，その意図を理解し，目張り行為等をしたものと推認できるのであってAがその後たまたま地下室においての実行計画を発展的に変更し，車中でこれを実行したものではあるが，結局は，当初の意図どおり，Aが強盗目的によりけん銃で被害者を射殺するという，被侵害利益や侵害態様など，構成要件上重要な点を共通にする行為が，前の計画と同一性を保って，時間的にも連続する過程において遂行されたものであるから，Bの右目張り行為等は，Aの同日の一連の計画に基づく被害者の生命等の侵害を現実化する危険性を高めたものと評価できるのであって，幇助犯の成立に必要な因果関係において欠けるところはないというべきである。」と認定，説示している点について，被告人が，Aの本件強盗殺人の実行行為とは，その場所を，距離的にも，また，形態的にも，全く異にする地下室の目張り行為をしたからといって，その行為をもってAの実行行為を現実化する危険性を高めたものと評価することは到底できないから，被告人の地下

室の目張り行為は幇助行為に該当しないものとされるべきであるのに，原判決が幇助行為に当たるとしたのは，法令の適用を誤ったものであるというのである。

　思うに，Ａは，現実には，当初の計画どおり地下室で本件被害者を射殺することをせず，同人を車で連れ出して，地下室から遠く離れた場所を走行中の車内で実行に及んだのであるから，被告人の地下室における目張り等の行為がＡの現実の強盗殺人の実行行為との関係では全く役に立たなかったことは，原判決も認めているとおりであるところ，このような場合，それにもかかわらず，被告人の地下室における目張り等の行為がＡの現実の強盗殺人の実行行為を幇助したといい得るには，被告人の目張り等の行為が，それ自体，Ａを精神的に力づけ，その強盗殺人の意図を維持ないし強化することに役立ったことを要すると解さなければならない。しかしながら，原審の証拠及び当審の事実取調べの結果上，Ａが被告人に対し地下室の目張り等の行為を指示し，被告人がこれを承諾し，被告人の協力ぶりがＡの意を強くさせたというような事実を認めるに足りる証拠はなく，また，被告人が，地下室の目張り等の行為をしたことを，自ら直接に，もしくはＣらを介して，Ａに報告したこと，又は，Ａがその報告を受けて，あるいは自ら地下室に赴いて被告人が目張り等をしてくれたのを現認したこと，すなわち，そもそも被告人の目張り等の行為がＡに認識された事実すらこれを認めるに足りる証拠もなく，したがって，被告人の目張り等の行為がそれ自体Ａを精神的に力づけ，その強盗殺人の意図を維持ないし強化することに役立ったことを認めることはできないのである。

　もっとも，検察官は，原審における論告の中で，Ａの検察官に対する昭和六二年五月一九日付供述調書及びＤの検察官に対する同月一七日付供述調書に基づき，Ａがけん銃の発射音の漏れるのを防ぐべく，被告人に対し，毛布を使ってその防止策を講ずるよう指示したものと看取される旨主張しているが，この点に関する右各供述調書の供述記載を見ると，Ａが「ガムテープで目張りしたら，どうだろう」といったところ，被告人は「ガムテープぐらいじゃ」と，それでは不十分だという意味のことをいっていた旨供述しているだけであって，毛布を使って目張りをすることにまで会話が及んだことに

ついては何ら供述しておらず、また、Dは、Aが社長室でCか被告人のどちらかに「地下室に毛布を用意しておけ」と言った旨供述しているが、被告人の供述はもとより、AやCの各供述の中にもDの右供述に沿うような供述は見当たらず、他にDの右供述を裏づける証拠もなく、結局、Aが検察官の主張するような指示をしたことを認定することはできないのである。

以上のとおりであるから、原判決が指摘しているような、Aとしては、Cばかりでなく、Bにも地下室における準備を期待し、Bも、右地下室でのAとの会話などからその意図を理解し、目張り等の行為をしたものと推認できないわけではないこと、さらに、Aが当初強盗目的により地下室で本件被害者をけん銃で射殺しようとしたことと、同じ目的により走行中の車内で同人をけん銃で射殺した行為とは、被侵害利益や侵害態様など構成要件上重要な点を共通にしており、現実の実行行為が前の計画と同一性を保って時間的にも連続する過程において遂行されたものであることなどを考慮しても、被告人の地下室における目張り等の行為が、それ自体、Aの同日の一連の計画に基づく被害者の生命等の侵害を現実化する危険性を高めたものと評価することはできないものというべきであり、結局、被告人の右目張り等の行為が、それ自体、Aを精神的に力づけ、その強盗殺人の意図を維持ないし強化することに役立ったことを認めるに足りる証拠はないのである。したがって、被告人の右目張り等の行為がAの本件強盗殺人の行為に対する幇助行為に該当するものということはできず、これに当たるとした原判決は、その前提となる事実関係を誤認し、ひいて法令の適用を誤ったものというほかはなく、かつ、これが判決に影響を及ぼすものであることは明らかであって、この点において、原判決中被告人に関する部分は破棄を免れず、この点の論旨は理由があることに帰する。」

解説

1　本件では、被告人による地下室の目張り行為が、走行中の自動車内で行われたAによる強盗殺人の事実について、その幇助となるかが問題となっている。Aによる被害者の殺害がその地下室で行われたのであれば、拳銃の発射音が漏れることを防ぐ被告人の行為は、犯行の発覚を防ぐという意味

で犯行を客観的に促進するものであり，さらに，そのことがAに認識されていれば，犯罪がやりやすくなるという意味で主観的にも犯行を促進するものであるといえるから，強盗殺人の幇助と認めることができることになろう。しかし，本件では，殺害は地下室では行われず，それとは別の場所で行われたのであり，地下室の目張りは実際に行われた強盗殺人の事実との関係では，結局，役に立たなかったのである。

2　本判決は，このような本件事案において，地下室の目張りが別の場所で行われた強盗殺人の幇助となるためには，「被告人の目張り等の行為が，それ自体，Aを精神的に力づけ，その強盗殺人の意図を維持ないし強化することに役立ったことを要する」としている。地下室の目張り行為自体が別の場所で行われた強盗殺人を客観的に促進することはありえないから，それが犯人の犯行に向けた意思を維持・強化することによってはじめて，実際に行われた強盗殺人の幇助となりうるのである。

しかし，本判決によれば，本件では，「被告人の目張り等の行為がAに認識された事実すらこれを認めるに足りる証拠もなく，したがって，被告人の目張り等の行為がそれ自体Aを精神的に力づけ，その強盗殺人の意図を維持ないし強化することに役立ったことを認めることはできない」。したがって，被告人の目張り行為は，強盗殺人の幇助となるとはいえないことになるのである。

3　犯罪の幇助となるためには，問題となる行為がおよそ犯行を促進する性質のものでなければならない。そうでなければ，そもそも幇助が成立することはありえない。大審院の判例には，短刀の交付は，強盗を容易にするため，強盗の幇助となるが，鳥打ち帽子や足袋といったものはそうではなく，その性質上，強盗罪を容易にするのは特別の場合に限られるとしていた（大判大正4・8・25刑録21輯1249頁）のはこの意味で理解することができる。さらに，幇助が成立するためには，行為それ自体が犯行を容易にする性質のものであったとしても，それによって現実に犯行が容易にならなければならないと解されるのである。本判決はこのことを示したものであるといえる。幇助の因果関係は単独正犯の因果関係と同じではなく，正犯による犯行を促進するものであれば足りるが，実際に犯行を促進したことは必要となるのである。

III—間接正犯と共犯の従属性

3 最決昭和58・9・21刑集37巻7号1070頁

[事　案]
決定理由参照

[決定理由]
「所論にかんがみ，職権をもつて判断すると，原判決及びその是認する第一審判決の認定したところによれば，被告人は，当時一二歳の養女紀美を連れて四国八十八ケ所札所等を巡礼中，日頃被告人の言動に逆らう素振りを見せる都度顔面にタバコの火を押しつけたりドライバーで顔をこすつたりするなどの暴行を加えて自己の意のままに従わせていた同女に対し，本件各窃盗を命じてこれを行わせたというのであり，これによれば，被告人が，自己の日頃の言動に畏怖し意思を抑圧されている同女を利用して右各窃盗を行つたと認められるのであるから，たとえ所論のように同女が是非善悪の判断能力を有する者であつたとしても，被告人については本件各窃盗の間接正犯が成立すると認めるべきである。」

解　説

1　共犯の従属性の要件とは，正犯のどのような成立要件に共犯の成立は従属するかということである。かつて判例は，正犯の行為に構成要件該当性，違法性，責任がそなわったときにのみ共犯が成立するという見解（これを極端従属性説と呼ぶ）を採り，それによって生じる処罰の間隙を間接正犯の成立を認めることによって補っていたともいわれる[2]。しかし，学説では，責任は非難可能性であり，それは行為者ごとに個別的に判断されるという責任判断の個別性の観点から，正犯の責任に共犯の成立が従属する理由がない

---
[2] 刑事未成年を利用した場合に，そのことにより間接正犯の成立を認めた下級審裁判例として，仙台高判昭和27・9・27判特22号178頁などがある。

として，正犯の責任への従属性を否定し，正犯行為に構成要件該当性，違法性がそなわったとき共犯が成立するという見解（これを制限従属性説と呼ぶ）が広く支持されるに至っている[3]。

　2　本決定は，被利用者が責任が認められない刑事未成年であるというだけで間接正犯の成立を認めているわけではない。刑事未成年である被利用者の意思を抑圧し，よって同人を利用した点に留意して間接正犯の成立を肯定していることが重要である。この意味で，本決定は，共犯の成立に関する極端従属性説（この見解によれば，被利用者が刑事未成年だというだけで共犯は成立しないから，処罰の間隙を埋めるためには，間接正犯の成立を肯定することが必要となる）を前提として間接正犯の成立を広く認める見解とは一線を画していることに留意する必要があるといえよう。

4　最決平成13・10・25刑集55巻6号519頁

[事　案]

　決定理由参照

[決定理由]

　「スナックのホステスであった被告人は，生活費に窮したため，同スナックの経営者Ｃ子から金品を強取しようと企て，自宅にいた長男Ｂ（当時12歳10か月，中学1年生）に対し，「ママのところに行ってお金をとってきて。映画でやっているように，金だ，とか言って，モデルガンを見せなさい。」などと申し向け，覆面をしエアーガンを突き付けて脅迫するなどの方法により同女から金品を奪い取ってくるよう指示命令した。Ｂは嫌がっていたが，被告人は，「大丈夫。お前は，体も大きいから子供には見えないよ。」などと言って説得し，犯行に使用するためあらかじめ用意した覆面用のビニール袋，エアーガン等を交付した。これを承諾したＢは，上記エアーガン等を携えて一人で同スナックに赴いた上，上記ビニール袋で覆面をして，被告人から指

---

[3] なお，正犯行為に構成要件該当性が認められる場合に共犯の成立を肯定する最小従属性説も学説で主張されているが，これは違法性が阻却される正犯行為を利用したような例外的な場合に限って適用される見解であり，一般的な妥当性は有していない。

示された方法により同女を脅迫したほか，自己の判断により，同スナック出入口のシャッターを下ろしたり，「トイレに入れ。殺さないから入れ。」などと申し向けて脅迫し，同スナック内のトイレに閉じ込めたりするなどしてその反抗を抑圧し，同女所有に係る現金約40万1000円及びショルダーバッグ1個等を強取した。被告人は，自宅に戻って来たBからそれらを受け取り，現金を生活費等に費消した。

上記認定事実によれば，本件当時Bには是非弁別の能力があり，被告人の指示命令はBの意思を抑圧するに足る程度のものではなく，Bは自らの意思により本件強盗の実行を決意した上，臨機応変に対処して本件強盗を完遂したことなどが明らかである。これらの事情に照らすと，所論のように被告人につき本件強盗の間接正犯が成立するものとは，認められない。そして，被告人は，生活費欲しさから本件強盗を計画し，Bに対し犯行方法を教示するとともに犯行道具を与えるなどして本件強盗の実行を指示命令した上，Bが奪ってきた金品をすべて自ら領得したことなどからすると，被告人については本件強盗の教唆犯ではなく共同正犯が成立するものと認められる。したがって，これと同旨の第1審判決を維持した原判決の判断は，正当である。」

解　説

1　本決定は，被告人が未成年に犯罪を実行させた事案に関するものである点において判例**3**と共通するが，間接正犯の成立を否定した点において，判例**3**とは異なっている。本決定は，刑事未成年に犯罪の実行を働きかけることが，そのことによって直ちに間接正犯を基礎づけるものでないことを明らかにしているといえよう。ここでは，共犯の成立要件に関する極端従属性説を前提とした，それにより生じることになる広い処罰の間隙を埋めるための，間接正犯の緩やかな理解が否定されているのである。このことは，本決定を判例**3**と対比することにより一層明らかになる。このような立場からすると，一方では，被利用者が刑事未成年であっても共犯が成立しうるという意味で共犯の従属性が緩和され，他方では，単独正犯である間接正犯が成立するためには，単独正犯性を認めるに足る事情が必要となるとされることになるのである。

判例**3**の事案と本件事案とを比較すると、間接正犯の成否についての判断が両判例で分かれたのは、被利用者の意思の抑圧が認められるか否かの違いによるものであることがわかる。本決定で間接正犯が否定されているのは、Bが自らの意思で強盗の実行を決意したこと、臨機応変に対処して犯行を完遂したことから、被告人によるBの支配が認められないことによると解される。これに対し、判例**3**では、こうした被告人による支配が認められるのである。このような被告人による被利用者支配に間接正犯の根拠を求めることは正当だといえよう。もっとも、判例**3**の事案では、被利用者の意思の抑圧は認められているが、犯行に及ぶ「以外の行為を選択することができない精神状態に［被利用者を］陥らせていたか」[4]は明らかでない。それにも拘らず間接正犯が認められているということからすると、被利用者が刑事未成年（12歳）であったことが、間接正犯性を肯定するに当たり意味を持つ一つの要素として考慮されていると考えることは可能である。

2 本決定でさらに注目すべきことは、Bに強盗の実行を指示した被告人について、強盗教唆ではなく、強盗罪の共同正犯の成立を認めたことである。まず、被告人と刑事未成年であるBとの間に共犯関係を肯定したことは注目に値する。ここで問題となるのは、間接正犯が否定される被告人について成立するのは、教唆か共同正犯かということである。本決定は、①被告人が生活費欲しさから強盗を計画したこと、②犯行方法を教示し、犯行道具を与えて、強盗の実行を指示命令したこと、③奪った金品をすべてみずから領得したことから、共同正犯性を肯定している。これらの要素はいずれも共同正犯性を肯定する方向に考慮される事情といえよう。みずから利得目的があり、そして実際に利得していることは、「自己の犯罪」として関与していることを示し、また間接正犯性を基礎づけるものではないにしても、Bに対して指示命令したことは、そうした被告人の関心を現実に具体化する行為であると評価でき、単に「他人の犯罪」を唆したもの、すなわち教唆にとどまるということはできないと思われるのである。

---

[4] 最決平成16・1・20刑集58巻1号1頁（第1章判例**1**）。

Ⅳ―共同正犯の成立

5　最大判昭和33・5・28刑集12巻8号1718頁

[事　案]
　被告人Aは，被告人Bらと順次共謀し，P巡査に傷害を負わせて，死亡させた。

[判決要旨]
　「共謀共同正犯が成立するには，二人以上の者が，特定の犯罪を行うため，共同意思の下に一体となつて互に他人の行為を利用し，各自の意思を実行に移すことを内容とする謀議をなし，よつて犯罪を実行した事実が認められなければならない。したがつて右のような関係において共謀に参加した事実が認められる以上，直接実行行為に関与しない者でも，他人の行為をいわば自己の手段として犯罪を行つたという意味において，その間刑責の成立に差異を生ずると解すべき理由はない。さればこの関係において実行行為に直接関与したかどうか，その分担または役割のいかんは右共犯の刑責じたいの成立を左右するものではないと解するを相当とする。他面ここにいう「共謀」または「謀議」は，共謀共同正犯における「罪となるべき事実」にほかならないから，これを認めるためには厳格な証明によらなければならないということまでもない。しかし「共謀」の事実が厳格な証明によつて認められ，その証拠が判決に挙示されている以上，共謀の判示は，前示の趣旨において成立したことが明らかにされれば足り，さらに進んで，謀議の行われた日時，場所またはその内容の詳細，すなわち実行の方法，各人の行為の分担役割等についていちいち具体的に判示することを要するものではない。
　以上説示する趣旨にかんがみ原判決のこの点に関する判文全体を精読するときは，原判決がたまたま冒頭に共謀は「本来の罪となるべき事実に属さないから……」と判示したのは，その後段の説示と対照し，ひつきよう前示の趣旨において，共謀はくわしい判示を必要とする事項かどうかを明らかにし

たに止まるものと解すべく，原判決は結局において正当であつて違法はない。また共謀共同正犯を以上のように解することはなんら憲法三一条に反するものではなく，したがつてこの見解に立つて本件被告人の罪科を認定した原判決になんら同条の違反はない。（なお憲法三八条三項との関係については後段に説示するとおりである。）」

解説

1 犯罪の実行を分担せずに，犯罪の共謀に加わったことによって共同正犯としての罪責を負う共謀共同正犯は，大審院以来判例の認めるところである[5]。本判決は，最高裁判所としても共謀共同正犯を認めることを確認し，その根拠を示した点において重要な意義を有している。

2 本判決は，「謀議」に基づいて犯罪が実行された場合には，その謀議に加わった者についても，実行された犯罪の共同正犯が成立するとしている。ここにいう「謀議」とは，「二人以上の者が，特定の犯罪を行うため，共同意思の下に一体となって互に他人の行為を利用し，各自の意思を実行に移すことを内容とする」ものであり，その場合には，「他人の行為をいわば自己の手段として犯罪を行つた」という意味で，実行行為に直接関与した者と「刑責の成立に差異を生ずると解すべき理由はない」というのである。そのため，「実行行為に直接関与したかどうか，その分担または役割のいかんは右共犯の刑責じたいの成立を左右するものではない」ということになる。共謀共同正犯は，各謀議関与者が，一体となって，相互に他人の行為を利用して「各自の意思を実行に移す」ものであり，他者への従属的立場から犯罪の実行に関与するのではなく，共同・対等的立場において犯罪の実行に関与する点において基礎付けられると解されているといえよう。このような共謀共同正犯の基礎付けは，大審院において示されていた，「共同正犯ノ本質ハ二人以上ノ者一心同体ノ如ク互ニ相倚リ相援ケテ各自ノ犯意ヲ共同的ニ実現シ以テ特定ノ犯罪ヲ実行スルニ在リ」という共同意思主体説的理解（大連判昭和11・5・28刑集15巻715頁）とは異なるところにその根拠を見いだしてい

---

[5] 大連判昭和11・5・28刑集15巻715頁など参照。

る点においても注目されるところである。

　上記の意味での「謀議」が認められるか，それに共同者と一体的に加わっていたといえるか，そして，具体的な犯行がこのような謀議に基づいて行われたかが，共同正犯の成立を肯定するためには必要だということになる。

　実務においては，実行行為に関与する実行共同正犯と共謀にのみ関与する共謀共同正犯はいずれも共同正犯であり，質的に異なったものと考えられているわけではないことから，実行共同正犯においても共謀の成否・範囲が示されることが多い。その意味では，共謀の認定は共同正犯成立を認めるためには決定的に重要な意義を持つことになるといえよう。

　3　本判決は，共謀共同正犯における「謀議」「共謀」は罪となるべき事実だから，厳格な証明によって認められなければならないとしている。これは極めて正当である。しかしながら，他方，本判決は，「共謀」の事実が厳格な証明により認められ，「その証拠が判決に挙示されている」以上，「共謀の判示は，前示の趣旨において成立したことが明らかにされれば足り，さらに進んで，謀議の行われた日時，場所またはその内容の詳細，すなわち実行の方法，各人の行為の分担役割等についていちいち具体的に判示することを要するものではない。」としている。この点は，共謀に関する訴訟法上の取り扱いとして実際上極めて重要である。

6　最決平成15・5・1刑集57巻5号507頁

[事　案]

　決定理由参照

[決定理由]

　「1　原判決及びその是認する第1審判決の認定並びに記録によれば，本件に関する事実関係は，以下のとおりである。

　（1）被告人は，兵庫，大阪を本拠地とする三代目P組組長兼五代目Q組若頭補佐の地位にあり，配下に総勢約3100名余りの組員を抱えていた。P組には，被告人を専属で警護するボディガードが複数名おり，この者たちは，アメリカ合衆国の警察の特殊部隊に由来するスワットという名称で呼ば

れていた。スワットは，襲撃してきた相手に対抗できるように，けん銃等の装備を持ち，被告人が外出して帰宅するまで終始被告人と行動を共にし，警護する役割を担っていた。

被告人とスワットらとの間には，スワットたる者は個々の任務の実行に際しては，親分である被告人に指示されて動くのではなく，その気持ちを酌んで自分の器量で自分が責任をとれるやり方で警護の役を果たすものであるという共通の認識があった。

(2) 被告人は，秘書やスワットらを伴って上京することも多く，警視庁が内偵して把握していただけでも，本件の摘発がなされた平成9年中に，既に7回上京していた。東京において被告人の接待等をする責任者はP組R会会長のA（以下「A」という。）であり，Aは，被告人が上京する旨の連絡を受けると，配下の組員らとともに車5，6台で羽田空港に被告人を迎えに行き，Aの指示の下に，おおむね，先頭の車に被告人らの行く先での駐車スペース確保や不審者の有無の確認等を担当する者を乗せ（先乗り車），2台目にはAが乗って被告人の乗った車を誘導し（先導車），3台目には被告人と秘書を乗せ（被告人車），4台目にはスワットらが乗り（スワット車），5台目以降には雑用係が乗る（雑用車）という隊列を組んで，被告人を警護しつつ一団となって移動するのを常としていた。

(3) 同年12月下旬ころ，被告人は，遊興等の目的で上京することを決め，これをP組組長秘書見習いB（以下「B」という。）に伝えた。Bは，スワットのC（以下「C」という。）に上京を命じ，Cと相談の上，これまで3名であったスワットを4名とし，被告人には組長秘書ら2名とP組本部のスワット4名が随行することになった。この上京に際し，同スワットらは，同年8月28日にQ組若頭兼S組組長が殺害される事件があったことから，被告人に対する襲撃を懸念していたが，P組の地元である兵庫や大阪などでは，警察の警備も厳しく，けん銃を携行して上京するのは危険と考え，被告人を防御するためのけん銃等は東京側で準備してもらうこととし，大阪からは被告人用の防弾盾を持参することにした。そこで，Bから被告人の上京について連絡を受けたAは，同人の実兄であるT連合会U二代目V組組長のD（以下「D」という。）に電話をして，けん銃等の用意をも含む一切の準備をするよう

にという趣旨の依頼をし，また，Cも，前記R会の組員にけん銃等の用意を依頼し，同組員は，Dにその旨を伝えた。連絡を受けたDは，V組の組員であるEとともに，本件けん銃5丁を用意して実包を装てんするなどして，スワットらに渡すための準備を調えた。

（4）同年12月25日夕方，被告人がBやCらとともに羽田空港に到着すると，これをAやV組関係者と，先に新幹線で上京していたスワット3名が5台の車を用意して出迎えた。その後は，(2)で述べたようなそれぞれの役割区分に従って分乗し，被告人車のすぐ後ろにスワット車が続くなどの隊列を組んで移動し始め，最初に立ち寄った店を出るころからは，次のような態勢となった。

〔1〕先乗り車には，P組本部のスワット1名と同組R会のスワット1名が，各自実包の装てんされたけん銃1丁を携帯して乗車した。
〔2〕先導車には，Aらが乗車した。
〔3〕被告人車には，被告人のほかBらが乗車し，被告人は前記防弾盾が置かれた後部座席に座った。
〔4〕スワット車には，P組本部のスワット3名が，各自実包の装てんされたけん銃1丁を携帯して乗車した。
〔5〕雑用車は，当初1台で，途中から2台に増えたが，これらに東京側の組関係者が乗車した。

そして，被告人らは，先乗り車が他の車より少し先に次の目的場所に向かうときのほかは，この車列を崩すことなく，一体となって都内を移動していた。また，遊興先の店付近に到着して，被告人が車と店の間を行き来する際には，被告人の直近を組長秘書らがガードし，その外側を本件けん銃等を携帯するスワットらが警戒しながら一団となって移動し，店内では，組長秘書らが不審な者がいないか確認するなどして警戒し，店外では，その出入口付近で，本件けん銃等を携帯するスワットらが警戒して待機していた。

（5）被告人らは，翌26日午前4時過ぎころ，最後の遊興先である港区六本木に所在する飲食店を出て宿泊先に向かうことになった。その際，先乗り車は，他車より先に，同区六本木1丁目〇番〇号所在のホテルW別館に向かい，その後，残りの5台が出発した。そして，後続の5台が，同区六本木

1丁目○番○号付近路上に至ったところで，警察官らがその車列に停止を求め，各車両に対し，あらかじめ発付を得ていた捜索差押許可状による捜索差押えを実施し，被告人車のすぐ後方に続いていたスワット車の中から，けん銃3丁等を発見，押収し，被告人らは現行犯逮捕された。また，そのころ，先乗り車でホテルW別館前にその役割に従って一足先に到着していたP組本部のスワットと同組R会のスワットは，同所に警察官が来たことを察知して，所持していた各けん銃1丁等を，自ら，又は他の組員を介して，同区虎ノ門4丁目○番○号の民家の敷地や同区赤坂1丁目○番○号所在のビルディング植え込み付近に投棄したが，間もなく，これらが警察官に発見された。

(6) スワットらは，いずれも，被告人を警護する目的で実包の装てんされた本件各けん銃を所持していたものであり，被告人も，スワットらによる警護態様，被告人自身の過去におけるボディガードとしての経験等から，スワットらが被告人を警護するためけん銃等を携行していることを概括的とはいえ確定的に認識していた。また，被告人は，スワットらにけん銃を持たないように指示命令することもできる地位，立場にいながら，そのような警護をむしろ当然のこととして受入れ，これを認容し，スワットらも，被告人のこのような意思を察していた。

2 本件では，前記1 (5) の捜索による差押えや投棄の直前の時点におけるスワットらのけん銃5丁とこれに適合する実包等の所持について，被告人に共謀共同正犯が成立するかどうかが問題となるところ，被告人は，スワットらに対してけん銃等を携行して警護するように直接指示を下さなくても，スワットらが自発的に被告人を警護するために本件けん銃等を所持していることを確定的に認識しながら，それを当然のこととして受け入れて認容していたものであり，そのことをスワットらも承知していたことは，前記1 (6) で述べたとおりである。なお，弁護人らが主張するように，被告人が幹部組員に対してけん銃を持つなという指示をしていた事実が仮にあったとしても，前記認定事実に徴すれば，それは自らがけん銃等の不法所持の罪に問われることのないように，自分が乗っている車の中など至近距離の範囲内で持つことを禁じていたにすぎないものとしか認められない。また，前記の事実関係によれば，被告人とスワットらとの間にけん銃等の所持につき黙示的に

意思の連絡があったといえる。そして，スワットらは被告人の警護のために本件けん銃等を所持しながら終始被告人の近辺にいて被告人と行動を共にしていたものであり，彼らを指揮命令する権限を有する被告人の地位と彼らによって警護を受けるという被告人の立場を併せ考えれば，実質的には，正に被告人がスワットらに本件けん銃等を所持させていたと評し得るのである。したがって，被告人には本件けん銃等の所持について，B，A，D及びCらスワット5名等との間に共謀共同正犯が成立するとした第1審判決を維持した原判決の判断は，正当である。」

解　説

1　本件では，暴力団組長である被告人を警護する組員（スワット）らによるけん銃等所持の事実について，被告人にその罪に関する共謀共同正犯の成立を肯定することができるかが問題となっている。本件事案の特色は，被告人とスワットらとの間にその事実についての具体的な謀議行為はなく，明示的な意思の連絡もないというところにあり，それでも共謀共同正犯の成立を認めることができるかが問われているのである。

　このような事実関係において共謀共同正犯の成立を肯定した本決定は，共謀共同正犯の成立を認めるためには具体的な謀議行為は必須の要件ではなく，実行行為を担当する者との間の明示的な意思の連絡も必須の要件ではないことを認めたものであり，共謀共同正犯の成立要件という観点から重要な意義を有するものであるといえる。もっとも，実行行為を担当する者に対し，被告人がいわば絶対的な支配的地位にある本件事実関係においては，意思の連絡が認められれば，共謀共同正犯の成立を認めることに問題がない事案であったということも無視し得ない事実である。

2　本決定は，被告人には「スワットらが自発的に被告人を警護するために本件けん銃等を所持していることを確定的に認識しながら，それを当然のこととして受け入れて認容していた」こと，「そのことをスワットらも承知していたこと」などの事実関係からすると，「被告人とスワットらの間にけん銃等の所持につき黙示的に意思の連絡があったといえる」のであり，「スワットらは被告人の警護のために本件けん銃等を所持しながら終始被告人の

近辺にいて被告人と行動を共にしていた」から,「彼らを指揮命令する権限を有する被告人の地位と彼らによって警護を受けるという被告人の立場を併せ考えれば」,「正に被告人がスワットらに本件けん銃等を所持させていたと評し得る」として,被告人には本件けん銃等の所持について,スワットらとの間に共謀共同正犯が成立するとしているのである。

　上記の被告人の「地位」及び「立場」を考えると,けん銃等の所持を確定的に認識しながら,それを認容していた(そしてスワットらもそのことを承知していた)といえる以上,本決定が認めるように,けん銃等の所持について「意思の連絡」が黙示的とはいえ認められるから,被告人の近辺にいて被告人と行動を共にするスワットらによるけん銃等の所持について共謀共同正犯の成立を肯定することができることになろう。

7 　最決昭和57・7・16刑集36巻6号695頁

[事　案]

　決定理由参照

[決定理由]

　「なお,原判決の認定したところによれば,被告人は,タイ国からの大麻密輸入を計画したAからその実行担当者になつて欲しい旨頼まれるや,大麻を入手したい欲求にかられ,執行猶予中の身であることを理由にこれを断つたものの,知人のBに対し事情を明かして協力を求め,同人を自己の身代りとして山本に引き合わせるとともに,密輸入した大麻の一部をもらい受ける約束のもとにその資金の一部(金二〇万円)をAに提供したというのであるから,これらの行為を通じ被告人が右A及びBらと本件大麻密輸入の謀議を遂げたと認めた原判断は,正当である。」

　団藤重光裁判官の意見「わたくしは,もともと共謀共同正犯の判例に対して強い否定的態度をとつていた(団藤・刑法綱要総論・初版・三〇二頁以下)。しかし,社会事象の実態に即してみるときは,実務が共謀共同正犯の考え方に固執していることにも,すくなくとも一定の限度において,それなりの理由がある。一般的にいつて,法の根底にあつて法を動かす力として働いている

社会的因子は刑法の領域においても度外視することはできないのであり（団藤・法学入門一二九―一三八頁，二〇六頁参照），共謀共同正犯の判例に固執する実務的感覚がこのような社会事象の中に深く根ざしたものであるからには，従来の判例を単純に否定するだけで済むものではないであろう。もちろん，罪刑法定主義の支配する刑法の領域においては，軽々に条文の解釈をゆるめることは許されるべくもないが，共同正犯についての刑法六〇条は，改めて考えてみると，一定の限度において共謀共同正犯をみとめる解釈上の余地が充分にあるようにおもわれる。そうだとすれば，むしろ，共謀共同正犯を正当な限度において是認するとともに，その適用が行きすぎにならないように引き締めて行くことこそが，われわれのとるべき途ではないかと考える。

　おもうに，正犯とは，基本的構成要件該当事実を実現した者である。これは，単独正犯にも共同正犯にも同じように妥当する。ただ，単独正犯のばあいには，みずから実行行為（基本的構成要件に該当し当の構成要件的特徴を示す行為）そのものを行つた者でなければ，この要件を満たすことはありえないが，共同正犯のばあいには，そうでなくても基本的構成要件該当事実を実現した者といえるばあいがある。すなわち，本人が共同者に実行行為をさせるについて自分の思うように行動させ本人自身がその犯罪実現の主体となつたものといえるようなばあいには，利用された共同者が実行行為者として正犯となるのはもちろんであるが，実行行為をさせた本人も，基本的構成要件該当事実の共同実現者として，共同正犯となるものというべきである。わたくしが，「基本的構成要件該当事実について支配をもつた者――つまり構成要件該当事実の実現についてみずから主となつた者――が正犯である」としているのは（団藤・刑法綱要総論・改訂版・三四七―三四八頁参照），この趣旨にほかならない。以上は，刑法の理論体系の見地から考えて到達する結論であるが，それは同時に，刑法六〇条の運用についての実務的要求の観点からみて，ほぼ必要にして充分な限界線を画することになるものといつてよいのではないかとおもう。

　これを本件についてみると，まず，被告人はかなりの大麻吸引歴をもつていたところから（記録によれば，一年ばかり前から八〇回くらい大麻を吸引していたというから，すでに大麻に対する依存性が生じていたのではないかと想像される。），大

麻の密輸入を計画したAからその実行担当者になつてほしい旨頼まれると，みずから大麻を入手したい欲求にかられて，本件犯行に及んだこと，また，大麻の一部をもらい受ける約束のもとにその代金に見合う資金を提供していることがみとめられる。これは被告人にとつて本件犯罪が自分のための犯罪でもあつたことを示すものというべく，それだけでただちに正犯性を基礎づけるには足りないとはいえ，本人がその犯罪実現の主体となつたものとみとめるための重要な指標のひとつになるものというべきである。そこで，さらに進んで，被告人が本件において果たした役割について考察するのに，被告人はAから本件大麻密輸入の計画について実行の担当を頼まれたが，自分は刑の執行猶予中の身であつたので，これはことわり，自分の身代わりとしてBを出したというのである。ところで，Bは被告人よりも五，六歳年少の青年で，被告人がかねてからサーフインに連れて行くなどして面倒をみてやつていた者であるが，たまたま被告人とBは一緒にグアム島に旅行する計画を立てていたところ台風のために中止になり，Bはせつかく旅券も入手していたことでもあり外国旅行を切望していた。被告人はそこに目をつけて，「旅費なしでバンコックへ行ける話がある」といつてタイ国行きを二つ返事で応諾させたのであり，その際，大麻の密輸入のこともいつて，自分の代わりに行くことを承知させたものと認められる。このような経過でBは本件犯行計画に参加し大麻の密輸入を実行するにいたつたのであつて，被告人は，単に本件犯行の共謀者の一員であるというのにとどまらず，Aとともに，本件犯行計画においてBを自分の思うように行動させてこれに実行をさせたものと認めることができる。以上のような本件の事実関係を総合して考えると，被告人は大麻密輸入罪の実現についてみずからもその主体になつたものとみるべきであり，私見においても，被告人は共同正犯の責任を免れないというべきである。」

解　説

　1　本件は，大麻密輸入の実行担当者になることをAから依頼された被告人が，執行猶予中であることを理由に断つたものの，①Bを自分の身代わりとしてAに引き合わせると共に，②密輸入した大麻の一部をもらい受ける

約束で資金の一部を提供したという事案であり，本決定は，その事実について被告人に大麻密輸入罪の共謀共同正犯の成立を肯定しているのである。

もしも，被告人が大麻密輸入に関与することを忌避していたが，しかしながら，Aから頼まれたので仕方なくBを紹介したのだとすると，密輸入の実行担当者を単に紹介したにすぎないことになり，共謀共同正犯の成立を肯定することには疑問が生じえよう。しかし，本件事実関係はそうではなく，被告人としても大麻密輸入の実現に積極的な関心があったが，自分が執行猶予中であるため，自分が正面に出ることは避け，自分の「身代わり」としてBを差し出したというのであり，単に実行担当者を紹介したにすぎない事案とは異なるものと思われる。

また，被告人は大麻買い付け資金の一部を提供しているが，この趣旨も密輸入した大麻を貰い受けるための代金先払いにすぎないとすると，共謀共同正犯の成立を直ちに肯定してよいかには問題が生じる余地があろう。その場合には，密輸入した大麻を譲り受ける約束をすることによって大麻の密輸入を促進した幇助といいうるにとどまると見る余地が生じるからである。

本件は，①②の両事実が相まって，被告人が大麻密輸入に積極的かつ主体的に関与したことを認めることが可能となり，したがって，単なる幇助にとどまらず，共謀共同正犯の成立を肯定することが可能となるものと解されるのである。

2 本件には団藤裁判官の意見が付されている。同裁判官はかねて共謀共同正犯を否定される立場に立たれていたが，それを一定の限度で肯定する立場へと改説され，本件の場合には共謀共同正犯の成立を肯定することができるとされている。共謀共同正犯を肯定する根拠として挙げられているのは，「基本的構成要件該当事実を実現した者」が正犯であり，「本人が共同者に実行行為をさせるについて自分の思うように行動させ本人自身がその犯罪実現の主体となつたものといえるようなばあい」には，利用された共同者が実行行為者として正犯となるのはもちろんであるが，「実行行為をさせた本人も，基本的構成要件該当事実の共同実現者として，共同正犯となるものというべきである」というのである。すなわち，実行行為者を支配する者も共同正犯となりうるというわけである。本件では，大麻密輸入の実行行為を担当した

Bを支配することによって、被告人についても共謀共同正犯の成立を肯定することができるとする。

　しかし、教唆・幇助を超えて共同正犯といえるためにはBに対するどのような支配が必要となるのか、本件では果たしてBに対する支配というような関係が被告人とBとの間に認められるだろうかということに疑問が生じるであろう。Bとしては、うまい話なのでそれにのったにすぎず、被告人がBを「自分の思うように行動させ」たといえるか疑問の余地がある。また、Aについても共謀共同正犯の成立を肯定するためには、AによるBの支配が必要となるはずであり、現に、団藤裁判官はそれを認めているように見える。しかし、AがどのようにBを「自分の思うように行動させ」たのかは明らかでない（本件では、Aの刑事責任が問題となっているのではないから、それでもよいかもしれないが、不明であることには変わりがない）。

　団藤裁判官は、このような実行行為者の支配という観念によって共謀共同正犯の十分な成立範囲を画することができるとされているが、本件は、同裁判官が念頭に置かれている（共同者が実行行為者を支配するという）「支配型」の事案ではなく、（犯罪事実の実現を共同者間で分担するという）「分担型」の事案であり、「支配型」の論理によって「分担型」の事案について共謀共同正犯の成立を肯定しようとするところに無理がなかったか、という問題があるように思われる。

8　最決平成17・7・4刑集59巻6号403頁

[事　案]

　決定理由参照

[決定理由]

　「1　原判決の認定によれば、本件の事実関係は、以下のとおりである。

　(1) 被告人は、手の平で患者の患部をたたいてエネルギーを患者に通すことにより自己治癒力を高めるという「シャクティパット」と称する独自の治療（以下「シャクティ治療」という。）を施す特別の能力を持つなどとして信奉者を集めていた。

(2)　Aは，被告人の信奉者であったが，脳内出血で倒れて兵庫県内の病院に入院し，意識障害のため痰の除去や水分の点滴等を要する状態にあり，生命に危険はないものの，数週間の治療を要し，回復後も後遺症が見込まれた。Aの息子Bは，やはり被告人の信奉者であったが，後遺症を残さずに回復できることを期待して，Aに対するシャクティ治療を被告人に依頼した。
　(3)　被告人は，脳内出血等の重篤な患者につきシャクティ治療を施したことはなかったが，Bの依頼を受け，滞在中の千葉県内のホテルで同治療を行うとして，Aを退院させることはしばらく無理であるとする主治医の警告や，その許可を得てからAを被告人の下に運ぼうとするBら家族の意図を知りながら，「点滴治療は危険である。今日，明日が山場である。明日中にAを連れてくるように。」などとBらに指示して，なお点滴等の医療措置が必要な状態にあるAを入院中の病院から運び出させ，その生命に具体的な危険を生じさせた。
　(4)　被告人は，前記ホテルまで運び込まれたAに対するシャクティ治療をBらからゆだねられ，Aの容態を見て，そのままでは死亡する危険があることを認識したが，上記(3)の指示の誤りが露呈することを避ける必要などから，シャクティ治療をAに施すにとどまり，未必的な殺意をもって，痰の除去や水分の点滴等Aの生命維持のために必要な医療措置を受けさせないままAを約1日の間放置し，痰による気道閉塞に基づく窒息によりAを死亡させた。
　2　以上の事実関係によれば，被告人は，自己の責めに帰すべき事由により患者の生命に具体的な危険を生じさせた上，患者が運び込まれたホテルにおいて，被告人を信奉する患者の親族から，重篤な患者に対する手当てを全面的にゆだねられた立場にあったものと認められる。その際，被告人は，患者の重篤な状態を認識し，これを自らが救命できるとする根拠はなかったのであるから，直ちに患者の生命を維持するために必要な医療措置を受けさせる義務を負っていたものというべきである。それにもかかわらず，未必的な殺意をもって，上記医療措置を受けさせないまま放置して患者を死亡させた被告人には，不作為による殺人罪が成立し，殺意のない患者の親族との間では保護責任者遺棄致死罪の限度で共同正犯となると解するのが相当である。」

解説

1　本決定は，第2章判例■4 としてすでに掲げたものであり，そこでは不作為犯の成立が問題とされていた。本章では，殺意のある被告人と殺意のない患者の親族との間にいかなる共同正犯の成立が肯定されるかという点に限って検討を加えることにしたい。

2　本決定は，殺意のある被告人と殺意のない患者の親族との間における共同正犯の成否に関し，「未必的な殺意をもって，上記医療措置を受けさせないまま放置して患者を死亡させた被告人には，不作為による殺人罪が成立し，殺意のない患者の親族との間では保護責任者遺棄致死罪の限度で共同正犯となる」と判示している。すなわち，被告人については，不作為による殺人罪が成立し（被告人の不作為と被害者の死との間に因果関係が認められる），殺意のない被害者の親族との間では「保護責任者遺棄致死罪の限度で」共同正犯となるというわけである。すなわち，本決定は，①殺意のある被告人と殺意のない者との間ではおよそ共同正犯の成立が否定されるというのではなく，また，②殺人罪と保護責任者遺棄致死罪の共同正犯が成立するというわけでもない。同一の故意の共同を共同正犯成立の必須の要件とする完全犯罪共同説の立場からは，①のように共同正犯の成立が否定されることになるか，あるいは，犯罪の成立と科刑とを分離させて，両者について殺人罪の共同正犯が成立し，殺意のない者については保護責任者遺棄致死罪の刑が科されるにすぎないとされることになる。しかし，本決定はこのいずれの結論も採っていない（後者のような犯罪の成否と科刑とを分離する考え方は，判例■10 の解説において後述するように，すでに，最決昭和54・4・13刑集33巻3号179頁で否定されていた）。この意味で，本決定は完全犯罪共同説の立場に立つものではない。他方，行為共同説から認められる②の結論，すなわち被告人について殺人罪の共同正犯，殺意のない者について保護責任者遺棄致死罪の共同正犯の成立を認めることも本決定はしていない。つまり，本決定によれば，被告人には共同正犯としての殺人罪が成立するのではなく，単独犯としての殺人罪が成立するにとどまるという意味において，行為共同説の立場は採られていないといえるのである。このように見ると，本決定は，故意の重なる限度で共同正犯の成立を肯定する部分的犯罪共同説の立場に立っていると解することがで

きるといえよう。

　3　部分的犯罪共同説からは，被告人と患者の親族との間では，故意が重なり合う限度，すなわち保護責任者遺棄罪の限度で共同正犯が成立することは明らかであるが，保護責任者遺棄致死罪の限度で共同正犯が成立するとすることには，なお検討すべきことがある。殺意のある被告人については，その不作為に基づき患者の死がもたらされたとして殺人罪の成立を単独犯としても肯定することができ，殺意のない患者の親族については遺棄の限度での共同実行を認め，それと患者の死との間に因果関係を肯定することができるから，保護責任者遺棄致死罪の限度で共同正犯が成立することになるのである。

　このような理解からは，殺意のある者Aと傷害の故意があるにとどまる者Bが共同して被害者Vに侵害を加え，Vが死亡したという事例で，Aにより直接Vの死がもたらされた場合には，本決定の理解からは，Aには殺人罪が成立し，Bとの間では傷害致死罪の限度で共同正犯が成立することになろう。問題は，Bによって直接Vの死がもたらされた場合の帰結である。この場合，傷害の限度で共同実行があると考えれば，Vの死についてもAに共同正犯としての責任を問うことができることになろう。そうだとすると，このような場合，AとBとの間では傷害致死罪の共同正犯が成立することになる。問題は，殺意のあるAの処遇である。この場合，部分的犯罪共同説の論理に従えば，Aには殺人罪の共同正犯は成立しえないから，Aには殺人未遂罪が成立し，傷害致死罪の限度でBと共同正犯となるものと思われる。なお，ここで，Vの死について責任を負うAについて，殺意があることを根拠に殺人罪の共同正犯の成立を認める場合には，その結論は，行為共同説のそれと同じことになる。

9　最決平成4・6・5刑集46巻4号245頁

[事　案]
　決定理由参照

[決定理由]

「一　原判決は，本件殺人の事実につき概要次のとおり認定した。

　被告人は，昭和六四年一月一日午前四時ころ，友人Ａの居室から飲食店「Ｂ」に電話をかけて同店に勤務中の女友達と話していたところ，店長のＣから長い話はだめだと言われて一方的に電話を切られた。立腹した被告人は，再三にわたり電話をかけ直して女友達への取次ぎを求めたが，Ｃに拒否された上侮辱的な言葉を浴びせられて憤激し，殺してやるなどと激しく怒号し，「Ｂ」に押しかけようと決意して，同行を渋るＡを強く説得し，包丁（刃体の長さ約一四・五センチメートル）を持たせて一緒にタクシーで同店に向かった。被告人は，タクシー内で，自分もＣとは面識がないのに，Ａに対し，「おれは顔が知られているからお前先に行ってくれ。けんかになったらお前をほうっておかない。」などと言い，さらに，Ｃを殺害することもやむを得ないとの意思の下に，「やられたらナイフを使え。」と指示するなどして説得し，同日午前五時ころ，「Ｂ」付近に到着後，Ａを同店出入口付近に行かせ，少し離れた場所で同店から出て来た女友達と話をしたりして待機していた。Ａは，内心ではＣに対し自分から進んで暴行を加えるまでの意思はなかったものの，Ｃとは面識がないからいきなり暴力を振るわれることもないだろうなどと考え，「Ｂ」出入口付近で被告人の指示を待っていたところ，予想外にも，同店から出て来たＣに被告人と取り違えられ，いきなりえり首をつかまれて引きずり回された上，手けん等で顔面を殴打されコンクリートの路上に転倒させられて足げりにされ，殴り返すなどしたが，頼みとする被告人の加勢も得られず，再び路上に殴り倒されたため，自己の生命身体を防衛する意思で，とっさに包丁を取出し，被告人の前記指示どおり包丁を使用してＣを殺害することになってもやむを得ないと決意し，被告人との共謀の下に，包丁でＣの左胸部等を数回突き刺し，心臓刺傷及び肝刺傷による急性失血により同人を死亡させて殺害した。

　二　原判決は，以上の事実関係の下に，Ａについては，積極的な加害の意思はなく，Ｃの暴行は急迫不正の侵害であり，これに対する反撃が防衛の程度を超えたものであるとして，過剰防衛の成立を認めたが，一方，被告人については，Ｃとのけんか闘争を予期してＡと共に「Ｂ」近くまで出向き，Ｃ

が攻撃してくる機会を利用し，Aをして包丁でCに反撃を加えさせようとしていたもので，積極的な加害の意思で侵害に臨んだものであるから，CのAに対する暴行は被告人にとっては急迫性を欠くものであるとして，過剰防衛の成立を認めなかった。

　三　これに対し，所論は，Aに過剰防衛が成立する以上，その効果は共同正犯者である被告人にも及び，被告人についても過剰防衛が成立する旨を主張する。

　しかし，共同正犯が成立する場合における過剰防衛の成否は，共同正犯者の各人につきそれぞれその要件を満たすかどうかを検討して決するべきであって，共同正犯者の一人について過剰防衛が成立したとしても，その結果当然に他の共同正犯者についても過剰防衛が成立することになるものではない。

　原判決の認定によると，被告人は，Cの攻撃を予期し，その機会を利用してAをして包丁でCに反撃を加えさせようとしていたもので，積極的な加害の意思で侵害に臨んだものであるから，CのAに対する暴行は，積極的な加害の意思がなかったAにとっては急迫不正の侵害であるとしても，被告人にとっては急迫性を欠くものであって（最高裁昭和五一年（あ）第六七一号同五二年七月二一日第一小法廷決定・刑集三一巻四号七四七頁参照），Aについて過剰防衛の成立を認め，被告人についてこれを認めなかった原判断は，正当として是認することができる。」

解　説

　1　本決定は，共同正犯者間における過剰防衛の成否の判断方法について判示したものである。その内容は，「共同正犯が成立する場合における過剰防衛の成否は，共同正犯者の各人につきそれぞれその要件を満たすかどうかを検討して決するべき」だとするものであり，Cの侵害を予期し，積極的加害意思で侵害に臨んだ被告人にとっては，Cの侵害について急迫性が否定され[6]，したがって，被告人には正当防衛が成立する余地はなく，過剰防衛も

---

[6] 最決昭和52・7・21刑集31巻4号747頁（第4章判例**2**）参照。

成立しないというものである。積極的加害意思がないAにとっては，Cの侵害には急迫性が認められ，過剰防衛が成立するとしても，被告人は，その評価に「従属」しないとされている。

本決定は，さしあたり過剰防衛についての判断であるが，Aについて正当防衛が成立するとした場合であっても，同様に解されることになろう。なぜなら，その場合でも，侵害を予期し，積極的加害意思を有する被告人にとってはCの侵害の急迫性は依然として否定されるから，正当防衛は成立しないことになるからである。

共同正犯においては，共同者は「共同の立場で」実行に関与したと評価されるのであるから，一方が他方に「従属する」という関係はない。したがって，本決定のように，共同者の違法評価は別個に行うことが正当であると解されるし，それ以外に判断の方法はないものと思われる。本件事実について見ると，Aの刺突行為はA及び被告人にとって共同した刺突行為なのであり，Aに対する評価に被告人の評価が一方的に従属すると解する根拠はないのである。共同者の一方の行為の評価に他方の評価が従属する，本件の場合，Aの行為の評価に被告人の評価が従属すると解するとすれば，そのような理解と全く同等の正当性をもって，被告人の行為の評価にAに対する評価が従属すると解することも可能であるといえよう（この場合，侵害の急迫性が否定され，被告人にとって正当防衛・過剰防衛が成立しないということであれば，Aにとっても正当防衛・過剰防衛の成立が否定されることになる）。このような理解には明らかに疑問がある。

2　本件では，未必の故意に基づく殺人の共同実行が認められるが，殺害に関する共謀がいつ形成されたかも問題となる。未必の殺意を有する被告人によるAに対する働きかけはタクシーの車内で行われているが，その段階では，Aにいまだ殺意は認められない。Aに殺意が生じたのは，Cから侵害を受け，刺突行為をなす直前であるといえよう。この段階になって，Aと被告人との間には殺害についての共謀が生じたのであり，本件においては，被告人による働きかけと共謀の形成の時点が異なっているといえる。

V―共犯と身分

10 最判昭和32・11・19刑集11巻12号3073頁

[事　案]
判決理由参照

[判決理由]
「原審の是認した第一審判決の認定した判示第一事実は，被告人Aは元P郡Q村村長及び同村新制中学校建設工事委員会の工事委員長，同Bは元同村助役及び同工事委員会の工事副委員長として右Aを補佐していたものであるが，当時同村収入役として出納その他の会計事務を掌り，傍ら前示中学校建設委員会の委託を受け同校建設資金の寄附金の受領，保管その他の会計事務を管掌していたCと共謀の上，同人が昭和二四年四月一〇日頃から同年一〇月一一日頃までの間P郡Q村R外一九〇余名から学校建設資金として前記工事委員会又はQ村に対する寄附金として合計金二三一，五五〇円を受け取りこれを業務上保管中，該金員中から合計金八一，六四七円を別表記載の如く昭和二四年七月二三日頃から同年一二月頃までの間ほしいままにP郡Q村S方外一個所において，同人外一名から酒食等を買い入れてこれが代金として支払い，もつてこれを費消横領したというのであり，挙示の証拠によると，右Cのみが昭和二四年四月一〇日頃より同年八月三〇日までの間右中学校建設委員会の委託を受け同委員会のため，昭和二四年八月三一日より同年一二月頃までの間Q村の収入役として同村のため右中学校建設資金の寄附金の受領，保管その他の会計事務に従事していたものであつて，被告人両名はかかる業務に従事していたことは認められないから，刑法六五条一項により同法二五三条に該当する業務上横領罪の共同正犯として論ずべきものである。しかし，同法二五三条は横領罪の犯人が業務上物を占有する場合において，とくに重い刑を科することを規定したものであるから，業務上物の占有者たる身分のない被告人両名に対しては同法六五条二項により同法二五二

条一項の通常の横領罪の刑を科すべきものである。しかるに，第一審判決は被告人両名の判示第一の所為を単に同法二五三条に問擬しただけで，何等同法六〇条，六五条一項，二項，二五二条一項を適用しなかつたのは違法であり，この違法は原判決を破棄しなければ著しく正義に反するものと認められる（なお，原判決は，所論判例違反の点につき何ら判示をしていないこと判文上明らかであるから，論旨援用の判例と相反する判断をしたものということはできない。）。」

解説

1 本件は，業務上の占有者であるC（収入役）と非占有者であるA（村長）及びB（助役）が共謀して実行した業務上横領の事案である。業務上横領罪の成立に必要な身分を欠くA及びBにいかなる共同正犯が成立するかが問われている。本判決は，A及びBについても刑法65条1項により業務上横領罪（253条）の共同正犯が成立するが，65条2項により横領罪（252条）の刑を科すべきであるとしている。

2 判例によれば，刑法65条の身分とは，「男女の性別，内外国人の別，親族の関係，公務員たるの資格のような関係のみに限らず，総て一定の犯罪行為に関する犯人の人的関係である特殊の地位又は状態を指称する」とされており，「刑法二五二条においては，横領罪の目的物に対する犯人の関係が占有という特殊の状態にあること，即ち犯人が物の占有者である特殊の地位にあることが犯罪の条件をなすものであつて，刑法六五条にいわゆる身分に該る」とされている（最判昭和27・9・19刑集6巻8号1083頁）。したがって，かつては営利目的拐取罪（刑法225条）の営利目的は刑法65条の身分に当たらないとされていたが（大判大正14・1・28刑集4巻14頁），その後，麻薬密輸入罪における営利目的（最判昭和42・3・7刑集21巻2号417頁），大麻密輸入罪における営利目的（東京高判平成10・3・25判時1672号157頁）なども刑法65条の身分に当たると解されるに至っているのである[7]。

---

[7] なお，判例は，強姦罪は男性を身分とする犯罪であると解している（最決昭和40・3・30刑集19巻2号125頁）が，法文上そうした限定はなく，男性でなければ姦淫できないという事実的制約があるにすぎないのではないか，したがって，女性であっても男性を利用した間接正犯として強姦罪を犯すことができるのではないかという問題がある。

3 本判決が、非身分者であるA及びBについて業務上横領罪の刑で処断せず、結局、横領罪の刑で処断した結論自体は、占有者という身分は65条1項の身分であり、業務者という身分は65条2項の身分であると解することによって基礎づけられる（学説で有力な見解によれば、本判決とは異なり、A及びBには横領罪の共同正犯が成立する）。ただし、非身分者についても業務上横領罪の共同正犯の成立を認め、科刑だけを横領罪の限度にとどめた本判決には、犯罪の成否と科刑とを分離する点で問題がある。なぜなら、科刑は犯罪が成立する限度で正当化されるものだからである。本判決の後、殺意を有する者と傷害の故意を有するにとどまる者とが、暴行・傷害を共謀して、共同者の一人が殺意をもって被害者を死亡させたという事案において、殺意のなかった共同者については、「殺人罪の共同正犯と傷害致死罪の共同正犯の構成要件が重なり合う限度で軽い傷害致死罪の共同正犯が成立するものと解すべきである」として、殺人罪の共同正犯の成立を認めた上で、傷害致死罪の限度での科刑を認めるというそれ以前の取り扱いを否定する判例が出されている（最決昭和54・4・13刑集33巻3号179頁）。これは、すでに述べた、科刑は犯罪が成立する限度で基礎づけられるから、犯罪の成否と科刑とを分離することは妥当でないという見地から支持されるものであり、また、共同正犯は傷害致死罪の限度で成立するにとどまるというのは、部分的犯罪共同説の立場から基礎づけられることになるのである[8]。

こうして見ると、本判決は、犯罪の成否と科刑との分離を認める古い考え方に依拠したものであり、現在の時点からすると、その見直しが求められるといえる。

---

[8] 完全犯罪共同説からは、共同正犯の成立を否定するか、本決定以前の実務の立場のように重い犯罪についての共同正犯の成立を（理論的にそれが可能か、疑問があるものの）肯定し、科刑の点で不都合を修正するほかはないことになる。

VI―承継的共犯

11 大判昭和13・11・18刑集17巻839頁

[事　案]
判決理由参照

[判決理由]
「按スルニ刑法第二百四十條後段ノ罪ハ強盗罪ト殺人罪若ハ傷害致死罪ヨリ組成セラレ右各罪種カ結合セラレテ單純一罪ヲ構成スルモノナルヲ以テ他人カ強盗ノ目的ヲ以テ人ヲ殺害シタル事實ヲ知悉シ其ノ企圖スル犯行ヲ容易ナラシムル意思ノ下ニ該強盗殺人罪ノ一部タル強取行爲ニ加擔シ之ヲ幇助シタルトキハ其ノ所爲ニ對シテハ強盗殺人罪ノ從犯ヲ以テ問擬スルヲ相當トシ之ヲ以テ單ニ強盗罪若ハ窃盗罪ノ從犯ヲ構成スルニ止マルモノト爲スヘキニアラス原判示第二事實ニ依レハ被告人Aハ夫B（原審相被告人）カ昭和八年十月五日午後十一時過頃地下足袋ヲ穿チマセン棒ヲ携ヘテ自宅ヲ立チ出テタルヲ以テ同人ノ行動ヲ憂慮シ其ノ後ヲ追ヒ判示P方ニ到リ同家住宅ト東側納屋トノ間ニ於テ夫Bニ出會シタルトコロ同人ハ金員ヲ強取スル爲遂ニQ（右Pノ妻）ヲ殺害シタル旨物語リ尚金員ヲ強取スルニ付協力ヲ求メラレ茲ニ已ムナク之ヲ承諾シ直チニBカ開キ呉レタルP方住宅表入口ヨリ屋内ニ侵入シ點火シタル蠟燭ヲ手ニシテBニ燈火ヲ送リBノ金品強取ヲ容易ナラシメテ以テ其ノ犯行ヲ幇助シタリト謂フニ在レハ右Bノ金品強取ヲ容易ナラシメタル被告人Aノ所爲ハ冒頭説示ノ理由ニ依リ強盗殺人罪ノ從犯ヲ構成スルモノト謂ハサル可カラス然ラハ右被告人Aてノ所爲ヲ刑法第二百三十六條第一項強盗ノ罪ノ從犯ニ問擬シタル原判決ハ違法ニシテ論旨結局理由アリ」

[解　説]
1 本件は，強盗目的で被害者を殺害したBから，事情を打ち明けられて協力を求められたAが，Bによる金品の強取を容易にしたという事案であ

り，本判決は，Aについて強盗殺人罪の幇助の成立を肯定している。これは，先行する正犯が実行行為の一部を行った後で初めて関与した者について共犯が成立するか，成立するとして，どの範囲の共犯が成立するかという問題，すなわち承継的共犯の成否について，先行する正犯がなした行為・寄与すべてについて後行者に承継を認めることを明らかにしたものである。その理由は，強盗殺人罪は強盗罪と殺人罪又は傷害致死罪とが結合された「単純一罪」であるというところにある。すなわち，共犯は，正犯について成立する単純一罪の範囲で，その事実の認識を前提とするにしても，成立するというのである。

本判決のように先行者の行為・寄与を後行者が全面的に承継するという見解は，現在，学説では少数説であり，裁判実務でも一般的に支持されているとはいいがたい状況にある。この意味で，本判決が現在判例としてなお「生きている」といえるかには疑問の余地があり，その意味で，この点に関する最高裁の判断が待たれるところである。

現在，学説・裁判実務で有力なのは，後行者が先行者の行為・寄与を意識的に利用した場合，その限度で先行者の行為・寄与は後行者に承継されるとする見解である。共犯の処罰根拠を構成要件的結果の（共同・間接）惹起に求める因果共犯論・惹起説の立場から，そのような帰結をどのように基礎づけることが可能かという問題はあるにしても，こうした見解（中間説）は，因果的共犯論の見地から承継を一切否定する見解（否定説）と全面的承継を認める見解（全面肯定説）との間の中間的解決を与えるものとして支持されているといえる。

中間説の立場からは，本件事案のような場合，すでに生じた死の結果について責任を問われることはなく，被害者を死亡させることによって生じた反抗抑圧状態を利用したということから，強盗殺人罪の幇助ではなく，強盗罪の幇助を認めることになるとされる。

12　大阪地判平成9・8・20判タ995号286頁

[事　案]

被告人A及びBの両名は，平成7年6月○日午前0時ころ，大阪市淀川区

○○四丁目〈番地略〉P東側付近路上において，友人であるC（分離前相被告人）が，被告人AやDを追いかけて来たE（当時32歳）に対し，その顔面に頭突きをし膝蹴りを加える等の暴行を加え，同人を路上に転倒させたことから，Cの喧嘩に加勢しようと考え，ここに被告人両名は暗黙のうちにCと共謀の上，そのころから同日午前0時15分ころまでの間，同所において，こもごもEの頭部等を多数回にわたり足蹴にするなどの暴行を加え，更に，Cにおいては，引き続き同区○○四丁目〈番地略〉Q銀行R支店駐車場西側路上においても，Eの頭部等を足蹴にする暴行を加えた。その結果，Eは，右一連の暴行により，入院加療約32日間を要する鼻骨骨折，全身打撲等の傷害を受けたが，その傷害は，右共謀成立前のCの暴行によるものか，共謀成立後の被告人ら三名の暴行によるものかを知ることができない。

[判決理由]
「一　検察官の主張等
　検察官は，本件訴因において，被告人両名及びCにつき傷害罪の共同正犯が成立する旨主張しているが，当裁判所は，被告人両名については傷害罪の共同正犯は成立せず，前記のとおり，同時傷害罪が成立するに止まると判断したので，以下，その理由を述べる。
　二　証拠上明らかな事実関係
　まず，前記日時・場所（P東側付近路上）において，最初にCがEの顔面に頭突きを食らわせ，膝蹴りを加える等の暴行（以下これを「頭突き等の暴行」という。）を働き，同人を路上に転倒させたこと，その後，被告人Aが，引き続き被告人Bが，それぞれCの暴行に加わり，同所に転倒しているEに対し，三名でこもごもEの頭部等を多数回にわたり足蹴にするなどの暴行を加えたこと，その後更に，Cが前記駐車場西側路上においてEの頭部等を足蹴にする暴行を加えたこと，本件傷害の結果は，C及び被告人両名の右一連の暴行によって生じたこと，以上の事実は当事者間に概ね争いがなく，前掲関係証拠によっても優にこれを認めることができる。
　三　当初の共謀の存否
　検察官は，本件訴因中で，Cの頭突き等の暴行に先立つ当初から被告人三

名の間に傷害の共謀が存していた旨主張している。しかし、この点については、本件全証拠を精査しても、これを窺わせるような証拠は見いだすことができない（ただ、わずかに、被告人Ａの検察官調書〔乙一三〕の九項中に、Ｅの追跡を知ったＣが同被告人に対し「Ａさん、ヤバイですよ。」などと言ったのを聞き、同被告人は「先ほど電話機をひきちぎった直後であり、それを誰かが見ていて、私らを追いかけてきた、これはけんかになると思って、私は、Ｃに加勢して相手になってやろうと一瞬思った」旨の供述があるが、同被告人の警察官調書や公判供述等に照らすと、右供述はいささか突飛なものであって不自然さを禁じえない上、仮にその点はさて置くとしても、Ｃが、被告人Ａの右胸中を察した上で最初の頭突き等の暴行に及んだことを認めるに足る証拠はないから、結局、右供述をもってしてもＣと同被告人との間で当初から傷害の共謀が成立していた事実を認定することはできない。）。むしろ前掲関係各証拠によれば、前記のとおり、ＣがＥに頭突き等の暴行を加えて同人が転倒したのを見て、被告人両名はＣに加勢しようと考え、現場において暗黙裡に三名間に傷害の共謀が成立したものと認めるのが相当である。

三　承継的共同正犯の成否

右認定を前提とすると、次の問題となるのは、被告人両名につき、傷害の承継的共同正犯が成立しないかである。これが成立するならば、被告人両名とも、共謀成立に先立つＣの頭突き等の暴行についても共同正犯としての罪責を免れないことになる。

ところで、承継的共同正犯の成立範囲については諸説存するところではあるが、当裁判所は、「承継的共同正犯が成立するのは、後行者において、先行者の行為及びこれによって生じた結果を認識・認容するに止まらず、これを自己の犯罪遂行の手段として積極的に利用する意思のもとに、実体法上一罪を構成する先行者の犯罪に途中から共謀加担し、右行為等を現にそのような手段として利用した場合に限られると解する」立場（大阪高裁昭和六二年七月一〇日判決・高刑集四〇巻三号七二〇頁）に賛同するものである。

そこで、このような見地から本件につき検討すると、確かに、後行者たる被告人両名は、先行者たるＣが頭突き等の暴行を加えるのを認識・認容していたことが認められるが、それ以上に被告人両名がこれを「自己の犯罪遂行の手段として積極的に利用する意思」を有していたとか、現にそのような手

段として利用したとかの事実は本件全証拠によっても認めることはできないから，結局，被告人両名には傷害の承継的共同正犯は成立しないというべきである。

　四　同時傷害罪の成否

　しかし，以上から直ちに，被告人両名は共謀成立後の傷害の結果についてのみ傷害罪の共同正犯に問われると結論することはできない。

　けだし，前記のとおり，本件傷害の結果は共謀成立の前後にわたるC及び被告人両名の一連の暴行によって生じたことは明らかであるが，それ以上に，これがCの頭突き等の暴行にのみ起因するものであるのか，それともその後の被告人両名及びCの暴行にのみ起因するものであるのか，はたまた両者合わさって初めて生じたものであるのかは，本件全証拠によってもこれを確定することはできないからである（なお，前掲関係証拠によれば，Eの鼻骨骨折はCの最初の頭突きによって生じた可能性が濃厚であるが，被告人両名もその後Eの頭部等に多数回足蹴にしており，これらの暴行が右鼻骨骨折の形成に寄与した可能性も否定できないから，右傷害がCの頭突きのみから生じたとは断定することはできない。）。

　そして，一般に，傷害の結果が，全く意思の連絡がない二名以上の者の同一機会における各暴行によって生じたことは明らかであるが，いずれの暴行によって生じたものであるのかは確定することができないという場合には，同時犯の特例として刑法二〇七条により傷害罪の共同正犯として処断されるが，このような事例との対比の上で考えると，本件のように共謀成立の前後にわたる一連の暴行により傷害の結果が発生したことは明らかであるが，共謀成立の前後いずれの暴行により生じたものであるか確定することができないという場合にも，右一連の暴行が同一機会において行われたものである限り，刑法二〇七条が適用され，全体が傷害罪の共同正犯として処断されると解するのが相当である。けだし，右のような場合においても，単独犯の暴行によって傷害が生じたのか，共同正犯の暴行によって傷害が生じたのか不明であるという点で，やはり「その傷害を生じさせた者を知ることができないとき」に当たることにかわりはないと解されるからである。

　五　結論

　よって以上により，当裁判所は，被告人両名には，本件傷害の結果につき

同時傷害罪が成立し，全体につき傷害罪の共同正犯として処断すべきものと判断した次第である。

（なお，傷害罪の共同正犯の訴因につき，判決で同時傷害罪を認定するためには訴因変更が必要であるか否かは一個の問題であるが〔最高裁昭和二五年一一月三〇日決定・刑集四巻一一号二四五三頁は不要とする。〕，本件においては，前記のとおり，当裁判所の認定は共謀の点・暴行の点ともに訴因の範囲内の縮小認定である上，刑法二〇七条の適用の可否については，結審前に争点顕在化の措置を講じて当事者に新たな主張・立証の機会を付与しており，訴因逸脱認定又は不意打ち認定の問題は生じないと考えられるので，当裁判所は，検察官の訴因変更の手続を経ることなく，判示の認定を行った次第である。）。」

解説

1　本件は，Eに対してCが暴行を加えた後，A，B及びCの間でEに対して暴行を加える共謀が形成され，それに基づいて暴行が行われ，これらの一連の暴行によってEに傷害が生じたが，それは共謀成立前のC単独による暴行により生じたのか，共謀成立後の共同暴行によって生じたのか不明だという事案である。

この事案の場合，承継的共犯に関する最近の有力説である中間説の立場からは，Cによる暴行をA及びBが承継することはない。なぜなら，A及びBはCによる暴行を「自己の犯罪遂行の手段として積極的に利用する意思」を有してはいないからである。本判決も，同様の立場から，承継的共犯の論理によって傷害についての責任をA及びBに問うことはできないと解している。

2　本判決は，承継的共犯の論理に代えて，刑法207条の適用によってA及びBに傷害についての刑事責任を問うことを認めた。A及びBとCとの間に共謀がなければ，刑法207条により，A，B及びCは傷害について刑事責任を負うが，それよりもA及びBの刑事責任が重くなると解されるはずの，両名とCとの間に共謀が成立している場合に，逆にA及びBの刑事責任が軽くなるというのは背理だからである。

Ⅶ──共犯関係の解消

13　最決平成元・6・26刑集43巻6号567頁

[事　案]
決定理由参照

[決定理由]
「所論にかんがみ，職権により判断する。
　一　傷害致死の点について，原判決（原判決の是認する一審判決の一部を含む。）が認定した事実の要旨は次のとおりである。(1)　被告人は，一審相被告人のAの舎弟分であるが，両名は，昭和六一年一月二三日深夜スナックで一緒に飲んでいた本件被害者のVの酒癖が悪く，再三たしなめたのに，逆に反抗的な態度を示したことに憤慨し，同人に謝らせるべく，車でA方に連行した。(2)　被告人は，Aとともに，一階八畳間において，Vの態度などを難詰し，謝ることを強く促したが，同人が頑としてこれに応じないで反抗的な態度をとり続けたことに激昂し，その身体に対して暴行を加える意思をAと相通じた上，翌二四日午前三時三〇分ころから約一時間ないし一時間半にわたり，竹刀や木刀でこもごも同人の顔面，背部等を多数回殴打するなどの暴行を加えた。(3)　被告人は，同日午前五時過ぎころ，A方を立ち去つたが，その際「おれ帰る」といつただけで，自分としてはVに対しこれ以上制裁を加えることを止めるという趣旨のことを告げず，Aに対しても，以後はVに暴行を加えることを止めるよう求めたり，あるいは同人を寝かせてやつてほしいとか，病院に連れていつてほしいなどと頼んだりせずに，現場をそのままにして立ち去つた。(4)　その後ほどなくして，Aは，Vの言動に再び激昂して，「まだシメ足りないか」と怒鳴つて右八畳間においてその顔を木刀で突くなどの暴行を加えた。(5)　Vは，そのころから同日午後一時ころまでの間に，A方において甲状軟骨左上角骨折に基づく頸部圧迫等により窒息死したが，右の死の結果が被告人が帰る前に被告人とAがこもごも加

えた暴行によつて生じたものか，その後のAによる前記暴行により生じたものかは断定できない。

二　右事実関係に照らすと，被告人が帰つた時点では，Aにおいてなお制裁を加えるおそれが消滅していなかつたのに，被告人において格別これを防止する措置を講ずることなく，成り行きに任せて現場を去つたに過ぎないのであるから，Aとの間の当初の共犯関係が右の時点で解消したということはできず，その後のAの暴行も右の共謀に基づくものと認めるのが相当である。そうすると，原判決がこれと同旨の判断に立ち，かりにVの死の結果が被告人が帰つた後にAが加えた暴行によつて生じていたとしても，被告人は傷害致死の責を負うとしたのは，正当である。」

解説

1　本件事実は，被告人とAとが共謀の上Vに対して暴行を加え（第1暴行），被告人が帰った後Aが単独でVにさらに暴行（第2暴行）を加え，その後Vが死亡したが，死亡の原因となった暴行がいずれであるか断定できないというものである。第1暴行及び第2暴行に関与したAがVの死について刑事責任を負うのは当然であるとしても，被告人については，Vの死が（Aとの共謀に基づく）第1暴行によって生じたものであるとの証明ができていない以上，第2暴行について，被告人とAとの間に共謀・共犯関係が認められなければ，被告人はVの死について刑事責任を負うことはないことになる。本決定は，「おれ帰る」と被告人が帰ったとしても共犯関係の解消は認められず，したがって，第2暴行によりVが死亡したとしても，被告人はそれについて刑事責任を負うとしているのである。

2　本件では，共犯者と共に犯罪の実行に着手した者について，共犯関係の解消が認められるかが問題となっている。本決定は，「Aにおいてなお制裁を加えるおそれが消滅していなかつたのに，被告人において格別これを防止する措置を講ずることなく，成り行きに任せて現場を去つたに過ぎない」から共犯関係の解消は認められないとしている。このことは，裏を返せば，被告人の処置により，Aにおいて「制裁を加えるおそれが消滅」したといえる場合には，共犯関係の解消を認める趣旨であると理解されるといえよう。

被告人及びAが共同して，被告人又はAが「制裁を加えるおそれ」を作り出した以上，それを解消・消滅しなければ，構成要件的結果との間の因果性は切断されず，共犯関係の解消を認めることはできないものと思われるのである。

3　本決定後，次のような事実関係の事案において，共謀関係の解消を否定する決定が出されている。すなわち，①被告人は，本件犯行以前にも，数回にわたり，共犯者らと共に，民家に侵入して家人に暴行を加え，金品を強奪することを実行したことがあった。②本件犯行に誘われた被告人は，本件犯行の前夜遅く，自動車を運転して行って共犯者らと合流し，同人らと共に，被害者方及びその付近の下見をするなどした後，共犯者7名との間で，被害者方の明かりが消えたら，共犯者2名が屋内に侵入し，内部から入口のかぎを開けて侵入口を確保した上で，被告人を含む他の共犯者らも屋内に侵入して強盗に及ぶという住居侵入・強盗の共謀を遂げた。③本件当日午前2時ころ，共犯者2名は，被害者方の窓から地下1階資材置場に侵入したが，住居等につながるドアが施錠されていたため，いったん戸外に出て，別の共犯者に住居等に通じた窓の施錠を外させ，その窓から侵入し，内側から上記ドアの施錠を外して他の共犯者らのための侵入口を確保した。④見張り役の共犯者は，屋内にいる共犯者2名が強盗に着手する前の段階において，現場付近に人が集まってきたのを見て犯行の発覚をおそれ，屋内にいる共犯者らに電話をかけ，「人が集まっている。早くやめて出てきた方がいい。」と言ったところ，「もう少し待って。」などと言われたので，「危ないから待てない。先に帰る。」と一方的に伝えただけで電話を切り，付近に止めてあった自動車に乗り込んだ。その車内では，被告人と他の共犯者1名が強盗の実行行為に及ぶべく待機していたが，被告人ら3名は話し合って一緒に逃げることとし，被告人が運転する自動車で現場付近から立ち去った。⑤屋内にいた共犯者2名は，いったん被害者方を出て，被告人ら3名が立ち去ったことを知ったが，本件当日午前2時55分ころ，現場付近に残っていた共犯者3名と共にそのまま強盗を実行し，その際に加えた暴行によって被害者2名を負傷させた，というのである。最高裁は，「被告人は，共犯者数名と住居に侵入して強盗に及ぶことを共謀したところ，共犯者の一部が家人の在宅する住居に

侵入した後，見張り役の共犯者が既に住居内に侵入していた共犯者に電話で「犯行をやめた方がよい，先に帰る」などと一方的に伝えただけで，被告人において格別それ以後の犯行を防止する措置を講ずることなく待機していた場所から見張り役らと共に離脱したにすぎず，残された共犯者らがそのまま強盗に及んだものと認められる。そうすると，被告人が離脱したのは強盗行為に着手する前であり，たとえ被告人も見張り役の上記電話内容を認識した上で離脱し，残された共犯者らが被告人の離脱をその後知るに至ったという事情があったとしても，当初の共謀関係が解消したということはできず，その後の共犯者らの強盗も当初の共謀に基づいて行われたものと認めるのが相当である。」と判示した（最決平成21・6・30刑集63巻5号475頁）。これは，実行の着手前の事案において，本決定と同様の見地から共謀関係・共犯関係の解消を否定したものと解することができる。

14　最判平成6・12・6刑集48巻8号509頁

[事　案]

判決理由参照

[判決理由]

「所論にかんがみ職権で調査すると，本件公訴事実について，被告人に共謀による傷害罪の成立を認め，これが過剰防衛に当たるとした第一審判決を維持した原判決の判断は，是認することができない。その理由は，次のとおりである。

　一　本件公訴事実の要旨及び本件の経過

　1　本件公訴事実の要旨は，被告人は，A及びBと共謀の上，昭和六三年一〇月二三日午前一時四五分ころ，東京都文京区大塚四丁目〇番〇号P会館前路上及び同区大塚三丁目〇番〇号Qビル一階駐車場（以下「本件駐車場」という。）において，I（当時四五歳）に対し，同人の背部等を足蹴にし，その顔面等を手拳で殴打してその場に転倒させるなどの暴行を加え，よって，同人に入通院加療約七か月半を要する外傷性小脳内血腫，頭蓋骨骨折等の傷害を負わせた，というものである。

2　第一審判決は，公訴事実と同旨の事実を認定し，被告人らの本件行為について，その全体を一連の行為として傷害罪が成立するものとし，これが過剰防衛に当たると認めて，被告人に対し懲役一〇月，二年間執行猶予の判決を言い渡し，原判決も，第一審判決の認定判断を是認し，被告人の控除を棄却した。

二　原判決の認定事実と判断

1　原判決は，本件の事実関係について，次のように認定している。

被告人は，昭和六三年一〇月二二日の夜，中学校時代の同級生であるA，B，C及びDとともに，近く海外留学するDの友人Eを送別するために集まり，Qビル二階のレストラン「R」で食事をし，翌二三日午前一時三〇分ころ，同ビルとは不忍通りを隔てた反対側にあるP会館前の歩道上で雑談をするなどしていたところ，酩酊して通りかかったIが，付近に駐車してあったAの乗用車のテレビ用アンテナに上着を引っかけ，これを無理に引っ張ってアンテナを曲げておきながら，何ら謝罪等をしないまま通り過ぎようとした。不快に思ったAは，Iに対し，「ちょっと待て。」などと声をかけた。Iは，これを無視してP会館に入り，間もなく同会館から出て来たが，被告人らが雑談をしているのを見て，険しい表情で被告人らに近づき，「おれにガンをつけたのはだれだ。」などと強い口調で言った上，「おれだ。」と答えたAに対し，いきなりつかみかかろうとし，Aの前にいたDの長い髪をつかみ，付近を引き回すなどの乱暴を始めた。被告人，A，B及びC（以下「被告人ら四名」という。）は，これを制止し，Dの髪からIの手を放させようとして，こもごもIの腕，手等をつかんだり，その顔面や身体を殴る蹴るなどし，被告人も，Iの脇腹や肩付近を二度ほど足蹴にした。しかし，Iは，Dの髪を放そうとせず，Aの胃の辺りを蹴ったり，ワイシャツの胸元を破いたりした上，Dの髪をつかんだまま，不忍通り（車道幅員約一六・五メートル）を横断して，向かい側にある本件駐車場入口の内側付近までDを引っ張って行った。被告人ら四名は，その後を追いかけて行き，Iの手をDの髪から放させようとしてIを殴る蹴るなどし，被告人においてもIの背中を一回足蹴にし，Iもこれに応戦した。その後，ようやく，Iは，Dの髪から手を放したものの，近くにいた被告人ら四名に向かって，「馬鹿野郎」などと悪態をつき，

なおも応戦する気勢を示しながら，後ずさりするようにして本件駐車場の奥の方に移動し，被告人ら四名もほぼ一団となって，Ｉを本件駐車場奥に追い詰める格好で迫って行った。そして，その間，本件駐車場中央付近で，Ｂが，応戦の態度を崩さないＩに手拳で殴りかかり，顔をかすった程度で終わったため，再度殴りかかろうとしたが，Ｃがこれを制止し，本件駐車場の奥で，今度はＡがＩに殴りかかろうとしたため，再びＣが二人の間に割って入って制止した。しかし，その直後にＡがＩの顔面を手拳で殴打し，そのためＩは転倒してコンクリート床に頭部を打ちつけ，前記の傷害を負うに至った。なお，ＩがＤの髪から手を放した本件駐車場入口の内側付近からＡの殴打により転倒した地点までの距離は，二〇メートル足らずであり，この間の移動に要した時間も短時間であり，被告人ら四名のうちＢやＣは，ＩがいつＤの髪から手を放したか正確には認識していなかった。

2　原判決は，右認定事実に基づき，ＩがＰ会館前でＤの髪をつかんだ時点から，Ａが本件駐車場奥でＩを最終的に殴打するまでの間における被告人ら四名の行為は，本件駐車場中央付近でＢを制止した後のＣの関係を除き，相互の意思連絡のもとに行われた一連一体のものとして，その全体について共同正犯が成立し，これが過剰防衛に当たると判断した。

三　原判決の認定判断の当否について

1　原判決の認定した前記事実関係のうち，本件駐車場の奥の方に移動した際，被告人ら四名が「Ｉを本件駐車場奥に追い詰める格好で追って行った」とする点については，後述のように，これを是認することはできない。

2　本件のように，相手方の侵害に対し，複数人が共同して防衛行為としての暴行に及び，相手方からの侵害が終了した後に，なおも一部の者が暴行を続けた場合において，後の暴行を加えていない者について正当防衛の成否を検討するに当たっては，侵害現在時と侵害終了後とに分けて考察するのが相当であり，侵害現在時における暴行が正当防衛と認められる場合には，侵害終了後の暴行については，侵害現在時における防衛行為としての暴行の共同意思から離脱したかどうかではなく，新たに共謀が成立したかどうかを検討すべきであって，共謀の成立が認められるときに初めて，侵害現在時及び侵害終了後の一連の行為を全体として考察し，防衛行為としての相当性を検

討すべきである。

3　右のような観点から、被告人らの本件行為を、IがDの髪を放すに至るまでの行為（以下、これを「反撃行為」という。）と、その後の行為（以下、これを「追撃行為」という。）とに分けて考察すれば、以下のとおりである。

（一）　まず、被告人らの反撃行為についてみるに、IのDに対する行為は、女性の長い髪をつかんで幹線道路である不忍通りを横断するなどして、少なくとも二〇メートル以上も引き回すという、常軌を逸した、かつ、危険性の高いものであって、これが急迫不正の侵害に当たることは明らかであるが、これに対する被告人ら四名の反撃行為は、素手で殴打し又は足で蹴るというものであり、また、記録によれば、被告人ら四名は、終始、Iの周りを取り囲むようにしていたものではなく、A及びBがほぼIとともに移動しているのに対して、被告人は、一歩遅れ、Cについては、更に遅れて移動していることが認められ、その間、被告人は、IをDから離そうとしてIを数回蹴っているが、それは六分の力であったというのであり、これを否定すべき事情もない。その他、Iが被告人ら四名の反撃行為によって特段の傷害を負ったという形跡も認められない。以上のような諸事情からすれば、右反撃行為は、いまだ防衛手段としての相当性の範囲を超えたものということはできない。

（二）　次に、被告人らの追撃行為について検討するに、前示のとおり、A及びBはIに対して暴行を加えており、他方、Cは右両名の暴行を制止しているところ、この中にあって、被告人は、自ら暴行を加えてはいないが、他の者の暴行を制止しているわけでもない。

被告人は、検察官に対する供述調書において、「IさんがDから手を放した後、私たち四人は横並びになってIさんを本件駐車場の奥に追い詰めるように進んで行きました。このような態勢でしたから、他の三人も私と同じように、Iさんに対し、暴行を加える意思があったのだと思います。」と供述しているところ、原判決は、右供述の信用性を肯定し、この供述により、被告人ら四名がIを駐車場奥に追い詰める格好で迫って行ったものと認定するとともに、追撃行為に関して被告人の共謀を認めている。しかし、記録によれば、Iを追いかける際、被告人ら四名は、ほぼ一団となっていたということ

ができるにとどまり，横並びになっていたわけではなく，また，本件駐車場は，ビルの不忍通り側と裏通り側とのいずれにも同じ六メートル余の幅の出入口があり，不忍通りから裏通りを見通すことができ，奥が行き詰まりになっているわけではない。そうすると，被告人ら四名が近付いて来たことによって，Ｉが逃げ場を失った状況に追い込まれたものとは認められないのであり，「被告人ら四名は，Ｉを駐車場奥に追い詰める格好で追って行った」旨の原判決の事実認定は是認することができない。したがって，また，被告人の右検察官に対する供述中，自分も他の三名もＩに暴行を加える意思があったとする部分も，その前提自体が右のとおり客観的な事実関係に沿わないものというべきである以上，その信用性をたやすく肯定することはできない。

そして，Ｉを追いかける際，被告人ら四名がほぼ一団となっていたからといって，被告人ら四名の間にＩを追撃して暴行を加える意思があり，相互にその旨の意思の連絡があったものと即断することができないことは，この四人の中には，Ａ及びＢの暴行を二度にわたって制止したＣも含まれていることからしても明らかである。また，Ａ及びＢは，第一審公判廷において，Ｉから「馬鹿野郎」と言われて腹が立った旨供述し，Ｉの右罵言がＡらの追撃行為の直接のきっかけとなったと認められるところ，被告人がＩの右罵言を聞いたものと認めるに足りる証拠はない。

被告人は，追撃行為に関し，第一審公判廷において，「謝罪を期待してＩに付いて行っただけであり，暴行を加えようとの気持ちはなかった。Ｄの方を振り返ったりしていたので，ＢがＩに殴りかかったのは見ていない。ＣがＡとＩの間に入ってやめろというふうに制止し，一瞬間があいて，これで終わったな，これから話合いが始まるな，と思っていたところ，ＡがＩの右ほおを殴り，Ｉが倒れた。」旨供述しているのであって，右公判供述は，本件の一連の事実経過に照らして特に不自然なところはない。

以上によれば，被告人については，追撃行為に関し，Ｉに暴行を加える意思を有し，Ａ及びＢとの共謀があったものと認定することはできないものというべきである。

4 以上に検討したところによれば，被告人に関しては，反撃行為については正当防衛が成立し，追撃行為については新たに暴行の共謀が成立したと

は認められないのであるから，反撃行為と追撃行為とを一連一体のものとして総合評価する余地はなく，被告人に関して，これらを一連一体のものと認めて，共謀による傷害罪の成立を認め，これが過剰防衛に当たるとした第一審判決を維持した原判決には，判決に影響を及ぼすべき重大な事実誤認があり，これを破棄しなければ著しく正義に反するものと認められる。

そして，本件については，訴訟記録並びに原裁判所及び第一審裁判所において取り調べた証拠によって直ちに判決をすることができるものと認められるので，被告人に対し無罪の言渡しをすべきである。」

解　説

1　本件は，A，B，C及び被告人の4名が，Iの急迫不正の侵害からDを防衛するためにIに暴行を加え（反撃行為），Iによる侵害が終了した後においてもA及びBがIに対する暴行を継続（追撃行為）して，Aの暴行によりIに傷害が生じたという事案である。このうち，反撃行為については正当防衛が成立するとされている。本件事案において，追撃行為に関し，実際にIに暴行を加えたA及びBには，過剰防衛が成立するにせよ，刑事責任を問いうること，A及びBの暴行を制止したCには刑事責任を問いがたいことは明らかであると思われるが，問題となるのは，何もしなかった被告人の刑事責任である。

第1審判決及び原判決は，被告人に関して，反撃行為及び追撃行為をIによる急迫不正の侵害に対する一連一体の防衛行為と認めて，共謀による傷害罪の成立を認め，過剰防衛にあたるとしているのである。これに対して，本判決は，「本件のように，相手方の侵害に対し，複数人が共同して防衛行為としての暴行に及び，相手方からの侵害が終了した後に，なおも一部の者が暴行を続けた場合において，後の暴行を加えていない者について正当防衛の成否を検討するに当たっては，侵害現在時と侵害終了後とに分けて考察するのが相当であり，侵害現在時における暴行が正当防衛と認められる場合には，侵害終了後の暴行については，侵害現在時における防衛行為としての暴行の共同意思から離脱したかどうかではなく，新たに共謀が成立したかどうかを検討すべきであって，共謀の成立が認められるときに初めて，侵害現在

時及び侵害終了後の一連の行為を全体として考察し，防衛行為としての相当性を検討すべきである。」とした。すなわち，反撃行為としての暴行に関する共謀関係が解消したかを問題とするのではなく，追撃行為について新たに共謀が成立したかを検討すべきであって，被告人についてそのような共謀の成立を認めることはできないから，被告人には無罪を言い渡すべきだとするのである。

　2　追撃行為の段階で，暴行を加えるでもなく，A及びBの暴行を制止するでもなく，A及びBに追従していた被告人について，反撃行為の段階で形成された共謀の解消・離脱の有無ではなく，追撃行為の段階で新たに共謀が形成されたかを判断し，それが肯定された場合に，一連の行為を全体として考察して，防衛行為の相当性を判断すべきだとする本判決は，それを判例13と関連させて理解することが必要である。判例13のような共謀関係の解消の枠組みであれば，被告人には共謀による結果惹起の危険を解消するような措置を執ることが共謀関係の解消を認めるためには必要となり，単にA及びBに追従していた被告人にそのようなものを認めることはできないからである。第1審判決及び原判決は，そうした見地から，一連の行為について全体として過剰防衛の成立を肯定したものと解することができる。

　しかし，正当防衛にあたる行為の「共謀」は，それ自体として，犯罪の成立を基礎づけることができないものである[9]。そうした「共謀」の解消が認められないからといって，それに基く行為について責任を認めることはできないであろう。共謀共同正犯において刑事責任を問う根拠は，犯罪の実行が基づく共謀への関与なのであるから，その共謀自体犯罪の成立を基礎づけるものであることが必要なのは当然のことともいえよう。この意味で，本判決の理解は正当であると思われる。

---

[9] もちろん，過剰防衛にあたる行為の共謀があれば，それは違法な行為についての共謀だから，その解消が認められない限り，それに基づいてなされた行為についての責任を免れることはできないと思われる。

Ⅷ—過失犯の共同正犯

15 東京地判平成4・1・23判時1419号133頁

[事　案]
判決理由参照

[判決理由]
「本件火災における出火原因は，以上判示したとおり，被告人両名が第二現場で解鉛作業に使用した二個のうち一個のトーチランプの火が完全に消火されなかったため，この火が同所の電話ケーブルを覆っていた防護シートに着火した点にあると認定されるところであるが，以下，この点に関する被告人両名の注意義務と過失行為の有無について検討する。
　まず，前記本件各洞道の構造，洞道内における可燃性電話ケーブルの敷設状況等に照らして，このような洞道内で火災事故が一旦発生すれば，消火活動が困難であり，電話ケーブルが焼損して電話回線が不通となり，多数の電話加入権者を含む一般市民の電話使用が不能となって，社会生活上重大な影響の惹起されることは，一般的に容易に予見し得るところである。
　そして，かかる事態の発生を未然に防止する見地から，関係証拠によれば，日本電信電話公社においては，洞道内の火器使用上の注意として，「火器使用に当たっては，周囲の可燃物に対し適切な措置を行う。作業場を離れる時は，火気のないことを確認する。」旨を定め（電気通信技術標準実施方法C八一一・〇三〇「とう道の保守」（基準，標準）〔第一版・改定書第1号・昭和五九年八月二四日改定，同年一〇月二〇日実施〕中の九の三「とう道入出者の遵守事項」参照。)，同公社東京電気通信局長から電気通信設備請負工事施工会社宛に，既設洞道内での火災事故防止として「トーチランプを使用するときは，作業現場を整理し，可燃物等は付近におかないこと。」旨を指示し（昭和五四年四月二四日付「とう道内火災事故防止について」第二参照。)，これに従い，被告人両名所属のP通信の元請企業であるQ電話においても，「とう道内作業時の事故防止対

策」（昭和五八年四月改定）を定めて，「火気使用に当たっては，周囲の加熱物に対し適切な措置を行う。」「作業現場を離れるときは，火気のないことを確認する。」旨を一般的に規定するほか，その遵守を徹底するため，Ｑ電話の社員のみならず，Ｐ通信等の下請会社の作業員に対しても，日頃から始業前のミーティング，安全対策会議等を通じて，「トーチランプの作業が終わったら火は必ず消すこと。作業現場から離れるときは，その場に置いておくトーチランプの火が消えているかどうかを確認し，その際には自己の使用したランプだけではなく，一緒に作業した者のランプについても確認すること。特に，その確認に当たっては，トーチランプを指差し，消火の有無を呼称して確認すること。」などの指示が繰り返し行われていたことが認められるとともに，殊に，本件の解鉛作業の場合等のように，数名の作業員が数個のトーチランプを使用して共同作業を行い，一時，作業を中断して現場から立ち去るときには，作業慣行としても，各作業員が自己の使用したランプのみならず共同作業に従事した者が使用した全てのランプにつき，相互に指差し呼称して確実に消火した点を確認し合わなければならない業務上の注意義務が，共同作業者全員に課せられていたことが認められるのであって，右の事実に徴すると，本件のように共同解鉛作業中，一時現場を離れるに当たり，共同作業者においては，トーチランプにつき相互に指差し呼称確認を行うことは容易なことであるとともに，これを行うことによりトーチランプの火による他の可燃物への燃焼を未然に防止し得ることも明らかであるから，本件の共同作業者に対して右のごとき内容の注意義務を課することは，なんら無理を強いるものではなく，極めて合理的かつ常識的な作業慣行であるものと思料される。

　したがって，本件の被告人両名においては，第二現場でトーチランプを使用して解鉛作業を行い，断線箇所を発見した後，その修理方法等につき上司の指示を仰ぐべく，第三棟局舎へ赴くために第二現場を立ち去るに当たり，被告人両名が各使用した二個のトーチランプの火が完全に消火しているか否かにつき，相互に指差し呼称して確認し合うべき業務上の注意義務があり，被告人両名がこの点を十分認識していたものであることは，両名の作業経験等に徴して明らかである。

しかるに，被告人両名は，右の断線箇所を発見した後，その修理方法等を検討するため，一時，第二現場を立ち去るに当たり，被告人Aにおいて，前回の探索の際に断線箇所を発見できなかった責任を感じ，精神的に動揺した状態にあったとはいえ，なお被告人両名においては，冷静に前記共同の注意義務を履行すべき立場に置かれていたにも拘らず，これを怠り，前記二個のトーチランプの火が完全に消火しているか否かにつき，なんら相互の確認をすることなく，トーチランプをIYケーブルの下段の電話ケーブルを保護するための防護シートに近接する位置に置いたまま，被告人両名が共に同所を立ち去ったものであり，この点において，被告人両名が過失行為を共同して行ったことが明らかであるといわなければならない。

以上の理由により，もとよりいわゆる過失犯の共同正犯の成否等に関しては議論の存するところであるが，本件のごとく，社会生活上危険かつ重大な結果の発生することが予想される場合においては，相互利用・補充による共同の注意義務を負う共同作業者が現に存在するところであり，しかもその共同作業者間において，その注意義務を怠った共同の行為があると認められる場合には，その共同作業者全員に対し過失犯の共同正犯の成立を認めた上，発生した結果全体につき共同正犯者としての刑事責任を負わしめることは，なんら刑法上の責任主義に反するものではないと思料する。」

解説

1 大審院は，かつて，共犯規定は過失犯には適用がないという立場から，過失犯の共同正犯の成立を否定していた（大判明治44・3・16刑録17輯380頁）。しかし，最高裁は，被告人両名が，法定の除外量以上のメタノールを含有する液体を共同して客に販売したという事案について，メタノールが含まれる点について過失であっても，液体を販売する点について「意思を連絡」していたから，被告人両名の間に共犯関係の成立を認めることができるとして，過失犯の共同正犯の成立を肯定するに至った（最判昭和28・1・23刑集7巻1号30頁）。その後，下級審裁判例では，過失犯の共同正犯の成立を認めるものが次々と出されており（名古屋高判昭和31・10・22裁特3巻21号1007頁，佐世保簡裁略式命令昭和36・8・3下刑集3巻7＝8号816頁，京都地判昭和40・5・10下

刑集7巻5号855頁，名古屋高判昭和61・9・30高刑集39巻4号371頁など)，本判決もその一つである。

　2　本判決は，「被告人両名が各使用した二個のトーチランプの火が完全に消火しているか否かにつき，相互に指差し呼称して確認し合うべき業務上の注意義務」があると認め，これは「共同の注意義務」であり，「その注意義務を怠った共同の行為があると認められる場合」には過失犯（業務上失火罪）の共同正犯が成立するというのである。過失犯の成立要件としての結果回避義務については，それを共同で負担し，したがって共同で違反することが観念できる。この意味で，心理状態としての予見可能性の共同はできないとしても，結果回避義務の共同違反という意味で過失犯の共同正犯を肯定することができよう。このような共同して果たすべき結果回避義務が認められない場合には，過失犯の共同正犯の成立は否定されることになるのである（秋田地判昭和40・3・31下刑集7巻3号536頁など)。

IX―不作為による共犯

16　札幌高判平成12・3・16判時1711号170頁

[事　案]

　被告人は，内縁の夫であるAが自分の連れ子D（3歳6月）を殴打し転倒させるなどの暴行を加えて死亡させた際に，それを阻止することなく放置した。原判決は，不作為による幇助の成立を認めるためには，「他人による犯罪の実行を阻止すべき作為義務を有する者が，犯罪の実行をほぼ確実に阻止し得たにもかかわらず，これを放置しており，要求される作為義務の程度及び要求される行為を行うことの容易性等の観点からみて，その不作為を作為による幇助と同視し得ることが必要と解すべきである」とし，「被告人がAの暴行を阻止することが著しく困難な状況にあったことにかんがみると，被告人に要求される作為義務の程度が一定程度強度のものであることを考慮しても，なお，被告人の不作為を，作為による傷害致死幇助と同視することはできない」として，不作為による傷害致死幇助の成立を否定していた。

［判決理由］

「一　後述する不作為による幇助犯の成立要件に徴すると，原判決が掲げる「犯罪の実行をほぼ確実に阻止し得たにもかかわらず，これを放置した」という要件は，不作為による幇助犯の成立には不必要というべきであるから，実質的に，作為義務がある者の不作為のうちでも結果阻止との因果性の認められるもののみを幇助行為に限定した上，被告人に具体的に要求される作為の内容としてAの暴行を実力をもって阻止する行為のみを想定し，AとDの側に寄ってAがDに暴行を加えないように監視する行為，あるいは，Aの暴行を言葉で制止する行為を想定することは相当でないとした原判決には，罪刑法定主義の見地から不真正不作為犯自体の拡がりに絞りを掛ける必要があり，不真正不作為犯を更に拡張する幇助犯の成立には特に慎重な絞りが必要であることを考慮に入れても，なお法令の適用に誤りがあるといわざるを得ない。

　二　そこで，被告人に具体的に要求される作為の内容とこれによるAの犯罪の防止可能性を，その容易性を含めて検討する。

　1　まず，AとDの側に寄ってAがDに暴行を加えないように監視する行為は，数メートル離れた台所の流し台からAとDのいる寝室に移動するだけでなし得る最も容易な行為であるところ，関係証拠によれば，Aは，以前，被告人がAのせっかんの様子を見ているとせっかんがやりにくいとの態度を露わにしていた上，本件せっかんの途中でも，後ろを振り返り，被告人がいないかどうかを確かめていることが認められ，このようなAの態度にかんがみると，被告人がAの側に寄って監視するだけでも，Aにとっては，Dへの暴行に対する心理的抑制になったものと考えられるから，右作為によってAの暴行を阻止することは可能であったというべきである。

　2　次に，Aの暴行を言葉で制止する行為は，Aを制止し，あるいは，宥める言葉にある程度の工夫を要するものの，必ずしも寝室への移動を要しない点においては，監視行為よりも容易になし得る面もあるところ，関係証拠によれば，Aは，Dに対する暴行を開始した後も，D及び被告人の反応をうかがいながら，一発ずつ間隔を置いて殴打し，右暴行をやめる機会を模索していたものと認められ，このようなAの態度にかんがみると，被告人がA

に対し，「やめて。」などと言って制止し，あるいは，Dのために弁解したり，Dに代わって謝罪したりするなどの言葉による制止行為をすれば，Aにとっては，右暴行をやめる契機になったと考えられるから，右作為によってAの暴行を阻止することも相当程度可能であったというべきである（被告人自身も，原審公判廷において，本件せっかんの直前，言葉で制止すれば，その場が収まったと思う旨供述している。）。

　3　最後に，Aの暴行を実力をもって阻止する行為についてみると，原判決も判示するとおり，被告人が身を挺して制止すれば，Aの暴行をほぼ確実に阻止し得たことは明らかであるところ，右作為に出た場合には，Aの反感を買い，自らが暴行を受けて負傷していた可能性は否定し難いものの，Aが，被告人が妊娠中のときは，胎児への影響を慮って，腹部以外の部位に暴行を加えていたことなどに照らすと，胎児の健康にまで影響の及んだ可能性は低く，前記第三の三のとおり，被告人がAの暴行を実力により阻止することが著しく困難な状況にあったとはいえないことを併せ考えると，右作為は，Aの犯罪を防止するための最後の手段として，なお被告人に具体的に要求される作為に含まれるとみて差し支えない。

　4　そうすると，被告人が，本件の具体的状況に応じ，以上の監視ないし制止行為を比較的容易なものから段階的に行い，あるいは，複合して行うなどしてAのDに対する暴行を阻止することは可能であったというべきであるから，右1及び2の作為による本件せっかんの防止可能性を検討しなかった原判決の法令適用の誤りは，判決に影響を及ぼすことが明らかというべきである。」

　「（罪となるべき事実）
　被告人は，平成九年六月ころ，先に協議離婚したAと再び同棲を開始するに際し，当時自己が親権者となっていた，元夫Bとの間にもうけた長男C及び二男D（当時三歳）を連れてAと内縁関係に入ったが，その後，AがDらにせっかんを繰り返すようになったのであるから，その親権者兼監護者としてDらに対するAのせっかんを阻止してDらを保護すべき立場にあったところ，Aが，平成九年一一月二〇日午後七時一五分ころ，釧路市鳥取南《番地略》甲野マンション一号室において，Dに対し，その顔面，頭部を平手及

び手拳で多数回にわたり殴打し，転倒させるなどの暴行を加え，よって，Dに硬膜下出血，くも膜下出血等の傷害を負わせ，翌二一日午前一時五五分ころ，同市春湖台一番一二号市立釧路総合病院において，Dを右傷害に伴う脳機能障害により死亡させた犯行を行った際，同月二〇日午後七時一五分ころ，右甲野マンション一号室において，Aが前記暴行を開始しようとしたのを認識したのであるから，直ちに右暴行を阻止する措置を採るべきであり，かつ，これを阻止してDを保護することができたのに，何らの措置を採ることなく放置し，もってAの前記犯行を容易にしてこれを幇助したものである。」

「(補足説明)

1　不作為による幇助犯は，正犯者の犯罪を防止しなければならない作為義務のある者が，一定の作為によって正犯者の犯罪を防止することが可能であるのに，そのことを認識しながら，右一定の作為をせず，これによって正犯者の犯罪の実行を容易にした場合に成立し，以上が作為による幇助犯の場合と同視できることが必要と解される。

2　被告人は，平成八年三月下旬以降，約一年八か月にわたり，Aとの内縁ないし婚姻関係を継続し，Aの短気な性格や暴力的な行動傾向を熟知しながら，Aとの同棲期間中常にDらを連れ，Aの下に置いていたことに加え，被告人は，わずか三歳六か月のDの唯一の親権者であったこと，Dは栄養状態が悪く，極度のるい痩状態にあったこと，Aが，甲野マンションに入居して以降，CやDに対して毎日のように激しいせっかんを繰り返し，被告人もこれを知っていたこと，被告人は，本件せっかんの直前，Aが，Cにおもちゃを散らかしたのは誰かと尋ね，Cが，Dが散らかした旨答えたのを聞き，更にAが寝室でDを大きな声で問い詰めるのを聞いて，AがDにせっかんを加えようとしているのを認識したこと，Aが本件せっかんに及ぼうとした際，室内には，AとDのほかには，四歳八か月のC，生後一〇か月のF子及び被告人しかおらず，DがAから暴行を受けることを阻止し得る者は被告人以外存在しなかったことにかんがみると，Dの生命・身体の安全の確保は，被告人のみに依存していた状態にあり，かつ，被告人は，Dの生命・身体の安全が害される危険な状況を認識していたというべきであるから，被告人に

は，AがDに対して暴行に及ぶことを阻止しなければならない作為義務があったというべきである。

ところで，原判決は，被告人は，甲野マンションで，Aから強度の暴行を受けるようになって以降，子供達を連れてAの下から逃げ出したいと考えていたものの，逃げ出そうとしてAに見付かり，酷い暴行を受けることを恐れ，逃げ出せずにいたことを考えると，その作為義務の程度は極めて強度とまではいえない旨判示しているが，原判決が依拠する前記第二の一の被告人の供述（1）及び（2）は，前記第三の一の1及び2で検討したとおり，いずれもたやすく信用することができないから，右判示はその前提を欠き，被告人の作為義務を基礎付ける前記諸事実にかんがみると，右作為義務の程度は極めて強度であったというべきである。

3 前記第四の二のとおり，被告人には，一定の作為によってAのDに対する暴行を阻止することが可能であったところ，関係証拠に照らすと，被告人は，本件せっかんの直前，AとCとのやりとりを聞き，更にAが寝室でDを大きな声で問い詰めるのを聞いて，AがDにせっかんを加えようとしているのを認識していた上，自分がAを監視したり制止したりすれば，Aの暴行を阻止することができたことを認識しながら，前記第四の二のいずれの作為にも出なかったものと認められるから，被告人は，右可能性を認識しながら，前記一定の作為をしなかったものというべきである。

4 関係証拠に照らすと，被告人の右不作為の結果，被告人の制止ないし監視行為があった場合に比べて，AのDに対する暴行が容易になったことは疑いがないところ，被告人は，そのことを認識しつつ，当時なおAに愛情を抱いており，Aへの肉体的執着もあり，かつ，Aとの間の第二子を懐妊していることもあって，Dらの母親であるという立場よりもAとの内縁関係を優先させ，AのDに対する暴行に目をつぶり，あえてそのことを認容していたものと認められるから，被告人は，右不作為によってAの暴行を容易にしたものというべきである。

5 以上によれば，被告人の行為は，不作為による幇助犯の成立要件に該当し，被告人の作為義務の程度が極めて強度であり，比較的容易なものを含む前記一定の作為によってAのDに対する暴行を阻止することが可能であ

ったことにかんがみると，被告人の行為は，作為による幇助犯の場合と同視できるものというべきである。」

解説

1　不作為による幇助が成立するためには，作為義務が必要である。本判決は，「不作為による幇助犯は，正犯者の犯罪を防止しなければならない作為義務のある者が，一定の作為によって正犯者の犯罪を防止することが可能であるのに，そのことを認識しながら，右一定の作為をせず，これによって正犯者の犯罪の実行を容易にした場合に成立し，以上が作為による幇助犯の場合と同視できることが必要と解される。」としている。

作為義務の内容は「正犯者の犯罪を防止」することとされ，これを怠ることによって「正犯者の犯罪の実行を容易にした」場合に不作為による幇助が成立するとされている。そして，その作為義務の根拠としては，Ｄの生命・身体の安全の確保が被告人のみに依存していた状態にあったことが指摘され，Ｄの生命・身体の安全が害される危険な状況を認識していたのであるから，被告人には「ＡがＤに対して暴行に及ぶことを阻止しなければならない作為義務」があったとされているのである。

2　本判決は，被告人に具体的に要求される作為の内容とこれによるＡの犯罪の防止可能性について検討を加えており，①ＡとＤの側に寄ってＡがＤに暴行を加えないように監視すること，②Ａの暴行を言葉で制止すること，③Ａの暴行を実力をもって阻止することについて，いずれも被告人に具体的に要求される作為に含まれるとした。そして，「被告人が，本件の具体的状況に応じ，以上の監視ないし制止行為を比較的容易なものから段階的に行い，あるいは，複合して行うなどしてＡのＤに対する暴行を阻止することは可能であった」として，不作為による傷害致死幇助の成立を認めたのである。

X——必要的共犯

17 最判昭和43・12・24刑集22巻13号1625頁

[事　案]

判決理由参照

[判決理由]

「所論にかんがみ，職権をもつて調査すると，第一審判決の認定判示した罪となるべき事実のうち，判示三の（1）および同四の事実は，いずれも，被告人らが，自己の法律事件の示談解決を，弁護士でない者に依頼し，その報酬を支払つたというものである（被告人Rについては，C株式会社のための事務管理として，管理者たる自己の法律事件の解決を依頼したものとみることができる。）。そして，第一審判決は，右事実につき，弁護士法違反の教唆の罪が成立するとし，原判決の判断もこれを是認しているのである。

ところで，弁護士法七二条は，弁護士でない者が，報酬を得る目的で，一般の法律事件に関して法律事務を取り扱うことを禁止し，これに違反した者を，同法七七条によつて処罰することにしているのであるが，同法は，自己の法律事件をみずから取り扱うことまで禁じているものとは解されないから，これは，当然，他人の法律事件を取り扱う場合のことを規定しているものと見るべきであり，同法七二条の規定は，法律事件の解決を依頼する者が存在し，この者が，弁護士でない者に報酬を与える行為もしくはこれを与えることを約束する行為を当然予想しているものということができ，この他人の関与行為なくしては，同罪は成立し得ないものと解すべきである。ところが，同法は，右のように報酬を与える等の行為をした者について，これを処罰する趣旨の規定をおいていないのである。このように，ある犯罪が成立するについて当然予想され，むしろそのために欠くことができない関与行為について，これを処罰する規定がない以上，これを，関与を受けた側の可罰的な行為の教唆もしくは幇助として処罰することは，原則として，法の意図し

ないところと解すべきである。
　そうすると，弁護士でない者に，自己の法律事件の示談解決を依頼し，これに，報酬を与えもしくは与えることを約束した者を，弁護士法七二条，七七条違反の罪の教唆犯として処罰することはできないものといわなければならない。しかるに，本件において，被告人らにつき，弁護士法違反教唆の罪の成立を認めた原判決には，法令の解釈適用をあやまつた違法があり，右違法は，判決に影響を及ぼすことが明らかであつて，原判決を破棄しなければ著しく正義に反するものと認める。」

解説

1　現在の弁護士法72条（非弁護士の法律事務の取扱い等の禁止）は，「弁護士又は弁護士法人でない者は，報酬を得る目的で訴訟事件，非訟事件及び審査請求，異議申立て，再審査請求等行政庁に対する不服申立事件その他一般の法律事件に関して鑑定，代理，仲裁若しくは和解その他の法律事務を取り扱い，又はこれらの周旋をすることを業とすることができない。ただし，この法律又は他の法律に別段の定めがある場合は，この限りでない。」と定めている（同法77条3号が，72条違反を2年以下の懲役又は300万円以下の罰金に処している）。本件では，自己の法律事件の示談解決を弁護士でない者に依頼した被告人について，弁護士法72条・77条違反の罪の教唆犯が成立するかが問題となっている。第1審判決及び原判決はこれを肯定したのに対し，最高裁は同罪の成立を否定する判断を示しているのである。
　弁護士法72条・77条違反の罪が成立するためには，弁護士でない者に対する，依頼者による依頼がなされることが必要である。この意味で，本件で問題となっている罪は，複数の者の関与が当然必要となるものであり，このような場合を必要的共犯（とくに，必要的関与者が対向的に関与することから，対向犯と呼ばれる）と呼んでいる。ここで，明示的な処罰規定を欠く者について，処罰規定が置かれている関与者に対する共犯として処罰されるかが問題となるのである。

2　本判決は，「ある犯罪が成立するについて当然予想され，むしろそのために欠くことができない関与行為について，これを処罰する規定がない以

上，これを，関与を受けた側の可罰的な行為の教唆もしくは幫助として処罰することは，原則として，法の意図しないところと解すべきである。」という理由から，本件の依頼者である被告人について弁護士法72条・77条違反の教唆の成立を否定した。つまり，処罰規定を設ける際に立法者の視野に当然入った行為を処罰する規定が置かれていないのは，特段の事情がない限り，それを不可罰とする趣旨だと解釈すべきだというのである。

このような理解は，贈賄行為を処罰する規定を欠く旧刑法において，贈賄者を収賄罪の共犯として処罰しうるかが問題となった際に，大審院がそれを否定する理由として述べたことと同趣旨である（大判明治37・5・5刑録10輯955頁）。このような理解は，立法者の意思を援用することによって，共犯の成立を否定するものであり，学説では「立法者意思説」などと呼ばれている。学説においては，本件のような場合，被告人は弁護士法72条により保護される被害者であり，「被害者は処罰されない」という原則から，関与行為に違法性が欠け，そのために共犯が成立しないと説く見解も主張されている。これは，立法者意思説による解決にその理論的根拠を与えるものといえよう。

XI——まとめ

共犯の形態としては，共同正犯と教唆・幫助があり，その処罰根拠を提供するのが構成要件的結果の惹起である。しかし，共同正犯と教唆・幫助とは，いわばその惹起態様が異なり，そしてその成立要件も異なっている。教唆・幫助は，正犯を前提とする従属的な関与形態であり，そのため，正犯行為への従属性が要件となる。これに対し，共同正犯は，共同者による共同惹起形態であり，したがって，従属性は問題とならず，それに代えて，共同惹起としての根拠を与える共謀ないし共同意思の要件が問題となるのである。

第10章―罪　数

［包括一罪］
1 最大判平成15・4・23刑集57巻4号467頁
［科刑上一罪］
2 最大判昭和49・5・29刑集28巻4号114頁
3 最大判昭和24・12・21刑集3巻12号2048頁
4 最判平成17・4・14刑集59巻3号283頁

I ― はじめに

　犯罪の個数を判断し，複数の犯罪が行われた場合には，それに対していかなる刑を適用するかという問題を扱うのが罪数論である。罪数論がわかりにくいのは，罪数の形態が多様であり，単純な一罪と単純な数罪との間に中間的な形態があり，その成否こそが問題となるからである。すなわち，罪数の形態としては，単純一罪，単純一罪である法条競合，包括一罪，科刑上一罪（観念的競合，牽連犯），併合罪，単純数罪を挙げることができるが，結局のところ，これらの意義とその成立要件を，その根拠に遡って適切に理解することが大切である。
　法条競合は，適用が問題となりうる罰条相互の関係から，当該事実に適用されるべき罰条が決まる場合であり，罰条のみが「表見的に」競合するにすぎず，一罪成立するにすぎない場合である。これは，純然たる単純一罪の一種であるといえる。これに対して，併合罪は数罪ではあるが，同時審判の可能性があるために科刑において特別の考慮が行われる場合である。こうしたことから，一罪と数罪との文字通り中間的な形態であって，その成否が解釈上とくに問題となるのが，包括一罪と科刑上一罪（観念的競合，牽連犯）である。以下では，この両者について順次解説を加えることにする。

II──包括一罪

1　最大判平成15・4・23刑集57巻4号467頁

[事　案]
判決理由参照

[判決理由]
「1　所論指摘の第1審判決判示第一，第二の各犯罪事実は，これらに対応する各訴因と同内容であり，その要旨は，「被告人は，宗教法人Aの責任役員であるところ，Aの代表役員らと共謀の上，(1)平成4年4月30日，業務上占有するA所有の川崎市中原区小杉御殿町……の土地(以下「本件土地1」という。)を，B株式会社に対し代金1億0324万円で売却し，同日，その所有権移転登記手続を了して横領し，(2)同年9月24日，業務上占有するA所有の同区小杉町……の土地(以下「本件土地2」という。)を，株式会社Cに対し代金1500万円で売却し，同年10月6日，その所有権移転登記手続を了して横領した。」というものである。

2　原判決の認定によれば，上記各売却に先立ち，被告人は，各土地に次のとおり抵当権を設定していた。すなわち，本件土地1については，昭和55年4月11日，被告人が経営するD株式会社(以下「D」という。)を債務者とする極度額2500万円の根抵当権(以下「本件抵当権〔1〕」という。)を設定してその旨の登記を了し，その後，平成4年3月31日，Dを債務者とする債権額4300万円の抵当権(以下「本件抵当権〔2〕」という。)を設定してその旨の登記を了し，また，本件土地2については，平成元年1月13日，Dを債務者とする債権額3億円の抵当権(以下「本件抵当権〔3〕」という。)を設定してその旨の登記を了していた。

しかし，原判決は，本件抵当権〔1〕，〔3〕の設定の経緯やその際の各借入金の使途等はつまびらかでなく，これらの抵当権設定行為が横領罪を構成するようなものであったかどうかは明瞭でないし，仮に横領罪を構成するこ

とが証拠上明らかであるとしても、これらについては、公訴時効が完成しているとし、また、本件抵当権〔2〕の設定は横領に当たるが、本件土地1の売却と本件抵当権〔2〕の設定とでは土地売却の方がはるかに重要であるとして、本件土地1、2を売却したことが各抵当権設定との関係でいわゆる不可罰的事後行為に当たることを否定し、前記（1）、（2）の各犯罪事実を認定した第1審判決を是認した。

 3　所論は、原判決の上記判断が最高裁昭和29年（あ）第1447号同31年6月26日第三小法廷判決・刑集10巻6号874頁（以下「本件引用判例」という。）に違反すると主張する。

　本件引用判例は、「甲がその所有に係る不動産を第三者に売却し所有権を移転したものの、いまだその旨の登記を了していないことを奇貨とし、乙に対し当該不動産につき抵当権を設定しその旨の登記を了したときは、横領罪が成立する。したがって、甲がその後更に乙に対し代物弁済として当該不動産の所有権を移転しその旨の登記を了しても、別に横領罪を構成するものではない。」旨を判示し、訴因外の抵当権設定による横領罪の成立の可能性を理由に、訴因とされた代物弁済による横領罪の成立に疑問を呈し、事件を原審に差戻したものである。

　なお、所論は、原判決が大審院明治43年（れ）第1884号同年10月25日判決・刑録16輯1745頁に違反するとも主張するが、同判決は、抵当権設定とその後の売却が共に横領罪に当たるとして起訴された場合に関するものであり、本件と事案を異にするから、この点は、適法な上告理由に当たらない。

 4　そこで、本件引用判例に係る判例違反の主張について検討する。

　委託を受けて他人の不動産を占有する者が、これにほしいままに抵当権を設定してその旨の登記を了した後においても、その不動産は他人の物であり、受託者がこれを占有していることに変わりはなく、受託者が、その後、その不動産につき、ほしいままに売却等による所有権移転行為を行いその旨の登記を了したときは、委託の任務に背いて、その物につき権限がないのに所有者でなければできないような処分をしたものにほかならない。したがって、売却等による所有権移転行為について、横領罪の成立自体は、これを肯

定することができるというべきであり，先行の抵当権設定行為が存在することは，後行の所有権移転行為について犯罪の成立自体を妨げる事情にはならないと解するのが相当である。

　このように，所有権移転行為について横領罪が成立する以上，先行する抵当権設定行為について横領罪が成立する場合における同罪と後行の所有権移転による横領罪との罪数評価のいかんにかかわらず，検察官は，事案の軽重，立証の難易等諸般の事情を考慮し，先行の抵当権設定行為ではなく，後行の所有権移転行為をとらえて公訴を提起することができるものと解される。また，そのような公訴の提起を受けた裁判所は，所有権移転の点だけを審判の対象とすべきであり，犯罪の成否を決するに当たり，売却に先立って横領罪を構成する抵当権設定行為があったかどうかというような訴因外の事情に立ち入って審理判断すべきものではない。このような場合に，被告人に対し，訴因外の犯罪事実を主張立証することによって訴因とされている事実について犯罪の成否を争うことを許容することは，訴因外の犯罪事実をめぐって，被告人が犯罪成立の証明を，検察官が犯罪不成立の証明を志向するなど，当事者双方に不自然な訴訟活動を行わせることにもなりかねず，訴因制度を採る訴訟手続の本旨に沿わないものというべきである。

　以上の点は，業務上横領罪についても異なるものではない。

　そうすると，本件において，被告人が本件土地1につき本件抵当権〔1〕，〔2〕を設定し，本件土地2につき本件抵当権〔3〕を設定して，それぞれその旨の登記を了していたことは，その後被告人がこれらの土地を売却してその旨の各登記を了したことを業務上横領罪に問うことの妨げになるものではない。したがって，本件土地1，2の売却に係る訴因について業務上横領罪の成立を認め，前記（1），（2）の各犯罪事実を認定した第1審判決を是認した原判決の結論は，正当である。

　以上の次第で，刑訴法410条2項により，本件引用判例を当裁判所の上記見解に反する限度で変更し，原判決を維持するのを相当と認めるから，所論の判例違反は，結局，原判決破棄の理由にならない。」

解　説

　1　本件では，被告人がA所有の土地に①抵当権を設定・登記して横領した後，当該土地の②所有権を移転・登記した場合，①について（業務上）横領罪が成立することによって，②について（業務上）横領罪の成立を肯定することが妨げられるかが問題となっている。上告趣意でも言及されている最判昭和31・6・26刑集10巻6号874頁は，①が横領罪となる以上，②は別に横領罪を構成しないという趣旨の判示を行っていた。つまり，①が横領罪となり，当該客体が横領された以上，②は①の横領罪の不可罰的事後行為として犯罪は成立せず，処罰の対象とはならないというのである。

　最高裁は，本大法廷判決において，昭和31年判例を明示的に変更し，①は起訴せずに②のみを起訴した本件事案について，「先行の抵当権設定行為が存在することは，後行の所有権移転行為について犯罪の成立自体を妨げる事情にはならない」として，横領罪の成立を肯定する判断を示した。すなわち，①が行われたとしても，被告人は依然として他人の物の占有者であり，②について「横領罪の成立自体は，これを肯定することができる」というのである。これは，横領罪となる①の後に行われた事後行為②について，犯罪とならないという意味での不可罰的事後行為であることを否定し，それ自体犯罪になるということを肯定した点において極めて重要である。「所有権移転行為について横領罪が成立する以上，先行する抵当権設定行為について横領罪が成立する場合における同罪と後行の所有権移転による横領罪との罪数評価のいかんにかかわらず，検察官は，事案の軽重，立証の難易等諸般の事情を考慮し，先行の抵当権設定行為ではなく，後行の所有権移転行為をとらえて公訴を提起することができるものと解される。また，そのような公訴の提起を受けた裁判所は，所有権移転の点だけを審判の対象とすべきであり，犯罪の成否を決するに当たり，売却に先立って横領罪を構成する抵当権設定行為があったかどうかというような訴因外の事情に立ち入って審理判断すべきものではない。」というのである。

　かつての通説的見解は，不可罰的事後行為とは法条競合の一種（吸収関係）であり，犯罪成立後の事後行為として犯罪とならず処罰の対象とならないものをいうと解していた。しかし，近年，こうした理解に対しては疑問が提示

され，それはおよそ犯罪とならない場合ではなく，先行する事前行為の罪の刑で事後行為の罪を包括評価しうるにすぎない場合であるとの理解が有力となっている。つまり，不可罰的事後行為と呼ばれるのは，法条競合ではなく包括一罪の場合であり，したがって，その名称も，「不可罰的」事後行為ではなく，「共罰的」事後行為というべきであるともされる。このような理解からは，事後行為も犯罪として成立しうるものである以上，本件事案におけるように，事前行為に対する罪を起訴せずに，事後行為に対する罪の成立を認めることは当然可能であることになる。さらには，次に述べるように，事前行為に対する違法評価に包括できない事後行為については別途犯罪の成立を肯定することも可能となるといえるのである。

　2　ある犯罪によって取得された対象物について行われた事後行為であっても，それが先行する犯罪により侵害された法益とは異なる法益を害する場合には，後行する犯罪の成立は妨げられない。後行する犯罪は先行する犯罪に対する違法評価に包括されることはないからである。このことは，預金通帳と登録印鑑を盗んだ窃盗犯人が，それを使用して銀行窓口で預金の払戻しを行った場合，預金通帳及び印鑑の（預金者に対する）窃盗罪と預金払戻しについての（銀行に対する）詐欺罪とが成立して，両者は併合罪となり[1]，後行する詐欺は先行する窃盗の不可罰的事後行為として不可罰にはなるわけではないとされることに明らかである。本件では，事前行為①と事後行為②の双方ともが横領罪として起訴されてはいないため，正面から問題とはならなかったが，本件のような事案については，上記の考え方を同一の客体・法益の再度の侵害事例についても認めることができるかが問われうる。そして，罪数の問題は後述するように残るとしても，これを肯定することは不可能ではないであろう。それは，先行する犯罪である横領が土地に対する他人の所有権に向けられた罪であるとしても，そこでは所有権の移転がなされたのではなく，抵当権設定がなされたにすぎないため，当該土地は依然として横領罪の客体となりうるものであり，再度，当該土地の所有権に対する侵害行為が可能だといえるからである。

---

[1] 最判昭和25・2・24刑集4巻2号255頁。

3 上述したように，本件では扱われていないが，①と②の双方が横領罪として起訴された場合における両者の罪数評価は，本判決が触れるところではなく，今後の問題として残されている。①と②の侵害対象となる物は同一だから，①が②の準備的行為であるといった場合には，二つの行為には一体性が認められ，両者はより重い行為に対する違法評価において包括的に評価されて包括一罪となりうるであろう。それは，法益侵害の一体性と行為の一体性が認められる場合に包括一罪としての処理が可能となるからである。これに対し，①とは別の機会に別の動機から②がなされた場合には，行為の一体説は認められず，①の横領罪と②の横領罪とは併合罪となるという理解も考えられよう。いずれにせよ，この点は，本判決の後に残された問題である。

Ⅲ——科刑上一罪

2　最大判昭和49・5・29刑集28巻4号114頁

[事　案]
判決理由参照

[判決理由]
「所論は，原判決は，酒に酔い正常な運転ができないおそれのある状態で普通乗用自動車を運転した罪と酒酔いのため前方注視が困難な状態に陥り直ちに運転を中止し事故の発生を未然に防止しなければならない業務上の注意義務があるのに，これを怠って運転を継続した過失による業務上過失致死罪とが同一の機会に発生した事案につき，右両罪は併合罪の関係にあると判示しているが，この判断は所論引用の各判例に違反するというのである。所論引用の判例のうち，当審判例（昭和三二年（あ）第二三七七号同三三年四月一〇日第一小法廷決定・刑集一二巻五号八七七頁）は，極度の疲労と睡気を覚え，ために前方を十分注視することも，ハンドル，ブレーキ等の確実な操作もできない状態にあつて正常な運転をすることができないおそれがあつたので，運転を

中止して事故の発生を未然に防止すべき業務上の注意義務があるのに，これを怠って仮睡状態のまま自動車の運転を継続した過失により前方を同方向に進行中の二台の自転車に相次いで衝突し，一名に傷害を負わせ，一名を死に至らしめたという事案につき，無謀運転と業務上過失傷害，無謀運転と業務上過失致死の間にはそれぞれ観念的競合の関係があり結局一罪として処断すべきであるとの原判断は正当であると判示したものであるが，これを本件事案と対比すると，いずれも，正常な運転ができないおそれがある状態での道路交通法規に違反した運転の継続中に運転中止義務違反の過失による業務上過失致死傷が行なわれたことは共通であり，ただ正常な運転ができないおそれがある状態が一方は過労と睡気のためであるのに対し，他方はアルコールの影響によるものであるという点を異にするにすぎないものであるから，両者は同種の事案というほかはない。したがつて，所論のとおり原判決は右判例と相反する判断のもとになされたものといわなければならない。所論のうち，福岡高等裁判所の判例に違反するという点は，最高裁判所の判例がある場合であるから，刑訴法四〇五条の上告理由にあたらない。

　しかしながら，刑法五四条一項前段の規定は，一個の行為が同時に数個の犯罪構成要件に該当して数個の犯罪が競合する場合において，これを処断上の一罪として刑を科する趣旨のものであるところ，右規定にいう一個の行為とは，法的評価をはなれ構成要件的観点を捨象した自然的観察のもとで，行為者の動態が社会的見解上一個のものとの評価をうける場合をいうと解すべきである。

　ところで，本件の事例のような，酒に酔つた状態で自動車を運転中に過つて人身事故を発生させた場合についてみるに，もともと自動車を運転する行為は，その形態が，通常，時間的継続と場所的移動とを伴うものであるのに対し，その過程において人身事故を発生させる行為は，運転継続中における一時点一場所における事象であつて，前記の自然的観察からするならば，両者は，酒に酔つた状態で運転したことが事故を惹起した過失の内容をなすものかどうかにかかわりなく，社会的見解上別個のものと評価すべきであつて，これを一個のものとみることはできない。

　したがつて，本件における酒酔い運転の罪とその運転中に行なわれた業務

上過失致死の罪とは併合罪の関係にあるものと解するのが相当であり，原判決のこの点に関する結論は正当というべきである。以上の理由により，当裁判所は，所論引用の最高裁判所の判例を変更して，原判決の判断を維持するのを相当と認めるので，結局，最高裁判所の判例違反をいう論旨は原判決破棄の理由とはなりえないものである。」

解説

1　本判決は，刑法54条1項前段に規定されている「1個の行為が2個以上の罪名に触れ」る場合，すなわち観念的競合の成立要件，そこにいう「1個の行為」の意義について判示したものである。本判決によれば，「一個の行為とは，法的評価をはなれ構成要件的観点を捨象した自然的観察のもとで，行為者の動態が社会的見解上一個のものとの評価をうける場合をいう」とされる。もしも，法的評価を加えれば，「2個以上の罪名」に触れる場合には行為も2個以上と解され得るが，それでは観念的競合自体およそ成立し得ないことにもなりかねないから，そうした観点は除外されなければならないとはいえよう。もっとも「構成要件的観点」を完全に除外することができるか，それが妥当かは後述する不作為犯が競合する場合に問題となる。

本件で問題となっている事案は，酒に酔った状態で自動車を運転中に過って人身事故を発生させて被害者を死亡させたというもので，酒酔い運転の罪と業務上過失致死罪（当時。現在では自動車運転過失致死罪となる）との関係が問題となっている。本判決は，「もともと自動車を運転する行為は，その形態が，通常，時間的継続と場所的移動とを伴うものであるのに対し，その過程において人身事故を発生させる行為は，運転継続中における一時点一場所における事象であつて，前記の自然的観察からするならば，両者は，酒に酔つた状態で運転したことが事故を惹起した過失の内容をなすものかどうかにかかわりなく，社会的見解上別個のものと評価すべき」であるとして，併合罪であり，観念的競合ではないとした。業務上過失致死行為は酒酔い運転の過程でそれと重畳的になされたにすぎないというのである。

「行為者の動態が社会的見解上一個のもの」かどうかという基準は，「社会的見解」ということの性質上，基準としての明瞭さを欠くようにも思われる

が，酒酔い運転と事故の原因となった不注意な運転とは同一の行為ではなく，不注意な運転は酒酔い運転の過程で別途認められるにすぎないものであると考えることは可能であろう。それは，酒酔い運転をする意思決定と，不注意な運転についての個別の意思決定とは別のものであり，行為が何らかの意思決定の外部的発現であるとすれば，酒酔い運転と不注意な運転とは事故の時点では時間的に重なり合ってはいるが，行為としては別のものであるということができるからである。

2 最高裁は，本件事案とは異なり，無免許運転と酒酔い運転（最大判昭和49・5・29刑集28巻4号151頁），無免許運転と無車検車運行（最大判昭和49・5・29刑集28巻4号168頁）については，観念的競合にあたるとしている。これは，自動車の運転が，無免許で，かつ，酒に酔った状態又は無車検車を運行することによってなされたことから，いずれも当該の状態で自動車を運転するという1個の意思決定，したがって1個の行為が認められるにすぎないものと見ることができるからであると解することができる。

「1個の行為」は「1回の意思決定」に基づくものであり，複数回の意思決定に基づく場合よりも，相対的に責任非難の程度が軽くなるということから，観念的競合の場合には，併合罪とは異なって「最も重い刑」により処断されるにすぎないと理解することが可能である。こうした観点からは，意思決定が1回か複数回かによって，「1個の行為」か否かが決まることになる。これは「行為者の動態が社会的見解上一個のもの」といえるか否かを意思決定の側面に立ち入って見たものということができよう。

3 なお，被告人が普通乗用自動車を運転して歩行者に傷害を負わせる交通事故を起こしながら，負傷者の救護もせず，事故を警察官に報告することもせず現場から逃走したといういわゆるひき逃げの事案において，最高裁は，道交法上の救護義務違反（同法72条1項前段）と報告義務違反（同法72条1項後段）の罪は，「運転者等が右二つの義務に違反して逃げ去るなどした場合は，社会生活上，しばしば，ひき逃げというひとつの社会的出来事として認められている」から，「右各義務違反の不作為は社会的見解上一個の動態と評価すべきものであり，右各義務違反の罪は刑法五四条一項前段の観念的競合の関係にある」としている（最大判昭和51・9・22刑集30巻8号1640頁）。

この場合には，これらの各不作為は履行が求められる義務を果たさず現場から逃走するという1回の意思決定に基づいているという意味では，「1個の行為」と理解することができる。しかし，両方の義務を同時に履行することはできないのだから，二つの不作為の併存を認め，不作為犯の構成要件該当性を両方について同時に肯定すること自体に，そもそも疑問の余地があるということができる。この意味では，観念的競合の要件である「1個の行為」の判断基準として，構成要件的観点を完全に除外することが適当かには問題があるということができよう。このような理解からは，両義務違反は（順次履行されるべきものとして）併合罪となるか，それとも（より重大な義務がまず履行されるべきものとして）重い救護義務違反の罪だけが成立すると解されることになろう。

3 最大判昭和24・12・21刑集3巻12号2048頁

[事　案]

被告人は乗車勤務中の車掌Aを殺害してその所持する懐中時計を強奪しようと決意し，ハンマー及び匕首を携えて松戸駅から貨物列車の最後部車掌室に車掌Aの承諾を得て乗込み，Aの前頭を所携のハンマーで殴打し，次いで匕首をふるつて同人の肩，顔面その他を数回突刺し又は斬付けてから，同人の所持していた懐中時計等を強奪した上，同人を通行中の列車から車外に突落したのであるが，殺害の目的を遂げなかつた。原判決は，被告人の強盗殺人未遂罪と銃砲等所持禁止令違反とは併合罪となるとした。

[判決理由]

「牽連犯は元来数罪の成立があるのであるが，法律がこれを処断上一罪として取扱うこととした所以は，その数罪間にその罪質上通例その一方が他方の手段又は結果となるという関係があり，しかも具体的にも犯人がかゝる関係においてその数罪を実行したような場合にあつては，これを一罪としてその最も重き罪につき定めた刑を以て処断すれば，それによつて，軽き罪に対する処罰をも充し得るのを通例とするから，犯行目的の単一性をも考慮して，もはや数罪としてこれを処断するの必要なきものと認めたことによるも

のである。従つて数罪が牽連犯となるためには犯人が主観的にその一方を他方の手段又は結果の関係において実行したというだけでは足らず、その数罪間にその罪質上通例手段結果の関係が存在すべきものたることを必要とするのである。然るに所論銃砲等所持禁止令違反の罪と強盗殺人未遂罪とは、必ずしもその罪質上通常手段又は結果の関係あるべきものとは認め得ないのであるから、たとえ、本件において被告人が所論強盗殺人未遂罪実行の手段として匕首不法所持罪を犯したものとしても、その一事だけで右両箇の罪を牽連犯とみることはできない。」

解 説

1　本件では、強盗目的で犯した匕首不法所持罪と強盗殺人未遂罪とが牽連犯（刑法54条1項後段）となるか、併合罪となるかが問題となっている。牽連犯とは「犯罪の手段若しくは結果である行為が他の罪名に触れる」場合であり、科刑上一罪の一類型として、「その最も重い刑により処断する」こととされている。本判決は、牽連犯の一般的要件を示した点において重要な意義を有しているのである。

本判決は、牽連犯となるためには、「犯人が主観的にその一方を他方の手段又は結果の関係において実行したというだけでは足らず、その数罪間にその罪質上通例手段結果の関係が存在すべきものたることを必要とする」としている。すなわち、問題となる二つの罪の間に、犯人の主観において手段・結果の関係が存在することだけでは足らず、「その罪質上通例手段結果の関係」が存在することが必要だというのである。それは、その場合には、「これを一罪としてその最も重き罪につき定めた刑を以て処断すれば、それによつて、軽き罪に対する処罰をも充し得るのを通例とする」からであるとされる。

このような理解から、本判決は、匕首不法所持罪と強盗殺人未遂罪とは、「必ずしもその罪質上通常手段又は結果の関係あるべきものとは認め得ない」から、牽連犯ではなく併合罪となるとした。

2　二つの罪の間に犯人の主観において手段結果の関係があれば、犯人にとって実質的には1回の意思決定で行ったことと見ることができ、複数回の

意思決定により行った場合と比べて責任非難の点で相対的に軽く評価することが可能となるともいえる。しかし，判例はそれにとどまらず，牽連犯とするためには，「罪質上通例手段結果の関係」があることが必要だとしている。このような場合には，上述したように，「最も重い刑」によって処断すれば，「軽き罪に対する処罰をも充し得るのを通例とする」のであり，併合罪として加重処罰する必要がないというわけである。ここでは，一方の処罰で他方に対する処罰をも充たすことができるかということが考慮され，そうした見地から，「罪質上通例手段結果の関係」が認められるかが問題とされることになる。そのため，そうした判断の限界はどうしても不明瞭とならざるをえないのである。

4 最判平成17・4・14刑集59巻3号283頁

[事　案]

判決理由参照

[判決理由]

「所論引用の大審院大正15年（れ）第1362号同年10月14日判決・刑集5巻10号456頁は，人を恐喝して財物を交付させるため不法に監禁した場合において，監禁罪と恐喝未遂罪とが刑法54条1項後段所定の牽連犯の関係にあるとしたものと解される。ところが，原判決は，被告人が共犯者らと共謀の上，被害者から風俗店の登録名義貸し料名下に金品を喝取しようと企て，被害者を監禁し，その際被害者に対して加えた暴行により傷害を負わせ，さらに，これら監禁のための暴行等により畏怖している被害者を更に脅迫して現金及び自動車1台を喝取したという監禁致傷，恐喝の各罪について，これらを併合罪として処断した第1審判決を是認している。してみると，原判決は，これら各罪が牽連犯となるとする上記大審院判例と相反する判断をしたものといわざるを得ない。

しかしながら，恐喝の手段として監禁が行われた場合であっても，両罪は，犯罪の通常の形態として手段又は結果の関係にあるものとは認められず，牽連犯の関係にはないと解するのが相当であるから，上記大審院判例は

これを変更し，原判決を維持すべきである。」

解説

1 本件は，恐喝の手段として監禁（致傷）が行われたという事案である。以前の大審院判例によれば，両罪は牽連犯の関係にあると解されていた（大判大正15・10・14刑集5巻10号456頁）。しかしながら，本判決はそれを明示的に変更して，両罪は併合罪の関係にあるとした。その理由は，両罪は「犯罪の通常の形態として手段又は結果の関係にある」とは認められないというのである。この判断基準は，判例 3 で示されたものであり，それに従ったものといえる。

しかしながら，「犯罪の通常の形態として手段又は結果の関係にある」という判断にはかなり微妙なものがある。「通常の形態」としてどの範囲のものを考えるかによって，その判断の結論は異なりうるからである。そこには，上述したように，両罪について併合罪加重を不要とし，一方で処罰すれば足りるような関係を認めることができるかという視点が入らざるを得ないのである。このため，その判断は不明瞭なものとなる。

2 大審院は，上記のように，監禁罪と恐喝罪とは牽連犯となるとかつて解していたが（前出大判大正15・10・14），最高裁は，監禁罪と強姦致傷罪とは牽連犯ではなく[2]，傷害の手段として監禁した事案においても，監禁罪と傷害罪とは牽連犯ではないとしてきた[3]。本判決はこの延長線上に位置づけて理解することができよう。こうした流れに本判決を位置づけて見ると，判例では，牽連犯の範囲を限定的に理解しようとする傾向が認められるように思われるのである。

Ⅳ─まとめ

罪数論の理解は，異なった罪数の形態があることによって困難になっている。

---

[2] 最判昭和24・7・12刑集3巻8号1237頁。
[3] 最決昭和43・9・17刑集22巻9号853頁。

IV　まとめ

　法条競合は，罰条が「表見的に」競合する場合であり，関係する罰条相互の解釈によって適用される罰条を決めて，それだけを適用することになる。

　理解が困難なのは，包括一罪である。本章ではその限界に関わる一事案を扱ったにすぎないが，包括一罪には種々の下位類型が存在する。包括一罪は，法益侵害の一体性と行為の一体性が認められる場合であり，そのため，行為の一体性を根拠・要件とする科刑上一罪よりも「一罪」性がより強い場合である。

　科刑上一罪としては，観念的競合と牽連犯が刑法上規定されているが，行為が1個であること，又は行為の一体性が認められることから，「科刑上」一罪とされている。このうち，観念的競合においては意思決定の回数が重要な意義を有しているといえる。また，牽連犯ではその限界に不明瞭なものがあるため，判例の理解が極めて重要である。

事項索引

い

一故意犯説 …………………103
違法性阻却 …………………37
　　超法規的—— ……………37
違法性阻却事由 ……………37
違法性の意識 ………………169
違法阻却事由該当事実の錯誤
　　………………………………114
意味の認識 …………………91
因果関係 ……………………1, 3
　　——の基本的部分 ……123
　　——の錯誤 ……………106
　　不作為の—— …………22
因果的共犯論 ………………227
ウェーバーの概括的故意
　　………………………………105

か

科刑上一罪 …………………287
瑕疵ある意思に基づく同意
　　………………………………49
過　失 ………………………117
　　監督—— ………………155
　　管理—— ………………161
過失犯の共同正犯 …………276
過剰避難 ……………………55
過剰防衛 ……………………81
　　質的—— ………………81
　　量的—— ………………81
間接正犯 ……………………233
完全犯罪共同説 ……………250
監督過失 ……………………155
観念的競合 …………………295
管理過失 ……………………161

き

危惧感説 ……………………121
危険性の現実化 ……………5

極端従属性説 ………………234
共罰的事後行為 ……………292
共犯関係の解消 ……………265
共犯の従属性 ………………233
共犯の処罰根拠 ……………225
共犯論 ………………………225
共謀共同正犯 ………………238
緊急避難 ……………………53

く

具体的事実の錯誤 …………100
具体的符合説 ………………104
具体的法定符合説 …………104

け

結果回避可能性 ……………34
結果回避義務 ………118, 132
結果回避の容易性 …………30
結果原因に対する支配 ……32
結果予見義務 ………………118
原因において自由な行為 195
現在の危難 …………………53
牽連犯 ………………………298

こ

故　意 ………………………85
　　条件付—— ……………99
　　——の構成要件関連性 …88
　　未必の—— ……………97
構成要件的符合説 …103, 112
構成要件モデル ……………195
誤想過剰防衛 ………………115
混合的方法 …………………180

さ

罪数論 ………………………287
作為義務 ……………26, 29, 282

し

事実の錯誤 …………………86
自招侵害 ……………………72
実行行為 ……………………3
実行の着手 …………………206
実質的違法性 ………………41
質的過剰防衛 ………………81
惹起説 ………………………227
承継的共犯 …………………259
条件付故意 …………………99
侵害の急迫性 ………………60
侵害の継続性 ………………61
侵害の始期 …………………61
心神耗弱 ……………………179
心神喪失 ……………………179
真正不作為犯 ………………21
信頼の原則 …………………132

す

数故意犯説 …………………103

せ

制限従属性説 ………………234
正当な業務行為 ……………40
正当防衛 ……………………57
責　任 ………………………165
責任モデル …………………196
積極的加害意思 ……………65
積極的加害行為 ……………69
先行行為 ……………………24, 33

た

対向犯 ………………………284
第三者の過失行為の介入 …15
第三者の故意行為の介入 …12
たぬき・むじな事件 ………90
単純一罪 ……………………287
単純数罪 ……………………287

ち

中止犯 …………………218
抽象的故意の錯誤 ………109
抽象的法定符合説 ………103
超法規的違法性阻却事由…37

に

二重の故意 ………………196

は

早すぎた結果発生 ………108
犯人自身の行為の介入……17

ひ

被害者の行為の介入 ………8
被害者の素因 ………………6
被害者の同意………………44
必要的共犯 ………………284
非難可能性 ………………165

ふ

不可罰的事後行為 ………291
不作為による幇助 ………282
不作為の因果関係…………22
不作為犯……………………21
　　真正――……………21
　　不真正――…………21
不能犯 ……………………212
部分的犯罪共同説 ………250

へ

併合罪 ……………………287

ほ

防衛行為の相当性…………75
防衛の意思…………………68
法益関係的錯誤論…………52
包括一罪 …………287, 292
謀　議 ……………………238

法

法条競合 …………287, 291
幇助の因果関係 …………232
法定的符合説 ……103, 112
方法の錯誤 ………………103
補充性の要件………………54

み

未遂犯 ……………………203
未必の故意…………………97
身　分 ……………………256

む

むささび・もま事件………90

よ

予期された侵害……………64

り

量的過剰防衛………………81

判例索引

大判明治43・10・25刑録16輯1745頁 ……… 289
大判大正3・7・24刑録20輯1546頁 ……… 214
大判大正6・9・10刑録23輯999頁 ………… 211
大判大正7・12・18刑録24輯1558頁 ……… 24
大判大正11・12・22刑集1巻12号815頁 …… 101
大判大正12・4・30刑集2巻378頁 …… 18, 104
大判大正12・5・26刑集2巻458頁 ………… 15
大判大正13・4・25刑集3巻364頁 ………… 90
大判大正13・8・5刑集3巻611頁 ………… 90
大判大正14・6・9刑集4巻378頁 ………… 88
大判大正15・10・14刑集5巻10号456頁
　　　　　　　　　　　　　　　　　 299, 300
大判昭和4・4・11新聞3006号15頁 ……… 138
大判昭和4・5・16刑集8巻5号251頁 …… 101
大判昭和5・10・25刑集9巻761頁 ………… 14
大判昭和6・7・8刑集10巻7号312頁 …… 101
大判昭和6・12・3刑集10巻682頁 ………… 177
大判昭和8・8・30刑集12巻16号1445頁 … 102
大判昭和8・11・30刑集12巻2160頁 ……… 54
大判昭和9・8・27刑集13巻1086頁 ……… 49
大判昭和9・10・19刑集13巻1473頁 ……… 208
大連判昭和11・5・28刑集15巻715頁 …… 238
大判昭和11・12・7刑集15巻1561頁 ……… 68
大判昭和13・3・11刑集17巻237頁 ………… 26
大判昭和13・11・18刑集17巻839頁 ……… 258
最判昭和23・3・16刑集2巻3号227頁 … 96
最判昭和23・4・17刑集2巻4号399頁 … 208
最大判昭和23・7・7刑集2巻8号793頁 … 72
最大判昭和23・7・14刑集2巻8号889頁
　　　　　　　　　　　　　　　　　 92, 175
最判昭和24・2・22刑集3巻2号206頁 … 86
最判昭和24・5・28刑集3巻6号873頁 … 103
最判昭和24・7・12刑集3巻8号1237頁 … 300
最判昭和24・8・18刑集3巻9号1465頁 … 60
東京高判昭和24・12・10高刑集2巻3号292頁
　　　　　　　　　　　　　　　　　　　 208
最大判昭和24・12・21刑集3巻12号2048頁
　　　　　　　　　　　　　　　　　　　 297
最判昭和25・2・24刑集4巻2号255頁 … 292

最判昭和25・3・31刑集4巻3号469頁 … 7
最大判昭和25・4・26刑集4巻4号700頁 … 174
最判昭和25・7・11刑集4巻7号1261頁
　　　　　　　　　　　　　　　　　 101, 226
名古屋高判昭和25・11・14高刑集3巻4号
　　748頁 ………………………………… 208
最判昭和25・11・28刑集4巻12号2463頁
　　　　　　　　　　　　　　　　 90, 165, 175
最決昭和25・11・30刑集4巻11号2453頁 … 263
最判昭和26・7・10刑集5巻8号1411頁 … 92
最判昭和26・8・17刑集5巻9号1789頁 … 92
最決昭和27・2・21刑集6巻2号275頁 … 49
仙台高判昭和27・9・27判特22号178頁 … 233
福岡高判昭和28・11・10判特26号58頁 … 214
広島高判昭和29・6・30高刑集7巻6号944頁
　　　　　　　　　　　　　　　　　　　 4
最判昭和31・6・26刑集10巻6号874頁
　　　　　　　　　　　　　　　　　 289, 291
名古屋高判昭和31・10・22裁特3巻21号1007頁
　　　　　　　　　　　　　　　　　　　 276
最判昭和32・1・22刑集11巻1号31頁 … 72
最大判昭和32・3・13刑集11巻3号997頁 … 91
最判昭和32・8・1刑集11巻8号2065頁 … 100
最決昭和32・9・10刑集11巻9号2202頁 … 220
最判昭和32・10・3刑集11巻10号2413頁 … 92
最判昭和32・11・19刑集11巻12号3073頁 … 255
最大判昭和33・5・28刑集12巻8号1718頁
　　　　　　　　　　　　　　　　　 174, 237
最判昭和33・9・9刑集12巻13号2882頁 … 27
福岡高宮崎支判昭和33・9・9裁特5巻9号
　　393頁 ………………………………… 128
最判昭和33・11・21刑集12巻15号3519頁
　　　　　　　　　　　　　　　　　　 5, 50
最判昭和34・2・5刑集13巻1号1頁 … 81
最判昭和34・4・27刑集13巻2号250頁 … 92
最判昭和34・7・24刑集13巻8号1163頁 … 33
最判昭和35・2・4刑集14巻1号61頁 … 52
最決昭和35・10・18刑集14巻12号1559頁 … 214
広島高判昭和36・7・10高刑集14巻5号310頁

判例索引　*305*

……………………………………215
佐世保簡裁略式命令昭和36・8・3下刑集3
　巻7＝8号816頁………………………276
最判昭和37・3・23刑集16巻3号305頁……213
東京高判昭和37・4・24高刑集15巻4号210頁
　…………………………………………214
最決昭和38・6・25裁集刑147号507頁……210
東京高判昭和39・8・5高刑集17巻5号557頁
　…………………………………………222
最決昭和40・3・9刑集19巻2号69頁……207
最決昭和40・3・30刑集19巻2号125頁……256
秋田地判昭和40・3・31下刑集7巻3号536頁
　…………………………………………277
京都地判昭和40・5・10下刑集7巻5号855頁
　…………………………………………276
東京地判昭和40・9・30下刑集7巻9号1828
　頁………………………………………33
最判昭和41・6・14刑集20巻5号449頁……132
最決昭和41・7・7刑集20巻6号554頁
　……………………………………114, 115
最判昭和41・12・20刑集20巻10号1212頁…129
最決昭和42・5・25刑集21巻4号584頁……118
最決昭和42・10・24刑集21巻8号1116頁……13
最決昭和43・2・27刑集22巻2号67頁……194
最決昭和43・9・17刑集22巻9号853頁……300
最判昭和43・12・24刑集22巻13号1625頁…283
最大判昭和44・4・2刑集23巻5号305頁…175
東京高判昭和44・9・17高刑集22巻4号595頁
　…………………………………………176
最判昭和44・12・4刑集23巻12号1573頁……76
最決昭和45・7・28刑集24巻7号585頁……209
最決昭和45・7・28判時605号97頁…………133
浦和地熊谷支判昭和46・1・26刑月3巻1号39
　頁………………………………………4
東京地判昭和46・3・4判タ265号220頁……33
東京高判昭和46・5・24判タ267号382頁……54
最判昭和46・6・17刑集25巻4号567頁………6
最判昭和46・11・16刑集25巻8号996頁
　……………………………………60, 64, 66
最大判昭和48・4・25刑集27巻4号547頁…175
最判昭和48・5・22刑集27巻5号1077頁……138
徳島地判昭和48・11・28判時721号7頁……122
最大判昭和49・5・29刑集28巻4号114頁
　……………………………………174, 293
最大判昭和49・5・29刑集28巻4号151頁…296

最大判昭和49・5・29刑集28巻4号168頁…296
最決昭和49・7・5刑集28巻5号194頁………7
最判昭和50・11・28刑集29巻10号983頁……69
札幌高判昭和51・3・18高刑集29巻1号78頁
　…………………………………………118
東京高判昭和51・7・14判時834号106頁…219
最大判昭和51・9・22刑集30巻8号1640頁
　…………………………………………296
最決昭和52・7・21刑集31巻4号747頁
　……………………………………63, 253
新潟地判昭和53・3・9判時893号106頁…139
最決昭和53・3・22刑集32巻2号381頁……17
最判昭和53・3・24刑集32巻2号408頁……180
最決昭和53・5・31刑集32巻3号457頁……38
最決昭和53・6・29刑集32巻4号967頁……166
最決昭和53・7・28刑集32巻5号1068頁
　……………………………………100, 228
最決昭和54・3・27刑集33巻2号140頁……109
最決昭和54・4・13刑集33巻3号179頁……257
東京高判昭和54・5・15判時937号123頁…199
最決昭和54・11・19刑集33巻7号728頁……127
東京高判昭和55・9・26高刑集33巻5号359頁
　…………………………………………176
最決昭和55・11・13刑集34巻6号396頁……43
大阪高判昭和56・9・30高刑集34巻3号385頁
　…………………………………………196
最決昭和56・12・21刑集35巻9号911頁
　……………………………………97, 99, 100
最決昭和57・7・16刑集36巻6号695頁……244
東京高判昭和57・11・29刑月14巻11＝12号804
　頁………………………………………55
横浜地判昭和58・7・20判時1108号138頁…109
最決昭和58・9・13裁集刑232号95頁
　……………………………………183, 188
最決昭和58・9・21刑集37巻7号1070頁…233
最決昭和59・3・6刑集38巻5号1961頁……97
鹿児島地判昭和59・5・31判時1139号157頁…4
最決昭和59・7・3刑集38巻8号2783頁
　……………………………………183, 190, 193
最決昭和59・7・6刑集38巻8号2793頁………8
福岡高判昭和61・3・6高刑集39巻1号1頁
　…………………………………………222
最決昭和61・6・9刑集40巻4号269頁……112
堺簡判昭和61・8・27判タ618号181頁………55
名古屋高判昭和61・9・30高刑集39巻4号371

頁 ……………………………………277
最決昭和62・3・26刑集41巻2号182頁……114
最決昭和62・7・16刑集41巻5号237頁……171
東京高判昭和62・7・16判時1247号140頁…216
最決昭和63・1・19刑集42巻1号1頁……33
最決昭和63・5・11刑集42巻5号807頁……9
最決平成元・3・14刑集43巻3号262頁……127
福岡高宮崎支判平成元・3・24高刑集42巻2
　号103頁 ……………………………………4, 50
最決平成元・6・26刑集43巻6号567頁……264
最判平成元・7・18刑集43巻7号752頁……93
最決平成元・11・13刑集43巻10号823頁 ……74
最決平成元・12・15刑集43巻13号879頁 ……22
最決平成2・2・9判時1341号157頁……88
東京高判平成2・2・21判タ733号232頁……229
東京地判平成2・11・15判時1373号144頁……208
最決平成2・11・16刑集44巻8号744頁……157
最決平成2・11・20刑集44巻8号837頁
　…………………………………………11, 18
最判平成3・11・14刑集45巻8号221頁……162
東京地判平成3・12・19判タ795号269頁……88
東京地判平成4・1・23判時1419号133頁……274
浦和地判平成4・2・27判タ795号263頁……222
最決平成4・6・5刑集46巻4号245頁……251
最決平成4・12・17刑集46巻9号683頁
　…………………………………………9, 15, 16
最決平成5・11・25刑集47巻9号242頁……162
最決平成6・12・6刑集48巻8号509頁……267
東京地判平成8・6・26判時1578号39頁……54
最判平成8・11・18刑集50巻10号745頁……174

最判平成9・6・16刑集51巻5号435頁 ……58
大阪地判平成9・8・20判タ995号286頁 …259
大阪高判平成10・6・24高刑集51巻2号116頁
　……………………………………………55
大阪高判平成10・7・16判時1647号156頁…49
札幌高判平成12・3・16判時1711号170頁…277
最判平成12・12・20刑集54巻9号1095頁 …124
最決平成13・3・28判時1763号17頁 …122
広島高松江支判平成13・10・17判時1766号152
　頁 ……………………………………………54
最決平成13・10・25刑集55巻6号519頁 ……234
最決平成15・1・24判時1806号157頁 …134
最大判平成15・4・23刑集57巻4号467頁…288
最決平成15・5・1刑集57巻5号507頁 …239
最決平成15・7・16刑集57巻7号950頁………7
最決平成16・1・20刑集58巻1号1頁
　……………………………………………1, 45, 236
最決平成16・2・17刑集58巻2号169頁 ……11
最決平成16・3・22刑集58巻3号187頁
　…………………………………………106, 204
最決平成16・10・19刑集58巻7号645頁 ……16
最判平成17・4・14刑集59巻3号283頁……299
最判平成17・7・4刑集59巻6号403頁
　…………………………………………30, 248
最決平成18・3・27刑集60巻3号382頁 ……14
最判平成20・4・25刑集62巻5号1559頁 …184
最決平成20・5・20刑集62巻6号1786頁 …70
最決平成20・6・25刑集62巻6号1859頁 …78
最決平成21・2・24刑集63巻2号1頁 ……82
東京高判平成21・5・25判時2049号150頁…194

著者略歴

山口　厚（やまぐち　あつし）
　　1953年　生まれ
　　1976年　東京大学法学部卒業
　　現　在　東京大学大学院法学政治学研究科教授

主要著書

危険犯の研究（東京大学出版会，1982）
考える刑法（弘文堂，共著，1986）
問題探究　刑法総論（有斐閣，1998）
問題探究　刑法各論（有斐閣，1999）
クローズアップ刑法総論（成文堂，編著，2003）
理論刑法学の最前線Ⅰ・Ⅱ（岩波書店，共著，2001・2006）
刑法総論［第2版］（有斐閣，2007）
クローズアップ刑法各論（成文堂，編著，2007）
新判例から見た刑法［第2版］（有斐閣，2008）
判例刑法総論［第5版］（有斐閣，共著，2009）
判例刑法各論［第5版］（有斐閣，共著，2009）
刑法各論［第2版］（有斐閣，2010）
刑法［第2版］（有斐閣，2011）
基本判例に学ぶ刑法各論（成文堂，2011）

　　　　　基本判例に学ぶ刑法総論
　　2010年6月20日　初版第1刷発行
　　2013年9月20日　初版第4刷発行

　　　著　者　　山　口　　　厚

　　　発行者　　阿　部　耕　一

　　　　　　〒162-0041　東京都新宿区早稲田鶴巻町514番地
　　　発行所　　株式会社　成　文　堂
　　　　　　　電話 03(3203)9201(代)　Fax 03(3203)9206
　　　　　　　　http://www.seibundoh.co.jp

製版・印刷・製本　シナノ印刷　　　　　検印省略
　　　　　©2010 A. Yamaguchi　Printed in Japan
　　　　☆乱丁・落丁本はおとりかえいたします☆
　　　　　ISBN978-4-7923-1880-2　C3032

　　　　　　定価（本体2500円＋税）